总策划：彭国华

主　编：杨　轲

编写组成员：何民捷　王　慧　马冰莹　韩冰曦

　　　　　　李玮琦

何以中国

文化自信与文明担当

人民日报社人民论坛杂志社　主编

人民出版社

序

　　中华文明源远流长、博大精深，是中华民族独特的精神标识，是当代中国文化的根基，是中国文化创新的宝藏，也是维系全世界华人的精神纽带。在长期的历史传承发展中，中华文明能够以我为主，以高度的文化自觉和坚定的文化自信保持鲜明的文化特性。党的十八大以来，以习近平同志为核心的党中央高度重视中华优秀传统文化的传承发展，始终从中华民族最深沉精神追求的深度看待优秀传统文化，从国家战略资源的高度继承优秀传统文化，从推动中华民族现代化进程的角度创新发展优秀传统文化，赋予中华优秀传统文化新的时代价值，也在不断将中国文明历史研究引向深入、推向高处。

　　为什么中华民族能够在数千年的历史长河中顽强生存和不断发展？习近平总书记给出了答案："很重要的一个原因，是我们民族有一脉相承的精神追求、精神特质、精神脉络。"习近平总书记在文化传承发展座谈会上提出，中华文明具有突出的连续性、创新性、统一性、包容性、和平性，深刻揭示了中华文明的精髓、发展规律和内在特质，是对中华优秀传统文化历史地位的充分肯定，也是对中华优秀传统文化重要元素的科学总结，更是对中华优秀传统文化中治国理政经验智慧的准确把握。深刻理解中华文明的"五个突出特性"，有助于我们更好地实现马克思主义基本原理同中华优秀传统文化的"第二个结合"，清醒认识中国特色社会主义的道路选择，正确锚定建成文化强国战略目标，不断发展新时代中国特色社会主义文化。

中华文明赋予中国式现代化以深厚底蕴，中国式现代化赋予中华文明以现代力量。中华优秀传统文化中包含了发展现代经济的所有核心要素，做好"两个结合"，坚守以人为本的发展精神，遵循"人文化成"的和平发展观，能够给中国经济发展注入人文动能；中华民族在历史演进中形成的关于国家制度和国家治理的丰富思想，可以为坚持和完善中国特色社会主义制度、推进国家治理体系和治理能力现代化提供有益借鉴；在推进乡村全面振兴的过程中，优秀传统文化有助于引领核心价值观念、培育公众文化自信、优化农村社会治理，从多个层面促进乡村社会的文明与繁荣……深度挖掘中华优秀传统文化中的丰厚思想遗产并推动其创造性转化、创新性发展，将进一步为中国式现代化提供更加广阔的历史视野、更加深厚的哲学智慧和更加丰富的价值引导。

文化的守正在于保护传承，文化的创新源于交流互鉴。在中华民族伟大复兴战略全局和世界百年未有之大变局下，中国愈加需要让中华文明在世界舞台中树立起鲜明的文化旗帜。高质量开展中华文化对外传播，需要立足五千多年中华文明，高举人类命运共同体旗帜，深入阐释宣介中国的和衷共济、和而不同的和平观，计利天下、互利共赢的发展观，天下为公、世界大同的天下观，海纳百川、有容乃大的文明观，天人合一、和谐共生的生态观等理念，讲好中国始终做世界和平建设者、全球发展贡献者、国际秩序维护者、全人类共同价值倡导者、全球生态文明建设引领者的故事，构建文明大国形象，为全面建设社会主义现代化国家、全面推进中华民族伟大复兴营造有利外部舆论环境，为解决全人类问题、推动构建人类命运共同体贡献新时代中国的智慧与力量。

文化兴则国运兴，文化强则民族强。站在新的历史起点上，我们要进一步坚定文化自信、增强文化自觉、彰显文明担当，立足中华民族伟大历史实践和当代实践,用中国道理总结好中国经验、把中国经验提升为中国理论。为此,本书汇集了二十余位权威专家学者的重磅学术研究成果,从理论与实践层面带领广大读者于历史长河中追溯中华文明根脉,于中国式现代化进程中探寻传承弘扬中华优秀传统文化、发展新时代中国特色社会主义文化的路径,于前所未有的世界之变中摸索中华文明与中华文化何以走近世界舞台中央。文章信息丰富、见解深刻,有高度、有深度、有厚度、有温度,相信能够激励读者以更加强烈的历史主动精神担当使命、奋发有为,共同努力为新时代建设新文化、创造新文明,为实现中华民族伟大复兴的中国梦提供更加强大的价值引导力、文化凝聚力、精神推动力。

——人民论坛编纂组

目　录

一、文化自信:中华文明的突出特性

二、守正创新:传承发展与创造转化

三、开放包容：胸怀天下与国际传播

一、文化自信:中华文明的突出特性

中华优秀传统文化有很多重要元素,共同塑造出中华文明的突出特性。中华文明具有突出的连续性,从根本上决定了中华民族必然走自己的路。如果不从源远流长的历史连续性来认识中国,就不可能理解古代中国,也不可能理解现代中国,更不可能理解未来中国。中华文明具有突出的创新性,从根本上决定了中华民族守正不守旧、尊古不复古的进取精神,决定了中华民族不惧新挑战、勇于接受新事物的无畏品格。中华文明具有突出的统一性,从根本上决定了中华民族各民族文化融为一体、即使遭遇重大挫折也牢固凝聚,决定了国土不可分、国家不可乱、民族不可散、文明不可断的共同信念,决定了国家统一永远是中国核心利益的核心,决定了一个坚强统一的国家是各族人民的命运所系。中华文明具有突出的包容性,从根本上决定了中华民族交往交流交融的历史取向,决定了中国各宗教信仰多元并存的和谐格局,决定了中华文化对世界文明兼收并蓄的开放胸怀。中华文明具有突出的和平性,从根本上决定了中国始终是世界和平的建设者、全球发展的贡献者、国际秩序的维护者,决定了中国不断追求文明交流互鉴而不搞文化霸权,决定了中国不会把自己的价值观念与政治体制强加于人,决定了中国坚持合作、不搞对抗,决不搞"党同伐异"的小圈子。

　　——2023年6月2日,习近平在文化传承发展座谈会上强调

连续性：中华文明的首要特性

邹广文[*]

习近平总书记在 2023 年 6 月 2 日召开的文化传承发展座谈会上高度凝练概括了中华文明的五大突出特性，即连续性、创新性、统一性、包容性、和平性，其中"连续性"居于首位。历经五千多年的中华文明是一条河，从"古代"经"现代"流向"未来"。习近平总书记指出："中华文明具有突出的连续性，从根本上决定了中华民族必然走自己的路。如果不从源远流长的历史连续性来认识中国，就不可能理解古代中国，也不可能理解现代中国，更不可能理解未来中国。"因此，中华文明的连续性是中华文明得以保存、发展和繁荣的基因密码，阐明了"我们是谁、我们从何处来、到何处去"的价值认同和文化认同问题。所以，只有追问中华文明的连续性何以可能，我们才能更好地了解中华民族现代文明何以可为。

独特稳定的地理环境、"中和"的文化价值诉求、多元一体的文明发展格局使得中华文明连绵不绝

早在几百年前，南宋思想家朱熹就曾写道："问渠那得清如许？为有源头活水来。"知"所来"方能明"所往"，源头活水成就万代润泽。我国文化史

＊　邹广文，清华大学马克思主义学院教授、清华大学习近平新时代中国特色社会主义思想研究院研究员。

家柳诒徵认为："实则吾民族创造之文化，富于弹性，自古迄今，纚纚相属，虽间有盛衰之判，固未尝有中绝之时。"①这说明了中国文化富有韧性，一脉相承，未尝断绝。同样地，英国历史学家汤因比认为：在近 6000 年的人类历史上，出现过 23 个文明形态，但是在全世界只有中国的文化体系是长期延续发展而从未中断过的文化。由此可见，中华文明成为人类历史上唯一一个绵延 5000 多年至今未曾中断的灿烂文明。而这主要得益于以下三个因素：

第一，独特稳定的地理环境。马克思恩格斯在《德意志意识形态》中认为："全部人类历史的第一个前提无疑是有生命的个人的存在。因此，第一个需要确认的事实就是这些个人的肉体组织以及由此产生的个人对其他自然的关系。……任何历史记载都应当从这些自然基础以及它们在历史进程中由于人们的活动而发生的变更出发。"②人类的生存、绵延离不开所居住的各种自然条件，例如地质条件、山岳水文地理条件、气候条件等。马克思恩格斯尤其强调这些自然条件不单单决定着人们的肉体、种族之差，而且还决定着该民族的发展。可见，地理环境对于一个民族生存、发展与繁荣常常起到非常重要的作用。

人类发展史已经证明，文明往往起源于温带，而非极寒极热之地。中华民族的家园位于亚洲东部，其地理环境是三面环山一面向海，由此形成了天然屏障。由于地域具有相对封闭性，因此中华民族借助于独立的地理单元，形成了内部结构复杂完整的体系，例如华北平原、西南山脉、江南水系与西北大漠。这既塑造了中华文明的多元性与统一性，又保护、传承了中华文明。另外，文明的发展关键在于河流。人类自古以来就有"沿河而居"的传统，河流往往意味着丰富的生活资料、宜居的生态环境与便捷的交通条件等，这些均能够带来人口的增长，进而形成繁荣的文明。值得注意的是，不同的河流会形成不同的风土人情，例如梁启超先生认为，中国"北部者黄河

---

① 柳诒徵：《中国文化史》，中华书局 2015 年版，第 2 页。
② 《马克思恩格斯文集》第 1 卷，人民出版社 2009 年版，第 519 页。

流域也,中部者扬子江流域也,南部者西江流域也。三者之发达,先后不同,而其间民族之性质,亦自差异"①。由此梁启超推断出中国虽在大一统格局下,但民族精神却具有多元性的原因。总体而言,独特而又稳定的地理环境造就了中国这样一个地大物博、人口众多的国家,因此提供了中华文明一脉相承的前提条件。

第二,"中和"的文化价值诉求。中华文明源远流长、博大精深,其中儒家、道家成为中华文明的主流思想。作为主流的儒家文化,讲求"允执厥中",这种文化态度使中华文化能够与其他文化形态美美与共、和谐共存。允执厥中是"中和"的基本准则——"允执"就是平心静气、不离自性;"中"就是中道,它是天性的所在地、精神的集中点,"中"就是要把握适当的限度,使自己的言行合乎标准。"中和"所代表的中性智慧强调的是事物双方的相辅相成、共生共存,从而做到不偏不倚、执两用中。中性智慧是一种生成性智慧,因此是"进行时"而不是"完成时"。"喜怒哀乐之未发,谓之中;发而皆中节,谓之和。中也者,天下之大本也;和也者,天下之达道也。致中和,天地位焉,万物育焉。"(《中庸·天命章》)"中和"是中华文明的基本价值诉求,具体而言,"中和"的思想主要体现在人与自然、人与人、人与自身之间的关系。就人与自然的关系来看,中华文明强调"乾道变化,各正性命,保合太和,乃利贞"。(《易经》)乾道即天道,就是指天象之自然规律;变化指四时、昼夜、风云、雷雨、霜雪、阴晴、寒暖之种种变化。这是指人鸟兽虫鱼草木等万物皆受天道变化之支配,适应天道变化而运动,能协调春暖、夏热、秋凉、冬寒的四时之气,不超越自然规律,由此才能得其属性之正、得其寿命之正;就人与人的关系来看,"君子和而不同,小人同而不和"。(《论语·子路》)孔子认为有学问有道德的人只要求在不同见解中相互尊重、相互吸收和融合,而与之相反的人则要求什么事都一样,甚至同流合污;就人与自身的关系来看,"和实生物,同则不继"。(《国语·郑语》)孔子

---

① 《梁启超全集》第2册,北京出版社1999年版,第926页。

认为不同性质的东西相加，这种相加叫作"和"，和能产生新的事物；相同性质的事物相加，这种相加是"同"，同则产生不了新的事物。此外，人要想达到"中和"的文化境界离不开"诚"的功夫。"诚"则意味着人要充分发挥自身的主观能动性，才能达道、并育、共荣。"唯天下至诚，为能尽其性；能尽其性，则能尽人之性；能尽人之性，则能尽物之性；能尽物之性，则可以赞天地之化育；可以赞天地之化育，则可以与天地参矣。"（《中庸》）这实际上强调了天、地、人三德之间的和谐发展，通过"尽心知性知天"的途径达到"上下与天地同流"的境界。总而言之，"中和"的文化价值诉求成就了"贵和持中、自强不息"的中华文明，奠定了中华文明源远流长的价值底蕴。

第三，多元一体的文明发展格局。中华文明的多元一体发展格局是由多民族跨越"历朝历代"之薪火相传而来的，这就决定了国家认同理念贯穿始终并相对稳定，在开放中融合，在创新中发展，在开拓中传承，这无疑是今天我们为中华民族伟大复兴不懈奋斗的重要基础和文化源泉。当代著名社会学家费孝通先生认为："中华民族多元一体的主流是由许许多多分散孤立存在的民族单位，经过接触、混杂、联结和融合，同时也有分裂和消亡，形成一个你来我去、我来你去、我中有你、你中有我，而又各具个性的多元统一体。"[1]在960多万平方公里的华夏大地上，56个民族所处自然环境不同，生活方式也各有特色，人们却始终以血缘为纽带生活在全国各地，形成了兼具多样性与统一性的中华文明。考古学家发现，远溯至从新石器时代晚期或原始公社氏族制刚刚开始解体的时候起，在各个不同的社会发展阶段，南北之间就已有经济文化互相交流、互相影响、相互渗透的情况，到了战国时代更前进了一步，这为之后秦汉时期形成民族统一的国家奠定了基础。基于此，考古学家苏秉琦在《中国文明起源新探》中认为，中华民族多元一体格局的形成不是由中原向四周辐射的形势，而是各大文化区系在大致同步发

---

① 费孝通：《文化与文化自觉》，群言出版社2010年版，第52页。

展的前提下，不断组合和重组，形成在六大区系范围内涵盖为大致平衡又不平衡的多元一体的格局。① 因此，中华民族是"超百万年的文化根系，上万年的文明起步，五千年的古国，两千年的中华一统实体"②，是一个极富有兼容性和凝聚力的民族。而这也正是尽管中国疆土广袤而各地景象又千差万别，但是其始终维持一个政治统一体的原因。并且相较于西方民族，中华民族具备丰富的多样性，在抵御外界侵犯的同时也能同化其他民族与文化，使其具有中国特色与中国风格。总之，多元一体的文明发展格局铸就了中国是多民族、多文化但大一统的国家，并夯实了中华文明代代相传的现实基础。

中华文明的连续性成就了中华民族五千多年的灿烂文化

在对文明概念的考察中，与之相伴生的另外一个概念就是"文化"。无论是在中文还是在英语中，"文明"和"文化"都属于使用频率极高而又歧义丛生的概念。有时候它们甚至可以混用，有时又有严格的区别。从考古学层面来看，"文明"经常与城市有着密切的联系。文明一词本身就有"城市化"和"城市的形成"的含义。英文中的文明（Civilization）一词源于拉丁文"Civis"，意思是城市的居民，其本质含义为人民和睦地生活于城市和社会集团中的能力。引申后意为一种先进的社会和文化发展状态，以及达到这一状态的过程。其涉及的领域也极其广泛，包括民族意识、技术水准、礼仪规范、宗教思想、风俗习惯以及科学知识的发展等③；从哲学与价值层面来看，所谓"文明"是指人类借助科学、技术等手段来改造客观世界，通过法律、道德等制度来协调群体关系，借助宗教、艺术等形式来调节自身情感，从而最大限度地满足人类的基本需要、实现全面发展所达到的程度。

---

① 参见苏秉琦：《中国文明起源新探》，生活·读书·新知三联书店 2000 年版，第98 页。

② 苏秉琦：《中国文明起源新探》，生活·读书·新知三联书店 2000 年版，第176 页。

③ 参见邹广文：《当代文化哲学》，人民出版社 2007 年版，第9 页。

　　"文化"则是人与自然关系的体现。中华文明中的"文化"是"人文化成"，"观乎人文，以化成天下。"（《易传》）这是中国文化中"由人及物"的思考方式；西方文明中的"文化"起源于拉丁文"cultura"，原是指对土地的耕作及动植物的培育，后逐渐转化为培养、教育、尊重等含义，这是"由物及人"的思考方式。由此，我们可以看出"文明"的外延要小于"文化"。因为"文明"表征的是文化的内在价值，确切地说是文化的正价值取向，体现的是肯定人的主体实践价值。在日常生活中，"文化"概念常常指向事实描述，"文明"则是一种价值评判。总体说来，文化与文明的关系可以体现在"文化求异、文明趋同"，文化求异更多地体现在"各美其美、美人之美"，文明趋同更多地体现在"美美与共，天下大同"。因此，一脉相承的中华文明，成就了中华民族五千多年的灿烂文化，具有以下四重意义：

　　第一，中华文明的连续性与其他突出特性呈现出相生相成的关系。守正方能创新。守护的目的是为了创新，而创新是为了更好地传承。文化如果没有连续性，创新性就失去了目的与方向，而没有创新性，文化也就失去了前进的源头活水，因此文化的连续性更加促进了文化的创新与繁荣。源远流长的历史连续性促使中华民族不断与时俱进、勇于创新，决定了中华民族不惧新挑战、勇于接受新事物的无畏品格；凝心亦可聚力。凝心是为了更好地汇聚中华民族的文化力量，这种文化力量反过来加强了中华民族的心理基础。中华文明的连续性丰富了统一性的时间内涵，统一性为连续性提供了空间保障，决定了国土不可分、国家不可乱、民族不可散、文明不可断的共同信念；多元亦能共在。在多元中寻求共在，在共在中保持自身的独特性。中华文明的连续性为包容性提供了现实条件，包容性决定了连续性的历史取向，决定了中华文明对世界文明兼收并蓄的开放胸怀；和平才能发展。世界和平保障各民族的文化发展权利。中华文明的连续性使中华民族形成爱好和平、珍视和平的文化品格，和平性又进一步延续、发展、确保了中华文明的生生不息，决定了中国不断追求文明交流互鉴而不搞文化霸权，决定了中国不会把自己的价值观念与政治体制强加于人，决定了中国坚持合作、不搞对抗、决不搞"党同伐异"的小圈子。由此可见,中华文明的五个特性既各具特色又互为表里,共同促进中华文明的纵深式发展。

第二,中华民族所创造的独特文明,为世界留下了丰富的文化遗产。中华文明是世界上唯一自古延续至今、从未中断的文明,这在世界文明发展史上起着重要的作用,其中一个重要原因就在于中华民族对于传统文化的重视。传统文化是一个民族生存的根基,人类向未来进发的每一步,都需要对自身文化传统自觉遵守。对于中华民族而言,在众多丰富灿烂的文明成果中,汉字是最具代表性的。清代岭南著名学者陈澧在其所著《东塾读书记》中谈到:"声不能传于异地,留于异时,于是乎文字生。文字者,所以为意与声之迹。"2022 年 10 月,习近平总书记到河南安阳考察殷墟遗址时强调:"中国的汉文字非常了不起,中华民族的形成和发展离不开汉文字的维系。"汉字是传承中华文明的重要载体,是最具代表性的中华优秀传统文化标识。以出土的大量由龟甲制作的祭祀遗物为证,中国的汉字可以追溯到公元前 1300 多年殷商时期的甲骨文。从甲骨文、金文、大小篆、隶书到魏碑、楷书、草书、行书等,中国汉字有一条清晰的发展轨迹。无论是汉字本身的稳定发展还是由汉字形成的代代相传的圣哲经典,都为世界文明留下了丰厚的遗产和资源。因此,中华民族的独特文明不仅提升了中华民族的文化竞争力,也为世界文化发展作出了极大的贡献。

第三,中华文明的连续性坚定了中华民族的文化自信。正如习近平总书记所言:"中国有坚定的道路自信、理论自信、制度自信,其本质是建立在5000 多年文明传承基础上的文化自信。"文化自信是最基本、最深沉、最持久的力量。文化自信说到底,就是一个民族、一个国家以及一个政党对自身文化价值的充分肯定和积极践行。中华文明的连续性构成了文化自信的前提与基础。正是由于五千多年的历史文化的积淀,使得中国作为泱泱文化大国在世界舞台上扮演了重要的角色。

具体而言,中华文明连续性构筑的文化自信表现在:对于中华民族文化传统的自信、对于中国现实实践道路的自信,以及对于中华民族未来发展前景的自信。其中，对于中华民族文化传统的自信体现在作为世界四大文明之一的中华文明具有五千多年的悠久历史和无比丰富的内涵。这样一种民族文化传统以及由此所形成的中国传统文化共同构成了文化自信的基础与前提；对于中国现实实践道路的自信体现在中国共产党的百年奋斗历程中。一百多年来，中国共产党领导人民从革命时期到建设时期再到改革开放时期，逐渐探索出一条适合中国国情的、致力于实现中华民族伟大复兴的现代化的实践道路。经过全体中国人民的共同努力，在中国共产党的领导下，中国革命、建设、改革开放的实践，证明了这条道路确确实实是中国真正赢得未来、拥有未来，实现中华民族伟大复兴的重要道路；而对于中华民族未来发展前景的自信体现在对于每一位中国人而言，我们未来的发展前景最突出的标志就是全面建成社会主义现代化强国。全面建成社会主义现代化强国的前提是文化强国的建设，这既是国家的发展前景，也是我们每一个人的发展前景。所以，中华文明是中华民族的根与魂，如果失去了中华文明的连续性，也就失去了根本，失去了文化自信的心理根基，割断了中华民族的精神命脉。

第四，一脉相承的中华文明，成为民族凝聚力的源头活水。中华文明是古今兼具的文明，为民族凝聚力的形成提供了时间基础。中国当代著名哲学家冯友兰先生曾经在《国立西南联合大学纪念碑碑文》中有言："盖并世列强，虽新而不古；希腊罗马，有古而无今。惟我国家，亘古亘今，亦新亦旧，斯所谓'周虽旧邦，其命维新'者也。"儒学专家杜维明先生也曾指出："从各个领域来观察，灿烂的华夏文明可以说是世界上罕有的。因为有'有古无今'的文明，如埃及、苏美尔、巴比伦、古希腊文明；也有'无古有今'的文明，如美国、苏联等。而'有古有今'而又能延续数千年的文明，确实是罕见的。中国是一个，另外一个是印度。"①但是杜维明先生又补充道"印度的历史很淡，它是一种超越的向往。现在要讲印度历史非常困难，很难找到证据确凿

---

① 杜维明：《文化中国：扎根本土的全球思维》，北京大学出版社 2016 年版，第 69 页。

的资料。而中华民族的特色在于,从公元前 9 世纪(共和元年)编年史就没断,现在至少从考古发掘,可以溯源到新石器时代乃至新石器时代以前。"①中华文明的连续性就是在中华文明悠久历史基础上不断开创新的伟大的历史使命,这塑造了中华民族深厚的凝聚力和向心力;中国的"大一统"是民族凝聚力实现的前提和基础。"溥天之下,莫非王土;率土之滨,莫非王臣。"(《诗经·北山》)就是对"大一统"最生动的诠释。春秋战国时期,诸侯割据混战,天下苦乱久矣。孔子对当时礼崩乐坏的场景十分气愤,直言:"八佾舞于庭,是可忍也,孰不可忍也?"(《论语·八佾》)而后,秦始皇废分封、设郡县,完成了统一大业,开启了中国统一的多民族国家发展历程。此后,无论哪个民族入主中原,都以统一天下为己任,都以中华文化的正统自居。"大一统"被纳入王朝治理的实践后,对我国多民族国家的形成产生了重要的影响。在大一统国家中,中华文明融合各民族的文化,逐渐形成了"贵和持中、自强不息"的精神,具体体现在"天行健,君子以自强不息"和"地势坤,君子以厚德载物"(《周易》)。即为人要贵和持中,做事要自强不息,这恰恰体现了中国先哲为人处事的哲学态度。在大一统国家的空间基础上凝聚起中国精神,就是在价值认同层面聚焦民族凝聚力。因此,代代相传的中华文明创造、发展、延续了中华民族的凝聚力、向心力和团结力。

从中华文明的连续性看当代中国的文化使命

文化的连续性特性,既见证了中华文化的过去,更指向了中华文化的未来,我们要自觉坚持把马克思主义基本原理同中华优秀传统文化相结合,以科学的理论来推动中华优秀传统文化的创造性转化与创新性发展,才能真正赋予中华文明以现代性力量,在过去与未来之间架起一座传承中华优秀传统文化、汇聚中华民族伟大复兴精神力量的桥梁。

---

① 杜维明:《文化中国:扎根本土的全球思维》,北京大学出版社 2016 年版,第 86—87 页。

党的十八大以来，习近平总书记从国家治理现代化高度，把文化建设摆在突出位置，发表了一系列重要讲话，做出了一系列重大决策部署，不断深化我们对文化建设的规律性认识。文化关乎国本、国运。着眼于中华文明的伟大复兴，如何赓续中华文脉、建设现代文明，这是每一个当代中国人不容推辞的历史责任。2023年6月2日，习近平总书记在文化传承发展座谈会上的重要讲话中指出："在新的起点上继续推动文化繁荣、建设文化强国、建设中华民族现代文明，是我们在新时代新的文化使命。要坚定文化自信、担当使命、奋发有为，共同努力创造属于我们这个时代的新文化。"担当新时代新的文化使命，需要协调好物质与精神、传统与现代、人与自然的三重关系。

第一，协调好物质与精神的关系。马克思恩格斯在《德意志意识形态》中提到，"'精神'从一开始就很倒霉，受到物质的'纠缠'"①，物质与精神的关系始终是密不可分的。精神文明要想延续，离不开物质文明的前提与基础；而精神文明为物质文明的高质量发展提供强大的动力。《管子·牧民》中写道："国多财则远者来，地辟举则民留处，仓廪实则知礼节，衣食足则知荣辱。"这也深刻反映出物质与精神的关系问题，既体现在国家层面，又体现在个体层面。对于国家而言，财富众多自然吸引远方之客的到来，土地普遍开垦人民就会安心留居；对于个体而言，衣食无忧始终与知礼节、懂荣辱相伴随。只有物质生活和精神生活并重，人才能获得全面的发展。中国式现代化也提出要实现物质文明和精神文明相协调。也就是说，中国式现代化既要实现共同富裕，建设好人们的物质生活，也要重视人们的精神生活，尊重人类丰富的自由本性。只有重视人们的精神生活，才能从根源处解决西方现代化过程中暴露出的主体性危机问题。1949年9月，毛泽东同志曾指出："中国人被人认为不文明的时代已经过去了，我们将以一个具有高度文化的民族出现于世界。"②这充分体现了文明对于国家、民族、个人的重要

---

① 《马克思恩格斯文集》第1卷，人民出版社2009年版，第533页。
② 《毛泽东文集》第5卷，人民出版社1996年版，第345页。

作用。因此,在创造属于我们这个时代的新文化过程中,要重视协调好物质与精神的关系,既要大力发展生产力,巩固改革开放 40 多年的丰硕成果,更要坚持人民主体地位,以中华优秀传统文化滋养人心、汇聚力量,由此才能实现中华民族的历史性进步。

第二,协调好传统与现代的关系。传统与现代是你中有我、我中有你的互动关系。中国著名哲学家贺麟先生认为:"在思想和文化的范围里,现代决不可与古代脱节。任何一个现代的新思想,如果与过去的文化完全没有关系,便有如无源之水、无本之木,绝不能源远流长、根深蒂固。文化或历史虽然不免经外族的入侵和内部的分崩瓦解,但也总必有或应有其连续性。"①传统的连续性恰恰在于保守和创新的辩证统一。保守因素使文化传统保持相对稳定,成为维系民族文化生命的纽带,创新因素使文化传统不致凝固僵化,以期永葆生命力。因此处理好传统与现代的关系,也就是在处理文化的保护与创新的关系。现代文明是人类现代化发展过程中的文明,中华文明要实现现代化转化,就应使民族文化中的优秀成分转化成为具有全球意义的文化资源,对世界文化作出独有的贡献。传统文化并非是温室里的花朵与周围事物隔绝开来,而是要与时代相适应,与时代同频共振,既能实现创造性转化、创新性发展,又不失自身的传统特色。中华民族的现代文明应是在批判继承传统文化的基础上,汲取现代文化优秀成果的产物。此外,现代文明还要适应现代人的生活方式、生活需求。这就要求我们秉持开放包容特质,不断更新文化观念,不断提高思想觉悟、道德水准,培育与现代社会文明相一致的文化素养,这样中国文化才是一种有生命力的文化,才能不断完善中国式现代化实践过程中的文明观念。在对待传统与现代的关系上,我们既不能妄自尊大、故步自封,也不能妄自菲薄、崇洋媚外。在此意义上,如何在大力推进和保持创新能力的同时,保持文化的稳定性和连续性;如何在向数字化和信息化转化的同时,保持自己的民族特色;如何在向西方

---

① 贺麟:《文化与人生》,商务印书馆 2015 年版,第 4 页。

学习先进科技文明的同时，弘扬中国传统文化中的精华，将成为当代中国文化发展的重大实践课题。

第三，协调好人与自然的关系。中国式现代化是人与自然和谐共生的现代化，这就突出了人与自然是生命共同体，人与自然的关系始终是建设现代文明进程中不可回避的基本问题。尊重自然、顺应自然、保护自然，遵循自然规律、善用自然之力。人作为自然存在物和社会存在物，就必须与自然保持一种和谐统一的关系。一方面，人靠自然界生活，自然既是人的身体所依赖的对象，更是人的精神的无机界。人通过物质实践依赖于自然而生存。人利用自身的器官例如肩、脚、头去创造和利用自然的物质财富，延伸了自己的器官，同时也满足了自身的生活需要；另一方面，自然界也因为有人的存在而被赋予意义。与人相分离的自然界，对人来说就相当于无。自然界作为客体是在主体的关照下生成的。没有人这个主体，就不存在自然界这个客体，那么自然界就会是一个纯粹的外在世界，和人没有任何的关联性。所以在这个意义上，人与自然界是你中有我、我中有你、彼此依赖、互相支持的命运共同体，因此建设中华民族现代文明离不开对自然的呵护与珍视，我们要顺应自然、保护自然，健全生态保护意识，像爱惜自身一样爱惜自然界。

民族复兴归根到底是文化的复兴。从青铜之韵、汉唐气象再到大国风范，中华民族以悠久的历史脉络、深厚的文化底蕴、博大的天下胸怀，穿越千年历史，走向未来文明。文化中国是中国文化的历史性延伸，只有延续历史，才能走向未来，只有延续民族精神血脉，才能担负起新时代新的文化使命。今天，我们站在新的历史起点上继续推动文化繁荣，以文化自信自强铸就中华文化新辉煌。我们相信，中华文明定会在新时代接力向前，再创伟业。

参考文献

《马克思恩格斯文集》第 1 卷，人民出版社 2009 年版。

《毛泽东文集》第 5 卷，人民出版社 1996 年版。

杜维明:《文化中国:扎根本土的全球思维》,北京大学出版社 2016年版。

费孝通:《文化与文化自觉》,群言出版社 2010 年版。

贺麟:《文化与人生》,商务印书馆 2015 年版。

《梁启超全集》第 2 册,北京出版社 1999 年版。

柳诒徵:《中国文化史》,中华书局 2015 年版。

苏秉琦:《中国文明起源新探》,生活·读书·新知三联书店 2000年版。

邹广文:《当代文化哲学》,人民出版社 2007 年版。

论中华文明的创新性

王 博*

习近平总书记在文化传承发展座谈会上指出："中华文明具有突出的创新性，从根本上决定了中华民族守正不守旧、尊古不复古的进取精神，决定了中华民族不惧新挑战、勇于接受新事物的无畏品格。"纵观五千多年中华文明史，既是按照内在逻辑自主生长的具有突出连续性的历史，又是不断适应新变化、解决新问题的具有突出创新性的历史。伴随着连续性而来的文化积淀为文明创新提供了厚重的积累，创新性产生的新知识、新思想和新技术为文明连续提供了不竭的动力。连续性和创新性互动，静水深流和波澜壮阔交织，共同塑造了中华文明守正创新的精神气质。

中华文明的创新成就

中国有百万年的人类史、一万年的文化史、五千多年的文明史。在东临沧海、西越流沙、北连大漠、南跨五岭的广大地域，中华民族的伟大实践创造了辉煌灿烂的中华文明，既独具特色又对世界文明的发展进步产生了重要影响，是世界主要文明体之一，彰显出生活在这片土地上的人民的创新性。中华文明如一条奔腾不息的大河，源远流长，百川汇聚，不断推陈出新。文明包括物质文明、政治文明和精神文明等方面。

---

* 王博，北京大学副校长，哲学系教授。

从物质文明来看,早在新石器时代,中华先民因地制宜,在南方发明了目前已知最早的人类稻作农业,在北方地区开创了世界上唯一同时种植粟和黍的旱地农业。生产生活器物如陶器、玉器、漆器以及丝绸纺织在新石器时代晚期已经达到比较高的水平。二里头文化发现了成组的青铜器,雄伟壮丽的青铜文明在商周时期达到高峰,司母戊大方鼎是其中的一个代表。两周之际开始出现人工铁器,之后发明了铸铁技术,相当长时间内居世界领先地位,促进了农业技术等的发展。汉代出现了造纸术,雕版印刷在唐代开始普及,宋代毕昇发明了泥活字技术,推动了书籍的广泛传播。此后,元人王祯设计了木活字,明朝的金属活字制造、印刷术水平进一步提高,这些都对朝鲜、越南、日本及"丝绸之路"沿线国家产生广泛影响。唐代发明的火药制作技术被应用于经济、军事等领域。指南针在宋代已经用于航海,郑和七下西洋显示,无论是在造船技术还是在航海技术方面,中国都达到了世界领先水平。唐宋是中国古代物质文明发展的高峰期,以瓷器为例,唐代有著名的唐三彩,宋代钧窑、汝窑、景德镇、龙泉等制作的瓷器远播世界。城市的经济功能也更加突出,长安是当时世界上最大最繁荣的城市,也是国际性的大都会,"陆上丝绸之路"的起点,众多国家的使者、学者、商人、僧侣聚集于此。"丝绸之路""职贡不绝,商旅相继",金银、玻璃、骏马等各国物品输入长安,中国丝绸等输出世界。张择端《清明上河图》显示了北宋东京发达的商业,以及建筑、桥梁、船只等各种元素。明清两代出现了李时珍《本草纲目》、徐光启《农政全书》、宋应星《天工开物》等一系列具有总结性的著作,从不同侧面呈现了中华物质文明的成就。

与农业文明相联系的生产生活方式、社会结构,造就了中华民族独特的政治文明。在古国和方国的基础上,夏代的建立标志着中华大地国家的起源。至少在周代,基于宗法制的嫡长子继承制确立了权力的转移方式、分封制开启了中央和地方关系模式的探索。秦始皇建立起中央集权的新型国家制度,实行郡县制,奠定了后世国家制度的基本框架。行政体系方面,秦代开始确立三公九卿制,到隋唐变为三省六部制,官僚机构之间互相制衡、监督的机制得到进一步强化。选官用人方面,汉代以察举制和最初的考试制度取代了此前的世官制,提升了社会阶层的流动性,有助于形成崇尚德行、知识和能力的社会风气。隋唐时期确立了科举制,庶族精英得以进入政治上层参与国家治理,强化了政治参与感和使命感,"朝为田舍郎,暮登天子堂"的故事广为流传,阶层之间的流动更加普遍。国家也得以通过科举科目、考试方式的调整实现对士人思想倾向、社会文化风气的控制。此外,随着品级制度的确立、资格迁转制度的发展、考察制度的完善,文官制度得以全面建立。国家也持续在中央集权和地方分权之间探索平衡,元代设置了行省制度,地方行政区划从"郡(州)—县"两级扩充为"省—州(府)—县"三级,奠定了此后地方行政区划制度的基本格局。土地和经济制度方面,因时而化,先后出现井田制、贡赋制、编户制、均田制、租庸调制、两税法、一条鞭法、摊丁入亩等制度。与世界其他地区相比,中国古代的政治文明极具特色,国家治理和制度建设尤其突出,政治因素对于物质文明和精神文明的发展也产生了更重要的影响。

筑基于物质文明和政治文明之上的精神文明,代表了中华文明在文化领域取得的突出成就。"国之大事,在祀与戎",新石器时代出现的祭祀是上古到三代文化的核心内容,表达着对天地祖先的敬畏。刻画在陶器玉器上的各种符号是文字的前身,随后而起的甲骨文、金文、战国文字、小篆和汉隶,呈现着先民文化创造的艰辛历程。周公总结夏商两代的文化,敬德保民,制礼作乐,《诗》《书》《易》等古代经典陆续出现,三代文化精神得到集中呈现。孔子上承三代,下启后世,把仁义的价值融入礼乐,以伦理的精神改造社会,开创了影响深远的儒家传统。先秦时代的诸子百家、汉代经学、魏晋玄学、隋唐佛学、宋明理学、清代朴学,中国哲学在不同时期呈现出不同的面貌。《离骚》、汉赋、唐诗、宋词、元曲、明清小说,以及历代建筑、雕塑、书法、绘画等一起呈现出中华民族的精神追求。儒释道长期并存,塑造了中国人的精神世界,形成多元一体的文化格局。对历史的重视是中国文化精神的重要特征,从《史记》《汉书》开始,历史书写连绵不绝,造就了中华文明巨大的历史感。自强不息、革故鼎新、辉光日新、"苟日新,日日新,又日新"作为鲜明的文化基因,成为中华民族在传承中不断创新的精神动力。

从先秦到明清,以哲学思想为代表的
中华民族理论创新形成了三个代表性的高峰

第一个代表性的高峰:先秦诸子开启的中国轴心时代。德国哲学家雅思贝尔斯提出"轴心时代"的概念,用来指称公元前 8 世纪至公元前 2 世纪之间在古代希腊、古代印度、希伯来和古代中国等地发生的精神突破。这一时期的精神突破分别奠定了相关民族的世界观和价值观的基础,并深刻影响了世界其他地区。

在中国发生的这次精神突破以春秋战国时期的诸子百家为代表,以此为标志,中国历史被区分为两个不同的时代。前诸子时代中国人的精神世界以《诗》《书》等为代表,笼罩在天命和鬼神的信仰之下。人文精神的跃动仍然无法改变祭祀、卜筮、星占等在官方文化中的支配地位。从春秋时期开始,礼坏乐崩彰显出来的剧烈社会变革,使得重建秩序成为最急迫的时代课题,新的秩序精神开始涌现。守正创新的儒家、借古出新的道家、厚今薄古的法家与墨家、名家、阴阳家等一起推动了中国哲学的突破,改变和升华了古代中国文化精神,人文理性占据了思想世界的中心。自称"述而不作"的孔子及其开创的儒家传统,面对天下无道的现实,在总结三代文化的基础之上,以仁义的价值重建礼乐,以伦理的精神重塑社会,规范家、国、天下结构之下的人与人之间的关系。与前诸子时代"本于天"的秩序精神不同,儒家把思考的重心安放在人和人的世界,人体、人情、人心、人性、人伦、人道成为关注的焦点。儒家强调人的群体性、伦理性、精神性和神圣性,人心、人性贯通天道,形成了一个天道和人道于一体的思想体系,旨在建构一个群居合一的和谐世界。拥有道德权威和教化责任的圣人或圣王成为理想秩序落实于人间的有力保证。

道家同样关注重建秩序和人的境遇,与儒家不同,老子、庄子更突出人的个体性、差异性。"道法自然"所指向的对于人本身的肯定和顺应,消解了对于人性的普遍化和本质化理解,转而承认人之存在的多样性和丰富性。道家的圣人以无为的方式面对世界,"圣人恒无心,以百姓心为心",试图塑造一个无弃人、无弃物的社会。法家以强烈的现实感积极回应天下定于一的时代课题,基于"上古竞于道德,中世逐于智谋,当今争于气力"(《韩非子·五蠹》)的认知,把重点放在气力的积聚,强调耕战,重视功效,以富国强兵来实现"一天下"的目标。与儒家、道家都不同,法家建构起的以法术势为中心、尊君卑臣的秩序体系,在秦国的实践中取得了成功,使秦国在群雄兼并中获得胜利,建立起中国历史上第一个统一的帝国。儒家、道家、法家等相激相荡,相融相通,显示出中华民族思想世界的创造性和丰富性。

第二个代表性的高峰:汉代开启的经学时代。秦汉大一统帝国的建立,郡县立而封建废成为历史的趋势,必然要求有与之相适应的新文化。秦二世而亡,让法家治国的优势和缺陷都充分呈现,成为汉初政治家和思想家反思的重大课题。从陆贾对汉高祖刘邦所说的"居马上得之,宁可以马上治之乎?"(《史记·郦生陆贾列传》),到贾谊《过秦论》的"仁义不施而攻守之势异也",官方思想更化的必要性凸显无疑。从文景到武帝,儒家在与黄老道家的竞争中逐渐占据上风,成为汉代大一统帝国官方意识形态塑造的主体。以董仲舒为代表,提出"《春秋》大一统者,天地之常经,古今之通谊也。今师异道,人异论,百家殊方,指意不同,是以上亡以持一统;法制数变,下不知所守"。据此认为:"诸不在六艺之科、孔子之术者,皆绝其道,勿使并进。"(《史记·董仲舒传》)"罢黜百家,独尊儒术"的建议得到了汉武帝的支持,并通过设置《易》《诗》《书》《礼》《春秋》"五经博士"的举措统一官学,是经学时代开启的重要标志。经学以儒学为主体,以气论为中心,吸收融汇道家、法家、墨家、阴阳家和名家的思想资源,构建起一个囊括宇宙、政治、社会、人生的庞大体系,奠定了"大一统"国家的文化基础。经学时代的到来是思想一统的产物,其突出的标志是思想表达借助于经典解释来实现,冯友兰先生称之为"旧瓶装新酒",即"诸哲学家所酿之酒,无论新旧,皆装于古代哲学,大部分为经学之旧瓶内"。由此,中国文化呈现出鲜明的连续性,也造就了中国文化经典整理、注疏和解释传统兴盛的局面。

第三个代表性的高峰:宋代开启的理学时代。经学时代并不是一个停滞的时代,新的思想在旧的形式之中不断涌现,以回应时代问题和思想对手的挑战。子学仍然保持着生命力,魏晋玄学的兴起显示出道家思想的蓬勃生机。与此同时,随着西域的开拓,中外贸易交流等的深化,印度佛学从东汉开始传入中国,并在南北朝至隋唐时期流行开来。从世界观到人生观,佛学带来了新的文化因素,和本土文化相结合形成了中国化佛学传统,对于以儒学为主体的经学构成了严峻挑战,以致出现"儒门淡泊,收拾不住,皆归释氏耳"的局面。与此同时,宋与辽、金、西夏、蒙古等并立对峙,也对民族生存构成了极大威胁。北宋初期的儒者以"华夷之辨"凝聚精神,以明体达用经世济民,周敦颐、张载、"二程"(程颢、程颐)等胸怀恢复三代的志向,自觉地针对主张"空"和"无"的佛老,从宇宙、心性、政治、社会、人生等不同的角度,系统地阐释儒家经典,创造性地重构儒学思想,重建儒家秩序,接续儒家道统。在此基础上,南宋朱熹、陆九渊建立起成熟的理学和心学体系。以朱熹为例,他一方面系统地解释儒学经典并把"四书"纳入经典体系,另一方面以理为中心建立起贯通天人、理事、心性的完整细密的思想系统,仁义的价值、礼乐的秩序、圣人的权威得以成就在坚固的根基之上。朱熹所代表的宋代新儒学,将经学时代推进到一个新阶段,成为南宋之后元明清的主流意识形态,并传播到日本、朝鲜、越南等东亚地区。明代王阳明的心学反思理学之弊,标榜心外无理、知行合一,风靡一时;明清之际黄宗羲、顾炎武、王夫之反思中国传统政治思想,颇具启蒙精神。凡此种种,标志着中国思想开始进入到一个大转折的历史时刻。

创新塑造了中华文化主体性

中华民族的历史实践和理论创新造就了中华文化的独特精神和鲜明品格,塑造了中华文化主体性,奠定了中华文明连续性和创新性的根基。中华文化主体性集中表现在如下几个方面。

一是价值立本。价值是文化的根本，无论是文化的确立还是文化的进步，本质上都离不开价值观的支撑。中华优秀传统文化的价值观，包括仁爱、民本、诚信、正义、和合、大同、天人合一、道法自然等，最集中地体现在道和德这两个观念之中。道奠定了最基本的价值原则和方向，德是以道来塑造生命和社会。仁义是儒家之道的核心，以此修身、齐家、治国、平天下，便是明明德，便是亲民，便是止于至善。儒家讲仁爱，从亲亲开始，"亲亲而仁民，仁民而爱物"。推至极处，则是宋明时代儒者常常说的以天地万物为一体的境界。《礼记》"大道之行也，天下为公"的大同世界就是这种价值理想的具体表达。

二是秩序立纲。秩序是文化的骨干，建立在价值的根基之上，表现在对天地人和社会各领域的稳定组织之中。人的特点是群居，生活在各种不同的共同体之中，这就决定了秩序的不可或缺。秩序之用在于纪纲万物，人和万物得以在其中明确自己的位置，拓展自己的发展空间。中华文化最重秩序，英国学者李约瑟曾经说："中国思想的关键词是秩序。"礼乐是最具代表性的秩序符号，"乐合同，礼别异"（《荀子·乐论》），礼呈现的是世界上客观存在的差别，乐则是差别的统一。礼乐交互为用，既承认差别又肯定统一，让中华文化的秩序精神具有强烈的伦理性，其最终目标则是生命的塑造及社会的和谐。这就是《礼记·中庸》所说的"致中和，天地位焉，万物育焉"。中华文化的秩序精神渗透到包括建筑在内的各个方面，普及到人伦日用各个领域。

三是人心立基。人心是文化的枢纽，价值和秩序只有安放在人心之上，内化于心，才能获得稳定的根基。人为万物之灵，灵的关键就在于"心"。"心"的发现是中国哲学时代开启的一个重要标志，也是中国文化进步到一个新阶段的重要标志。孟子以心为大体，耳目鼻口手足为小体。耳目之官不思，很容易被外物所牵引。心之官则思，通过思的能力，意识到仁义价值和礼乐秩序乃是人的本质。仁义礼乐根于心、存于性，是人之所以为人者。

由此，价值和秩序就内在于生命，人成为道德的人、伦理的人、文化的人。世界成为道德的世界、伦理的世界、文化的世界。宋明理学高度肯定人心的地位和作用，朱熹主张"能存心，而后可以穷理""心包万理，万理具于一心"，心是格物致知、修齐治平的关键。明代思想家王阳明的学问被称为心学，心即理，"虚灵不昧，众理具而万事出。心外无理，心外无事"。人心一点灵明就是人人皆有的良知，致良知于事事物物，做到知行合一，才算是一个真正的人、道德的人。

四是教化立俗。教化是文化的功用，以价值正治人心，以秩序规范行为。中华文化极其重视教化，视之为移风易俗、塑造人格、改善社会的基本途径，所以有"观乎人文，以化成天下"之说，后世概括为人文化成。孔子到卫国，感叹人口众多，有庶之、富之、教之之论。人多是优势，但还要富裕，还要教育。教的目的是让德扎根于内心，呈现于四体。荀子有感于现实世界的缺陷，特别强调教化的作用，认为人的差别源于教育，主张"论礼乐，正身行，广教化，美风俗"（《荀子·王制》）。教的另外一面就是学，《荀子》的第一篇就是《劝学》，强调"学不可以已"，学以成人。历朝历代都立学校，汉代举贤良、孝廉，隋唐开始兴科举，宋代书院兴盛，都是重视教化的体现。

五是器物立用。"器以藏礼"，器物是文化的有形表达，具有鲜明的秩序内涵。"形而上者谓之道，形而下者谓之器"（《系辞传》），形而上即体现在形而下之中。大到城市、宫殿、宗庙，小到车马、服饰、食具，器物成为表达中华文化价值和秩序的载体。铸鼎象物，表达的是三代的宇宙观和天下观；宗庙明堂，表达的是敬畏天地、祖先和生生不息的追求。考古博物馆陈列的文物和版本馆收藏的古籍，呈现的是中华民族的生产生活世界和精神世界，承载着中国文化之道。

中华文明创新性的主要特征

一是传承与创新交互为用。中华文明述作并重，"作"是创制、制作，述是传述、传承。周公制礼作乐，众所周知。《系辞传》从包牺氏作八卦、作结绳而为罔罟开始，历数神农氏作耒耜、日中为市，黄帝尧舜氏垂衣裳而天下治、作舟楫、服牛乘马、重门击柝、臼杵之利，以及后世圣人作书契。《世本·作篇》集中记载了历代圣贤的制作，如燧人出火、蚩尤作兵、仓颉造书、祝融作市、舜始陶、鲧作城郭、禹作宫室、奚仲作车、杜康造酒、武王作娶、夔作乐等，可见对于创新的重视。"作"被认为是圣人之事，如《周礼·考工记》所说："知者创物，巧者述之，守之世，谓之工。百工之事，皆圣人之作也。"将制作归之于圣人，显示出制作的神圣性。与"作"相对的是"述"，述即传承圣人之制作，圣人作，贤者述，构成一个创新和传承相辅相成的链条。中国文化具有明显的"寓作于述"特征，述是传承，作是创新，在创新中传承，在传承中创新，丰富并巩固了中国文化主体性。

二是在通变中回应时代问题。问题是创新的起点，也是创新的动力源。"观水有术，必观其澜"，社会大变革的时代，正是时代问题集中呈现的时代，也是创新思想和技术集中出现的时代。中华文明推崇"究天人之际，通古今之变"，上述理论创新的几个高峰，无一不是出现在社会剧烈变化的时期，无一不是要解决旧秩序瓦解、新秩序建立的问题。围绕着秩序重建，孔子及其后学从"礼之本"入手，内探心性，中通人伦，上达天道，发展出影响深远的儒家传统。同样围绕秩序重建，朱熹上承孔孟、近接北宋五子，通过对理气、道器、心性关系的辨析，守正不守旧，完成了宋代新儒学的建构，重新焕发出儒学的生命力。清朝末年，面对三千年未有之大变局，康有为、梁启超、孙中山等先进的中国人不断探索拯救中国之路，为马克思主义和社会主义在中国的成功实践积累了历史经验。

三是开放包容和视野交融。"和实生物，同则不继"，不同事物的结合是创新的重要途径。考古发现表明，中华大地上各古代文化之间的交流互鉴推动了中华文明的进步。先秦诸子不同的思想视野，为汉代的思想整合和理论创新提供了丰富的知识基础。经学传统内部以及经学和子学之间的张力也一直是避免思想僵化的重要前提。佛教东传、西学东渐，跨文明之间的交流，更是拓展了中华民族的知识和思想视野。英国哲学家罗素在《中西文明比较》中写道:"不同文明之间的交流过去已经多次证明是人类文明发展的里程碑。"佛学空无的世界观、精致的心性论极大刺激了固有的儒学传统,促使其在批判性吸收的过程中建构起新儒学体系。清末西学的输入在对几千年相对独立发展的中华文明构成严峻挑战的同时,也推动了中华文明融入现代世界的历史进程。马克思主义传入中国,改变了中国的命运,马克思主义基本原理同中国具体实际相结合、同中华优秀传统文化相结合,在实践创新的基础上不断实现新的理论创新,不断推进马克思主义中国化时代化。借助于开放包容,在整合和结合中创新,是中华文明创新性的一个重要特征。

四是强烈的担当意识和使命感。中华文明具有深厚的忧患意识,并转化为强烈的使命担当。忧患意识表达的是对民族国家的关心,有关心,才有思考,有思考,才有创新。从"《易》之兴也,其于中古乎? 作《易》者,其有忧患乎?"到"先天下之忧而忧,后天下之乐而乐",中国文化崇尚家国情怀、天下担当。孔子以传承三代文化为己任,"文王既没,文不在兹乎!"孟子曰:"夫天未欲平治天下也;如欲平治天下,当今之世,舍我其谁也?"北宋张载云:"为天地立心,为生民立命,为往圣继绝学,为万世开太平。"正是这种担当意识和使命感,赋予历代中国人追求真理、追求创新的勇气。

中华民族现代文明的建设,扎根于五千多年中华文明传统之中,伴随着中国式现代化的历史进程。过去未去,未来已来。中华文明的创新性也决定了中华民族必将在新时代承担起新的文化使命,在传承、通变、开放、承担中不断创新。正如习近平总书记在文化传承发展座谈会上指出的:"要坚持守正创新,以守正创新的正气和锐气,赓续历史文脉、谱写当代华章。"

参考文献

袁行霈等主编:《中华文明史》,北京大学出版社2006年版。

中华文明统一性的历史解读和当代启示

郑任钊[*]

　　习近平总书记在文化传承发展座谈会上指出："中华文明具有突出的统一性,从根本上决定了中华民族各民族文化融为一体、即使遭遇重大挫折也牢固凝聚,决定了国土不可分、国家不可乱、民族不可散、文明不可断的共同信念,决定了国家统一永远是中国核心利益的核心,决定了一个坚强统一的国家是各族人民的命运所系。"纵观世界历史,疆域面积能比照中国的国家,其统一的历史至多也就几百年。多少偌大帝国,一旦分崩离析,就再也没有机会统合在一起。唯有中国,几千年来,彷如冥冥中有一股神秘力量,始终将这片广袤国土以及生长于斯的人民凝聚在一起,即使经过一段时期的分裂,也终会再度走向统一。这股力量,就是中华文明与生俱来并伴随中华文明一路走来的统一性。统一性伴随着中华文明的发展不断强化,也是推动中华文明走上与其他文明迥然不同发展道路的重要根源。

统一性是中华文明与生俱来的特性

　　北方的大漠,西方的高山,东方与南方的海洋使中华文明处于相对独立的自然地理单元之中。中华文明是世界上少有的原生性文明,在很长一段

---

　　* 郑任钊,中国社会科学院古代史研究所研究员、博导,中国社会科学院中国思想史研究中心研究员。

时间内走的都是一条自我独立发展的道路,形成诸多自成一格的特性。统一性是中华文明与生俱来的一种特性,植根于遥远的史前时期,植根于中华文明的起源与早期发展过程之中。

我们通常说秦始皇统一中国,但翻开典籍,我们看到《史记·五帝本纪》讲黄帝时期"诸侯咸来宾从""诸侯咸归轩辕";《尚书·尧典》讲尧"光宅天下""协和万邦";《尚书·益稷》《舜典》讲舜"光天之下,至于海隅苍生,万邦黎献,共惟帝臣""五载一巡守,群后四朝"。在这些典籍的描述中,上古时期中华大地上邦国林立,但却不是一盘散沙,而是有核心、有组织、有秩序的,中国先民一直在追求并实现了相当规模的统合。现代考古学研究也证明,在距今五六千年的新石器时代晚期,中华文明逐渐形成了以中原为核心,以黄河中下游和长江中下游为主干的多元一体有核心的结构模式。①陈连开教授指出:"公元前3000年—前2000年间,是中华文化由多元向一体融合的最关键时期。""考古学上所见到的现象是:文化上呈现出强烈的统一趋势。"②

黄河流域、长江流域独特的地理和气候,为原始农业提供了良好的自然条件,养育了众多的部族和人口,但也带来了频繁的水旱灾害,中国先民"所要应付的自然环境的挑战要比两河流域和尼罗河的挑战严重得多"③。为了回应人们共同面临的生存环境的挑战,解决人与人、人与自然的巨大矛盾,中国先民提出了"协和万邦"的理念,倡导共同协作,并构建了统一协调管理的社会政治组织。

钱穆先生曾将世界群族文化演进划分为"西方之一型"与中国的"东方之一型",认为西方"于破碎中为分立,为并存",中国则"于整块中为围聚,为相协"④。团聚协同、趋向统一,中华文明从一开始就走上了与西方截然

---

① 参见卜宪群总撰稿:《中国通史》(第一册),华夏出版社2018年版,第38—39页。
② 陈连开:《论中华文明起源及其早期发展的基本特点》,《中央民族大学学报》2000年第5期。
③ [英]汤因比:《历史研究》(上册),曹未风等译,上海人民出版社1959年版,第92页。
④ 钱穆:《国史大纲》,商务印书馆1994年版,第23页。

不同的发展进程。现代考古学和古气候研究证明，古代中国在公元前2000年前后确实存在一个气候较为异常的时期，并遭遇了大洪水。《尚书》《史记》等典籍都记载，"洪水滔天，浩浩怀山襄陵，下民昏垫"，洪水淹没农田，漫上丘陵，百姓困苦不堪，舜帝派大禹治水十余年终获巨大成功。

面对洪水，中国先民不求神、不逃避，而是选择团结协作、迎难而上。治理洪水注定不是局部性的，而是需要大范围动员社会集体力量。大禹"开九州，通九道，陂九泽，度九山""食少，调有余相给，以均诸侯"，统一指挥各邦国人民疏通水道、兴修水利，在各邦国之间统一调度粮食。通过合作治水，"天下万邦"愈加紧密融合，实现了"九州攸同""四海会同""东渐于海，西被于流沙""声教讫于四海"的格局，催生了名副其实的文明国家——夏朝，孕育了华夏民族，同时也将统一性深深融入了中华文明的血脉中，刻入了中国人的基因中。

自此，原来部落联盟的盟主权转化为王权，确立了"包括中央王国和周边诸侯邦国在内的多元一体的王朝国家的最高统治权"①。《左传·哀公七年》载"禹会诸侯于涂山，执玉帛者万国"，《诗经·商颂·玄鸟》描述商汤是一位"奄有九有""肇域彼四海"的君王。到了西周时期，《诗经·小雅·北山》提出了"溥天之下，莫非王土；率土之滨，莫非王臣"。由夏至商至西周，王权的影响力不断上升，支配的范围越来越大，对疆域的控制越来越稳固。"溥天之下，莫非王土"意谓疆域、国土的统一；"率土之滨，莫非王臣"意谓国家政治的统一。周人立国，分封诸侯，并由周公主持建立了完备的宗法制度。周天子是天下大宗，诸侯都是经过周王分封的，王权的地位大大提高，"由是天子之尊，非复诸侯之长，而为诸侯之君"②。从这种意义上说，那时中国已经是一个统一国家，是一种"分封制"的统一国家，只是与后来秦王朝实行的中央集权的"郡县制"的统一国家不同。

---

① 王震中：《中国王权的诞生——兼论王权与夏商西周复合制国家结构之关系》，《中国社会科学》2016年第6期。

② 王国维：《殷周制度论》，载《观堂集林》卷10，河北教育出版社2003年版，第238页。

从部落联盟到文明国家的形成，从"协和万邦"到"溥天之下，莫非王土；率土之滨，莫非王臣"，我们可以清楚地看到，其中趋向统一的文化认同与政治理念一脉相承并不断清晰、强化。

秦汉以后，"大一统"思想逐渐成为中国人的一种文化信仰，成为中华民族最重要的核心价值观之一

"大一统"一词的明确提出是在汉初，《春秋公羊传》用"大一统"来解释《春秋》首句"元年春王正月"。然而"大一统"的思想基础早在先秦时期就已奠定。《春秋公羊传》提出的"大一统"，是公羊学派为终结乱局、重建社会秩序而提出的设计方案，是对历史发展方向所提出的一种思想主张，同时也是对先秦天下一统观念的精炼总结。

随着周王朝的建立，中国人产生了明确的"天下"观念。"天下"的观念一开始就是和追求与认同统一的观念相联系的。[①] 周人的"天下"是一个整体，是一个中心向四方逐级扩展延伸的圈层结构，是一套以周天子为中心的统治秩序。西周实行的分封制在很长一段时间内维护了周人对天下一统的构想。然而，随着世代推移，这种建立在血缘关系基础上的分封制的脆弱性愈发明显。平王东迁后，周王室权威大为衰落，周天子虽仍名为天下共主，实质上已无力统辖各诸侯国，天下日益走向分裂。战国时乃至"争地以战，杀人盈野；争城以战，杀人盈城"（《孟子·离娄上》），人民生活在巨大的苦难之中。同时周边民族纷纷涌入中原，形成与"诸夏"交错杂居的局面。

如何挽救分裂、混乱的政治局面，如何让人民有一个安定的生活，如何解决日益复杂的民族问题，春秋战国时期的思想家们不约而同地提出了"一天下"的主张。诸子或主张武力统一，或反对武力统一，或强调"仁道"，或强调"修政"，但他们显然都认同社会发展的趋势必然是归于统一，认为

---

① 参见王子今：《"一天下"与"天下一"：秦汉社会正统政治意识》，《贵州社会科学》2020年第4期。

结束战乱纷争、安定天下的唯一途径就是统一。同时众多人才奔走于各个诸侯国之间，为实现"天下为一"的目标贡献自己的才智。可以说，在秦统一中国之前的一两百年间，一种新的更高层次的统一在思想层面已经逐渐形成，并获得了人们的认同。

秦灭六国，建立了第一个中央集权的统一国家。正如《史记·秦始皇本纪》所载："海内为郡县，法令由一统，自上古以来未尝有。"秦的统一，是中国历史上一种全新的统一，其统一的版图规模亦远远超出原来七国故地。然而秦王朝尚缺乏管理统一国家的经验，又以苛政峻刑治国，很快被推翻。秦末乱局甫定，汉初又发生同姓王七国叛乱，国家分裂混乱的阴云仍然挥之不去。汉朝立国，维护和加强国家的空前统一成为时代的迫切需要。胡毋生等人将《春秋公羊传》著之竹帛于前，董仲舒《举贤良对策》升华"大一统"说于后，《春秋公羊传》关于国家统一和安定天下的"大一统"思想终于被汉武帝采纳，得到了实践，由此奠定了汉代的政治格局，进而深刻影响了两千多年的中国社会，在维护国家统一和社会安定方面发挥了不可估量的作用。

"大一统"的"大"字原来是一个动词，即推重推崇之义。"大一统"用现代汉语表达就是"重视国家的统一"，后来则又衍生出版图、规模宏大之意。《春秋公羊传》的"大一统"主要有四方面的内涵：一是中央集权。加强王权，明确上下分际，严格约束限制臣下的名分权力。国家的统一、社会的稳定成为最高的价值、核心的价值。二是天下一家。夷夏只是文化的区分，文化落后民族在文化先进民族的影响下"渐进"，逐步摆脱落后面貌，共同走向进步。摒弃了狭隘的民族观念，向往一种多民族交融的统一。三是安天下之民。只有实行仁政的统一才能凝聚人心，国富民足才能长治久安。四是拨乱反正。当国家分裂、社会混乱时，"力能救之"的人应当积极起来维护国家统一和恢复社会秩序。

董仲舒应对汉武帝策问时又对"大一统"说进行了发挥。董仲舒说："《春秋》大一统者，天地之常经，古今之通谊也。"董仲舒把"大一统"定义为宇宙的普遍法则，又针对"今师异道，人异论，百家殊方，指意不同"等妨碍统一的现象，提出"诸不在六艺之科、孔子之术者，皆绝其道，勿使并进"（《汉书·董仲舒传》）的建议。董仲舒认为思想不统一，政治上的统一是无所依靠的，必须要有一个统一的指导思想，国家政治的方方面面才会趋向于统一，老百姓才会知道遵循什么，社会才能稳定。

近代以来，思想文化统一往往被说成是文化专制而颇受诟病。但客观地看，一个疆域广大、人口众多的"大一统"国家需要一个具有导向性的主流思想。在国家政治统一的格局下如何实现思想文化的统一，进而以思想文化的统一维护巩固国家的统一和稳定，是"大一统"国家必须思考和解决的问题。而统一到哪里，就要找到最能为人们所接受的、最契合统一国家需要的思想资源。选择儒家经学作为中华文化统合的思想平台，可以说"是整个中华民族的历史选择"[1]。这是汉代思想文化政策能够成功、经学能够两千多年始终居于官方意识形态地位的深层原因，也是中国长期统一的文化根基。

"大一统"观念随着中华文明的起源而萌发，在夏商周三代逐渐发展，经由春秋战国至秦汉的理论构建与实践，形成了系统的思想理论。"大一统"并非只是政治统一、疆域统一，其深层次的要求是民族和谐、人民安乐。秦汉以后，"大一统"思想深入人心，并逐渐成为后世中国人的一种文化信仰，是中华民族最重要的核心价值观之一，为中国的长期统一提供了理论支撑和信仰力量。

古往今来，人民痛恨分裂、渴望统一。反映在诗人那里，讴歌统一、呼唤统一的诗文层出不穷。如唐代杜甫的"愿驱众庶戴君王，混一车书弃金玉"，宋代陆游的"死去元知万事空，但悲不见九州同"，元代元好问的"四海于今正一家，生民何处不桑麻"，等等。在中国传统文化中，无论什么时候"统一"都是正面的词汇，"分裂"都是负面的词汇。在分裂时期，即使在各

---

[1]　姜广辉:《新经学讲演录》,中国社会科学出版社 2020 年版,第 37 页。

种利益集团的私心私欲妨碍国家统一的时候，追求统一、维护统一仍然是不可违抗的最大民意，这也是国家重新走向统一的社会基础。中国秦汉以后两千余年的历史，既是一部不断走向更大规模的统一的历史，也是一部"大一统"思想不断深化与发展的历史。

自秦以后的两千多年，统一始终是
中国历史发展的主流和大势

中国作为一个长期统一的多民族大国，文明不曾中断，主体疆域能够保持稳定，而且随着时间的推移，中央集权制度不断强化，民族融合不断深入，统一的基础日益巩固，统一的时间愈发持久，这在整个世界范围内是绝无仅有的。

从秦朝统一开始至清朝结束统治，共计2100多年。忽略一些局部或短暂的分裂不计，我们大体上可以把秦汉、西晋、隋唐、元明清视为四个统一的时期，一共是1400年左右，其余的分裂时期一共是700年左右。由此可见，在中国历史上，统一的时间约占三分之二，分裂的时间约占三分之一，统一是绝对的主流。在分裂之后，中国总是能再度走向统一，而且是走向更大规模的统一。尤其是元代以后，中国基本上就一直是统一的状态，这反映了随着时间的推移，统一愈加巩固和强化。

年份的统计因尺度的不同可能会产生一些误差，但统一始终是中国历史发展的主流和大势，这是毋庸置疑的。我们不能将统一王朝内部存在割据势力一概视同为国家分裂，地方割据只是中央权威的衰落，整个国家在形式上仍然是统一的。胡如雷先生曾说："唐朝后期藩镇林立，呈地方割据状态，但国家尚未分裂。"[①]局部地区在一段时间内的割据分离，并不影响中央政权的"大一统"性质。因此，我们不能认同用那种小刀切块的方式处理历史而得出中国历史上分裂、分治是主流的偏颇结论。

---

① 胡如雷：《略谈中国古代的国家体制——统一、集权、专制》，《山东社会科学》1988年第1期。

为了维护和巩固统一,历朝历代皆加强中央集权的制度建设、经济建设和思想文化建设。秦废分封,行郡县,设三公九卿,推动"书同文,车同轨,行同伦",统一货币和度量衡;汉颁布"推恩令",推行察举制和刺史制,实行平准均输、盐铁专卖,"罢黜百家,表章六经";隋唐确立三省六部制、科举制,推行两税法;元代实行行省制,设立宣政院和宣慰司;明代设三司,实行内阁制度和巡抚总督制,推行一条鞭法;清代设军机处、理藩院,划设将军辖区和办事大臣辖区,推行改土归流、摊丁入亩。历代持续构建以儒家经学为主的国家意识形态、规范统一汉字的书写与语音、推广礼乐教化。这些制度和措施不断夯实国家统一的基础,增强了国家对广袤国土的有效治理,促进了统一多民族国家的发展和巩固。

统一通常意味着安定与繁荣的历史景象。贾谊《过秦论》写到秦始皇一统天下,结束了"兵革不休,士民罢敝"的混乱局面,老百姓可以"安其性命",因而得到"天下之士"拥护。传统文化中譬如"九州晏如""四海晏然""天下太平"一类词汇无一不是形容"大一统"条件下人民安居乐业的盛景,或是表达人们对这种盛景的期盼。"大一统"带来的安定的社会环境,为生产的兴盛、人口的繁衍、财富的积累、社会的发展提供了根本保障。中国历史上著名的盛世如文景之治、贞观之治、开元盛世、康乾盛世,都发生在大一统时代。可以说,每一代中国人的福祉,都与国家的统一息息相关。反之,分裂往往导致山河破碎,兵灾迭见,生灵涂炭。割据交战给社会生产和人民生活带来极大破坏,史载"无复农作""阡陌夷灭""百业俱废",甚至出现"积尸竟邑""人烟断绝""人相为食"的人间惨剧。此时人们的心愿,正如《晋书·桓玄传》所说:"百姓厌之,思归一统。"

统一多与民族和谐共处联系在一起。历代皆将促进民族交融、实现"遐迩一体,中外禔福"(《汉书·司马相如传》)视为国家的要务。"大一统"是多民族融合的统一,结束了"华夷争杀,戎夏竞威"(《宋书·周朗传》)的局面,而代之以"无隔华夷""混一戎夏"(《隋书·裴矩传》)的"华夷一统"(《明史·乐志》),各民族共同生活在一个大家庭里。明代刘基有诗称："大漠造瀚海，重关阻飞鸿。昔为征戍场，今见车轨同。"那些昔日关隘重重、邻族重兵攻防的地方，因为统一而不再区分彼此，不再陷于战乱，诗人对此由衷地赞叹。

中国古代对王朝的历史评价有"正统"与"非正统"的区分。欧阳修《原正统论》说："正者，所以正天下之不正也；统者，所以合天下之不一也。"统一天下就是"正统"最根本的要求。因此，历代统治者皆有实现和维护"大一统"的使命感。处于分裂时期的各政权，有作为的统治者也都将"混同宇内，以致太和"（《三国志·魏书·曹植传》）作为最高政治目标。如前秦苻坚"每思天下不一，未尝不临食辍餔"（《晋书·苻坚载记》），金帝完颜亮明确宣称"自古帝王混一天下，然后可为正统"（《金史·耨盌温敦思忠传》）。这里我们注意到，前秦和金的统治者均不是汉族，但都自觉认同并接受了"大一统"的思想，都有统一中国的意愿，后来更由元和清实现了这一目标。

长时期的"大一统"格局，让古往今来的中国人视统一为理所当然的正常状态，视分裂为非正常状态。即使那些割据政权的统治者也认为自己的割据只是暂时的，如吴越开国之主钱镠说："焉有千年而其中不出真主者乎？"（《十国春秋·忠懿王世家》）南平国主高保助之弟说："真主出世，天将混一区宇。"（《宋史·荆南高氏世家》）他们虽然没有志向统一，但都相信终究会有人来完成统一，而且自己占据的这块土地也必是将来统一国家的一部分。事实上，历史上那些无心统一、只图偏安的政权，最终的归宿也必然是被统一。

中华文明统一性的当代启示

英国著名历史学家汤因比曾说："就中国人来说，几千年来，比世界任何民族都成功地把几亿民众，从政治、文化上团结起来。他们显示出这种在政治、文化上统一的本领，具有无与伦比的成功经验。"①诚如其所说，中国

---

① ［日］池田大作、［英］汤因比：《展望21世纪：汤因比与池田大作对话录》，荀春生等译，国际文化出版公司1997年版，第283—284页。

人有关统一的"本领"与"经验",也就是数千年来的"大一统"思想以及与之相适应的国家治理实践确实非常成功,可以给我们今天在党中央的坚强领导下,维护和巩固统一的多民族国家,完成祖国的统一大业,保证国家的长期稳定和繁荣昌盛提供诸多深刻启示。

坚决维护国家统一,推进祖国统一大业。国家统一永远是中国核心利益的核心,解决台湾问题、实现祖国完全统一,是中国共产党矢志不渝的历史任务,是全体中华儿女的共同愿望。无论是谁,试图挑战中国底线,试图破坏和阻碍中国统一,都必将遭到中国人民的无情打击。

坚持党中央集中统一领导。党领导全国人民将四分五裂的旧中国建设成为团结强大的社会主义新中国,成功实现了香港和澳门的回归,取得了一系列涉及领土和主权的重大胜利。中国共产党是民族复兴、国家统一的坚强领导核心,我们必须坚决维护党中央权威,毫不动摇坚持党中央集中统一领导,才能将全国人民紧密团结在一起,保证国家统一、法制统一、政令统一、市场统一。

坚持以习近平新时代中国特色社会主义思想为指导。中国化时代化的马克思主义和包括"大一统"核心价值观在内的中华优秀传统文化,是我们今天维护国家统一思想防线的"双保险"。中华优秀传统文化是维系民族团结和国家统一的牢固纽带,中国化时代化的马克思主义是凝聚党心民心的强大理论武器。习近平新时代中国特色社会主义思想是中华文化和中国精神的时代精华,是马克思主义中国化时代化的最新成果。我们要继承中华优秀传统文化并践行"大一统"价值观,坚持习近平新时代中国特色社会主义思想的科学指导,让国家统一的思想防线牢不可破。

加强民族团结,铸牢中华民族共同体意识。数千年来,各族人民建立了紧密的政治经济文化联系,始终追求团结统一,形成了强大的凝聚力和向心力。新中国成立后,各民族在社会主义制度下实现了真正意义上的平等团结进步,走进了友爱合作的大家庭。一个坚强统一的国家是各族人民的命运所系,我们要铸牢中华民族共同体意识,促进各民族像石榴籽一样紧紧抱在一起,共同团结奋斗、共同繁荣发展、共同建设强大统一的祖国。

参考文献

卜宪群总撰稿:《中国通史》(第一册),华夏出版社 2018 年版。

姜广辉:《新经学讲演录》,中国社会科学出版社 2020 年版。

钱穆:《国史大纲》,商务印书馆 1994 年版。

王国维:《殷周制度论》,载《观堂集林》卷 10,河北教育出版社 2003 年版。

陈连开:《论中华文明起源及其早期发展的基本特点》,《中央民族大学学报》2000 年第 5 期。

胡如雷:《略谈中国古代的国家体制——统一、集权、专制》,《山东社会科学》1988 年第 1 期。

王震中:《中国王权的诞生——兼论王权与夏商西周复合制国家结构之关系》,《中国社会科学》2016 年第 6 期。

王子今:《"一天下"与"天下一":秦汉社会正统政治意识》,《贵州社会科学》2020 年第 4 期。

[英]汤因比:《历史研究》(上册),曹未风等译,上海人民出版社 1959 年版。

[日]池田大作、[英]汤因比:《展望 21 世纪:汤因比与池田大作对话录》,荀春生等译,国际文化出版公司 1997 年版。

中华文明包容性的内在意蕴、时代价值与实践遵循

范　周*

2023 年 6 月,习近平总书记在文化传承发展座谈会上发表重要讲话指出:"中华文明具有突出的包容性,从根本上决定了中华民族交往交流交融的历史取向,决定了中国各宗教信仰多元并存的和谐格局,决定了中华文化对世界文明兼收并蓄的开放胸怀。"文明的演进、繁荣、进步,离不开包容开放,也离不开交流互鉴。正确理解中华文明包容性的意涵、价值,对在新时代推进中国式现代化具有重要意义。

中华文明包容性的历史根源

理解阐释中华文明的包容性,应沿着中华文明的历史脉络寻根探源。考古成果已经证实,中国具有百万年以上的人类生存史,而在漫长的文明演进史上,中华文明强大的包容性,成为其绵延不衰的重要基础之一,也展现出"中华民族以和为贵的和平性格、海纳百川的包容特质、天下一家的大国气度"①。

---

　　* 范周,北京京和文旅发展研究院院长,中国传媒大学教授、博导,杭州师范大学钱塘学者、讲座教授。
　　① 习近平:《建设中国特色中国风格中国气派的考古学　更好认识源远流长博大精深的中华文明》,《求是》2020 年第 23 期。

从中华文明的起源看，它是以发源于亚洲大陆黄河流域的中原文化和长江流域楚文化的融合发展为中心，不断融合了周边部落和少数民族文化而形成的华夏民族文明共同体。春秋战国时期，儒墨道法等各家学说在争鸣交锋中共生相融，中国文化已经初步展现出顺天法地、包容万物的特征。秦汉以降，政治上统一的国家制度、文化上统一的语言文字和各民族多样化的经济社会生活，使中华民族既建构了以宗法制、郡县制、科举制和儒释道文化为支撑的大一统封建国家的弹性体制和结构形式[1]，同时又形成了以不同地区的经济文化为特色的包容性、融合性和创造性的区域性发展空间。盛唐时期，"九天阊阖开宫殿，万国衣冠拜冕旒"，各民族广泛交往，海纳百川、兼容并蓄的非凡风气贯穿整个社会，造就了宗教、文学、乐舞、服饰等文化领域的高度繁荣。宋元时期，在当时的贸易大港泉州，东西方宗教多元并存，创造了印度、波斯、希腊、大夏、安息、罗马和中国等不同文化元素和谐共生的文化奇观。明代，郑和率领的航队开启了规模庞大的航海之旅，他们以和平的方式用瓷器、丝绸交换各国珍宝、香料，将中国的历法、乐器、种植技术等传播到各地。总的来说，在中华古代文明演进过程中，东亚大陆具有的多样性的地理、气候条件和农牧经济造就了中华民族天人合一、和而不同的思想理念，形成了三教九流的多样性和兼容并蓄的包容性文化[2]。

进入近代，中华文明曾一度遭遇挫折，由坚船利炮开路的西方文化与中国传统文化产生激烈碰撞。十月革命爆发后，中国开始学习、接受、传播和转化马克思主义。在马克思主义的指引下，中国共产党带领中国人民逐渐走上一条自觉、自信、自强的文化建设道路。"在五千多年中华文明深厚基础上开辟和发展中国特色社会主义，把马克思主义基本原理同中国具体实际、同中华优秀传统文化相结合是必由之路。这是我们在探索中国特色社

---

① 参见厉以宁：《资本主义的起源——比较经济史研究》，商务印书馆 2003 年版，第439—450 页。

② 参见梁漱溟：《中国文化的命运》，中信出版社 2010 年版，第 32 页。

会主义道路中得出的规律性的认识,是我们取得成功的最大法宝。"①新民主主义革命时期,毛泽东同志曾提出,"我们的方针是,一切民族、一切国家的长处都要学","必须有分析有批判地学,不能盲目地学"。社会主义革命和建设时期,党提出了"百花齐放,百家争鸣""古为今用,洋为中用"等思想方针,这对当今社会文化发展依然具有启示镜鉴。改革开放后,国家中心任务转移至经济建设,邓小平同志一方面提出"和平与发展是当今世界的两大主题",秉持开放包容的发展理念,提倡吸收借鉴人类文明成果,另一方面坚持中国特色社会主义文化的主体地位。20世纪90年代,江泽民同志提出:"各个国家、各个民族都为人类文明的发展作出了贡献。应充分尊重不同民族、不同宗教和不同文明的多样性。"党的十六大以来,胡锦涛同志提出:"建设和谐文化,是构建社会主义和谐社会的重要任务。"强调文化上相互借鉴、求同存异,尊重世界文明多样性,共同促进人类文明繁荣进步。

党的十八大以来,习近平总书记多次强调中华文明兼收并蓄的文明特性,强调平等、互鉴、包容的文明观。"中华文明是在同其他文明不断交流互鉴中形成的开放体系。从历史上的佛教东传、'伊儒会通',到近代以来的'西学东渐'、新文化运动、马克思主义和社会主义思想传入中国,再到改革开放以来全方位对外开放,中华文明始终在兼收并蓄中历久弥新。"②"各民族之所以团结融合,多元之所以聚为一体,源自各民族文化上的兼收并蓄、经济上的相互依存、情感上的相互亲近,源自中华民族追求团结统一的内生动力。"③中华文明独一无二的历史土壤孕育了中华文明兼容并包、厚德载物的文化气质,这种强大的包容性在中华文化传承演进过程中承担着重要的历史使命,在思想价值、民族融合、宗教信仰、社会礼俗、文化交融等方面作出了重要的历史贡献。也正因此,中华文明才能以其蓬勃的生命力、

---

① 《习近平在文化传承发展座谈会上强调　担负起新的文化使命　努力建设中华民族现代文明》,《人民日报》2023年6月3日。

② 《习近平谈治国理政》第三卷,外文出版社2020年版,第471页。

③ 习近平:《在全国民族团结进步表彰大会上的讲话》,人民出版社2019年版,第7页。

强大的凝聚力、多样的表现力和独特的创造力屹立于世界之林。

中华文明包容性的丰富意涵

中华文明具有突出的包容性。所谓"包容"，意指容纳、宽容，是处理人与人、人与自然等不同主体之间差异性的一种精神态度。包容文化既在人类实践中生成，也随着人类社会的发展不断完善与丰富，是人类历史发展过程中长期积累的一种综合性智慧，对传统文明传承发挥了巨大的作用①。中华文明在起源与演进过程中形成了以"包容、融合、和善"为核心内涵的包容性②。

科学理解中华文明"包容性"的深刻意涵，需要将其置于中华文明的整体特性之中进行考量，充分关照其与其他文明特性之间的紧密联系。连续性是中华文明最为鲜明的特征与优势，也是包容性得以存在和彰显的重要基础；创新性是实现赓续传承的重要手段与路径，是推动包容性内涵外延拓展丰富的重要力量；统一性是中华文明历史演进中形成的强大向心力与凝聚力，和平性是面对不同文明形态时的交往方式和道路选择，二者都是包容性长期实践的具体表现和必然结果。包容性是中华文明绵延至今的宝贵品质，这种包容性文化呈现出传承性、开放性、融合性、创新性和自主性特征③。

首先，包容性诠释和而不同的价值基础。钱穆先生认为，和合文化是中国文化精神最主要的一个特性，"中国人常抱着一个天人合一的大理想，觉得外面一切异样的新鲜的所见所值，都可融会协调，和凝为一。"④中华文明在其历史演进中较早形成了自己的独特体系，但中华文明并非一个封闭孤

---

① 参见韩冬雪：《论中国文化的包容性》，《山东大学学报（哲学社会科学版）》2013 年第 2 期。
② 参见高江涛：《中华文明具有突出的包容性》，《红旗文稿》2023 年 12 期。
③ 参见张占仓等：《中国包容文化的历史贡献与创新发展》，《中原文化研究》2018 年第 2 期。
④ 钱穆：《中国文化史导论》，三联书店 1988 年版，第 162 页。

立的系统,而是在和合思想的指引下,在各类异质性文化的冲击荡涤中日臻成熟。但无论"天人合一""以和为贵",还是"协和万邦""和解调通",就其精神内涵而言,首先建立在"和而不同"的价值基础上,即尊重文明的多样性、平等性,将"多元"和"不同"作为"包容"的前提。"人类文明多样性是世界的基本特征,也是人类进步的源泉""不同文明凝聚着不同民族的智慧和贡献,没有高低之别,更无优劣之分"①。我国各民族在历史进程中逐渐形成的"多元一体"格局,以及宗教信仰多元并存的格局,都是中华文明包容性的生动注解。

其二,包容性彰显文化自信的达观态度。党的十九大报告指出:"没有高度的文化自信,没有文化的繁荣兴盛,就没有中华民族伟大复兴。"党的二十大报告提出:"推进文化自信自强,铸就社会主义文化新辉煌。"文化自信熔铸于中华优秀传统文化、革命文化和社会主义先进文化的具体实践之中。文化自信并非厚古薄今、裹足不前,而是一种自我肯定的心态、昂扬向前的状态、有所作为的姿态;是不仅关注个体、家国、民族之发展,更讲求"各美其美,美人之美,美美与共,天下大同"的文明互鉴与共生共荣。"人类文明因包容才有交流互鉴的动力"②,具有包容与融合特质的文化才是大气、厚重、有底蕴的文化,具有善于吸收与借鉴特质的文化,才是鲜活、强壮、有生命力的文化③,这是我们不断坚定文化自信的深厚底气,是我们得以保持自身文化坐标立场的精神根基。

其三,包容性蕴含去芜存菁的辩证精神。兼收并蓄不是全盘否定,更不是全盘吸收,而是去伪存真、激浊扬清的理性思辨,是与时俱进、革故鼎新的创造精神。一方面,开放包容为文明创新创造了积极的社会环境,积淀了中华民族的创新精神。正如英国学者威尔斯在《世界简史》中写道:"当西方

① 习近平:《论坚持推动构建人类命运共同体》,中央文献出版社 2018 年版,第 421、256 页。
② 习近平:《论坚持推动构建人类命运共同体》,中央文献出版社 2018 年版,第 78 页。
③ 参见张占仓等:《中国包容文化的历史贡献与创新发展》,《中原文化研究》2018 年第 2 期。

人的精神被神学蒙蔽失去光泽时，中国人的精神却是开朗、宽容，并不断进步的。"另一方面，无论是继承弘扬传统文化、尊重保护民族文化，还是学习借鉴外来文化，中华文明从来都不乏悦纳包容基础上的创新勇气。例如，以良渚、陶寺、石峁、二里头等都邑性遗址为代表的众多区域文化对其他文明因素的吸收融合大多不是简单的复制性效仿，而是进行了相当程度的改造和创新①；佛教、伊斯兰教、基督教文化和近代西方文化在中国的传播，也没有改变中国传统文化固有的基本特征，而是为中国传统文化的创新与发展提供了新的营养②。"每一种文明都延续着一个国家和民族的精神血脉，既需要薪火相传、代代守护，更需要与时俱进、勇于创新。"③在此意义上，中华文明始终在开放包容、互鉴扬弃中保有和延续着时代的生命力与鲜活性。

中华文明包容性的时代价值

站在开启全面建设社会主义现代化国家新征程、向第二个百年奋斗目标进军的重要历史节点上，我国正在经历广泛而深刻的社会变革，与此同时，世界百年未有之大变局加速演进、国际力量对比深刻调整、社会文化思潮复杂多元。在此背景下，习近平总书记在文化传承发展座谈会上的讲话明确了我们在新时代肩负的文化新使命，即"在新的起点上继续推动文化繁荣、建设文化强国、建设中华民族现代文明"。习近平总书记关于中华文明包容性的论述，对于我们应对社会转型期和文化全球化、构建人类文明新形态、建设中华民族现代文明具有十分重要的现实意义。

其一，包容性为应对百年未有之大变局提供精神动力。当今世界正经历百年未有之大变局，具体来看，"世界多极化、经济全球化、社会信息化、

---

① 参见高江涛：《中华文明具有突出的包容性》，《红旗文稿》2023 年 12 期。

② 参见罗映光：《对佛教、基督教及伊斯兰教在中国传播及其本土化的思考》，《四川大学学报（哲学社会科学版）》2005 年第 6 期。

③ 习近平：《论坚持推动构建人类命运共同体》，中央文献出版社 2018 年版，第 82—83 页。

文化多样化深入发展,全球治理体系和国际秩序变革加速推进,新兴市场国家和发展中国家快速崛起,国际力量对比更趋均衡"①,与此同时,各类社会思潮暗流涌动,保护主义、民族主义、国家主义、反全球化、排外主义、种族主义、霸凌主义、文明冲突论等非理性思想阵营扩大,以及"脱钩""退群"等客观现实,凸显出人们对"异己者"的强烈不安与对抗,全球依存度降低成为鲜明趋势②。在此背景之下,强调开放包容的文明交往,正是我们坚持文化主体性以应对百年未有之大变局的外在要求和题中应有之义。

其二,包容性是建设中华民族现代文明的重要根基。"要坚定文化自信、担当使命、奋发有为,共同努力创造属于我们这个时代的新文化,建设中华民族现代文明"③,习近平总书记对铸就社会主义文化新辉煌提出了新的目标方向。"作为中华文明的最新形态,中华民族现代文明必然体现着当今时代的新的特征、新的诉求、新的时代质询及其回应。"④"欲流之远者,必浚其泉源",我们需要从中华文明的历史脉搏中寻找文化底蕴,将中华文明包容性作为独特优势进行传承和发扬。一方面,要始终以包容心态面对、吸收和借鉴人类文明优秀成果,"博采东西方各家之长,坚守但不僵化,借鉴但不照搬"⑤。只有保持开放交流、吐故纳新,才能在与他者的对话中不断超越和提升自我。另一方面,还要以开放姿态推动中华文化走出去,在主动交流中促进不同文明的相互学习和发展。

其三,包容性为创造人类文明新形态贡献中国智慧。作为文明演进和创新的必要基础,文化心理和实践层面的包容互鉴充分赋予了创造人类文

---

① 习近平:《携手共命运 同心促发展——在 2018 年中非合作论坛北京峰会开幕式上的主旨讲话》,人民出版社 2018 年版,第 4—5 页。

② 参见贾立政、王慧、王妍卓:《大变局下的国际社会思潮流变——2020 国际社会思潮发展趋势研判》,《人民论坛》2020 年第 36 期。

③ 《习近平在文化传承发展座谈会上强调 担负起新的文化使命 努力建设中华民族现代文明》,《人民日报》2023 年 6 月 3 日。

④ 何中华:《中华民族现代文明的历史底蕴和当代建构》,《中国社会科学报》2023 年 6 月 9 日。

⑤ 习近平:《论坚持推动构建人类命运共同体》,中央文献出版社 2018 年版,第 407 页。

明新形态的内在动力。进入新时代以来，我们提出"人类命运共同体"，提倡"共商、共建、共享"，在追求本国利益时兼顾他国合理关切，在谋求本国发展中促进各国共同发展；党的二十大报告又将"创造人类文明新形态"纳入中国式现代化的本质要求，这进一步彰显了中国特色社会主义文明的重要价值。之所以称之为"人类文明新形态"，是因为它既是中国的又是世界的，既解决了中国问题，又蕴含着解决人类问题的普遍价值①。这种普遍价值，首先以开放包容为基础，其文化特质是跨文化尊重，换言之，既不是对弱势文化的俯视，也不是对强势文化的仰视，而是平等对待不同文化，推动不同文化共同发展②。通过走中国式现代化发展之路，我们既保持了中华文明的独特性、独立性，同时吸收了其他人类文明的优秀成果，由此生发出的"人类文明新形态"，不仅擘画了中华文明在世界文明版图上的发展愿景，其本质更是中西方文明兼容并包的必然结果。

另一方面，包容互鉴也在一定程度上为和平发展理念的践行奠定了价值基础。从立场上看，包容性包含了"万物并育而不相害，道并行而不相悖"的理念，因而跳出了"国强必霸"的陈旧逻辑；从方式上看，包容性倡导"以文明交流超越文明隔阂，以文明互鉴超越文明冲突，以文明共存超越文明优越"③的交流途径，避免了文化差异造成的相互隔阂；从目标上看，包容性强调长远的人类文明发展视野，打破了零和博弈的思维框架。

中华文明包容性的实践遵循

习近平总书记指出："中国式现代化，深深植根于中华优秀传统文化，体现科学社会主义的先进本质，借鉴吸收一切人类优秀文明成果，代表人类文明进步的发展方向，展现了不同于西方现代化模式的新图景，是一种全新

---

① 参见孙代尧：《论中国式现代化新道路与人类文明新形态》，《北京大学学报（哲学社会科学版）》2021 年第 5 期。

② 参见胡钰：《全人类共同价值的文明意蕴与国际传播》，《人民论坛》2023 年第 8 期。

③ 习近平：《论坚持推动构建人类命运共同体》，中央文献出版社 2018 年版，第 533 页。

的人类文明形态。"①今天,我们比历史上任何时期都更接近、更有信心和能力实现中华民族伟大复兴的目标,"在新的起点上继续推动文化繁荣、建设文化强国、建设中华民族现代文明,是我们在新时代新的文化使命"②。这要求我们从实际出发,立足于中国式现代化道路,坚持文化自信自强,继续在开放包容中探索实现中华民族现代文明的实践路径。

其一,强化凝聚力,始终坚持"两个结合"重要原则。"两个结合"充分彰显了实践基础上的中华文明的包容性特征与马克思主义的开放性特征。习近平总书记在文化传承发展座谈会上强调:"'第二个结合'是又一次的思想解放,让我们能够在更广阔的文化空间中,充分运用中华优秀传统文化的宝贵资源,探索面向未来的理论和制度创新。"建设文化强国,中华民族现代文明,要以包容心态强化"两个结合",因为马克思主义的指导地位始终是中国特色社会主义文化发展道路最为根本的制度特征。具体而言,要汲取中华优秀传统文化源泉,推动中华优秀传统文化创造性转换和创新性发展;要立足新时代,持续增强中华文化包容性、引领力、感召力、凝聚力,提升社会文明程度,加强社会主义意识形态建设,巩固意识形态阵地。

其二,融合创新力,满足人民主体新时代多样化的文化需求。文明成果由人民在劳动实践中所创造,因此中华民族现代文明的繁荣发展也应观照和满足人民群众的现实需要。党的十八大以来,我国文化事业不断发展,文化产业不断繁荣,保障了人民基本文化权益,提高了社会文明程度,提升了文化软实力。一方面,在中国式现代化任务要求下,如何保证好巨量人口的基本文化权益,同时提升优质文化产品和服务的供给能力,无疑是文化强国建设需要考虑的问题③。另一方面,面对当下各类文化新形态,以及由前沿

①　中共中央党史和文献研究院编:《习近平关于中国式现代化论述摘编》,中央文献出版社 2023 年版,第 293 页。
②　习近平:《在文化传承发展座谈会上的讲话》,人民出版社 2023 年版,第 10 页。
③　参见范周:《在文化强国建设中彰显中国式现代化的特色》,《人民论坛》2022 年第22 期。

技术以及新消费心理催生的文化新业态，我们在审慎面对的同时，也需给予其成长调适的时间和空间。一种新的文化形态从他律走向自律需要监管约束，更需要包容心态下的去浊纳新和本土化调适，唯有如此，才能在满足受众文化需求的同时实现文化创新创意生态的不断优化。

其三，提升传播力，在人类文明交流互鉴中促进文化繁荣。文明交流互鉴的价值归旨不仅在于促进自身文明的发展，而是要放眼世界未来，为全球治理发展贡献智慧经验。"中华文明五千多年发展史充分说明，无论是物种、技术，还是资源、人群，甚至于思想、文化，都是在不断传播、交流、互动中得以发展、得以进步的。"①因此，建设中华民族现代文明不仅要向内汲取养分，还要加强与世界文明的交流互鉴，不断吸收人类优秀文明成果。一方面，要以中华文明为主体依托，充分发挥人民群众的文化传播能动性。"文明交流互鉴，首先是人的交流互鉴"，因此要以人民为中心，把人的发展要求作为检验文明交流互鉴成果的重要标准，充分立足碎片化、交互化语境下的传播特性，加强人民参与跨文化传播的积极性。另一方面，要以马克思主义为指导，以辩证态度对待各民族文明。当前，人民日益增长的美好生活需要和不平衡不充分的发展之间的矛盾成为社会主要矛盾，发展失衡、治理不充分、数字鸿沟加大和分配差距日益扩大等问题依然突出。因此，我们要积极借鉴西方文明在经济建设和信息产业化等方面的有益成果和先进经验，推动建设中华民族现代文明。

"中华文明自古就以开放包容闻名于世，在同其他文明的交流互鉴中不断焕发新的生命力。"英国哲学家和思想家波特兰·罗素在 1922 年出版的《中国问题》一书中提到："不同文明的接触，以往常常成为人类进步的里程碑。希腊学习埃及，罗马学习希腊，阿拉伯学习罗马，中世纪的欧洲学习阿拉伯，文艺复兴时期的欧洲学习东罗马帝国。学生胜于老师的先例有不

---

① 习近平：《把中国文明历史研究引向深入　增强历史自觉坚定文化自信》，《求是》2022 年第 14 期。

少。"①包容性既是中华文明的突出特征,也是中华文明赓续绵延的精神内核和广阔气度。在坚定文化自信、建设文化强国、建设中华民族现代文明的新征程上,海纳百川、兼收并蓄、互鉴互利,我们坚持的不仅是开放包容的热情姿态和广博胸怀,更是构建人类命运共同体、创建人类文明新形态、推动人类文明多元繁荣的坚定信念。

参考文献

习近平:《在文化传承发展座谈会上的讲话》,人民出版社 2023 年版。

《习近平谈治国理政》第三卷,外文出版社 2020 年版。

习近平:《在全国民族团结进步表彰大会上的讲话》,人民出版社 2019 年版。

习近平:《携手共命运　同心促发展——在 2018 年中非合作论坛北京峰会开幕式上的主旨讲话》,人民出版社 2018 年版。

习近平:《论坚持推动构建人类命运共同体》,中央文献出版社 2018 年版。

梁漱溟:《中国文化的命运》,中信出版社 2010 年版。

厉以宁:《资本主义的起源——比较经济史研究》,商务印书馆 2003 年版。

钱穆:《中国文化史导论》,三联书店 1988 年版。

中共中央党史和文献研究院编:《习近平关于中国式现代化论述摘编》,中央文献出版社 2023 年版。

习近平:《建设中国特色中国风格中国气派的考古学　更好认识源远流长博大精深的中华文明》,《求是》2020 年第 23 期。

习近平:《把中国文明历史研究引向深入　增强历史自觉坚定文化自信》,《求是》2022 年第 14 期。

---

① ［英］波特兰·罗素:《中国问题》,秦悦译,学林出版社 1996 年版,第 146 页。

《习近平在文化传承发展座谈会上强调　担负起新的文化使命　努力建设中华民族现代文明》,《人民日报》2023 年 6 月 3 日。

范周:《在文化强国建设中彰显中国式现代化的特色》,《人民论坛》2022 年第 22 期。

高江涛:《中华文明具有突出的包容性》,《红旗文稿》2023 年 12 期。

韩冬雪:《论中国文化的包容性》,《山东大学学报(哲学社会科学版)》2013 年第 2 期。

何中华:《中华民族现代文明的历史底蕴和当代建构》,《中国社会科学报》2023 年 6 月 9 日。

胡钰:《全人类共同价值的文明意蕴与国际传播》,《人民论坛》2023 年第 8 期。

贾立政、王慧、王妍卓:《大变局下的国际社会思潮流变——2020 国际社会思潮发展趋势研判》,《人民论坛》2020 年第 36 期。

罗映光:《对佛教、基督教及伊斯兰教在中国传播及其本土化的思考》,《四川大学学报(哲学社会科学版)》2005 年第 6 期。

孙代尧:《论中国式现代化新道路与人类文明新形态》,《北京大学学报(哲学社会科学版)》2021 年第 5 期。

张占仓等:《中国包容文化的历史贡献与创新发展》,《中原文化研究》2018 年第 2 期。

[英]波特兰·罗素:《中国问题》,秦悦译,学林出版社 1996 年版。

中华文明的和平性：价值、实践与启示

向 勇[*]

和平发展是中华民族伟大复兴的心之所系、是中国式现代化建设的路之所向。中国绵延数千年的和平文化基因，成为建设中华民族现代文明重要的精神标识和文化精髓。

2023 年 6 月 2 日，习近平总书记在文化传承发展座谈会上强调："中华文明具有突出的和平性，从根本上决定了中国始终是世界和平的建设者、全球发展的贡献者、国际秩序的维护者，决定了中国不断追求文明交流互鉴而不搞文化霸权，决定了中国不会把自己的价值观念与政治体制强加于人，决定了中国坚持合作、不搞对抗，决不搞'党同伐异'的小圈子。"中华文明突出的和平性，对推动世界和平理念的凝聚和实践具有重大意义。

中华文明的和平性，是中华民族和谐哲学的根本体现，是一种看待自我与他者、本国与外国之间关系的思想观念和价值理想

中华文明突出的和平性是中华民族和谐哲学的根本体现。"和"在中国文化中是一个意涵深刻的汉字，表达了中国人在身体状态、音乐节奏、精气神色、社会建构、精神信仰等不同层次的理想状态和价值追求，蕴涵着绵延数千年的中国人所独有的"天人合一的宇宙观、协和万邦的国际观、和而

---

* 向勇，北京大学艺术学院教授、博导，北京大学文化产业研究院院长。

不同的社会观、人心和善的道德观"①。中华文明的和平性源于中国人感性的人伦秩序观与族群结构论。中国人自古以来就具有天下情怀和大同理想。在中国的传统社会结构里,存在一个"家—国—天下"的秩序体系。中国人以自我为体认,从自我的生命情感出发,自觉而自然地延伸至家、国和天下的秩序框架。当代著名社会学家、民族学家费孝通认为,从内部社会来看,中华民族具有多元一体格局的民族形态;从外部世界来看,人类社会的发展是以美好社会建设为目标的。他认为,中国传统社会的人际关系具有差序结构的特质,社会关系是一个一个人推出去的,"好像把一块石头丢在水面上所发生的一圈一圈推出去的波纹",而西方现代社会中人与人的关系是一种团体格局,就像"一捆一捆扎清楚的柴",每个人与这个团体的关系是相同的,团体结构中的最小单元是家庭、最大单元是国家。

中华文明的和平性突出反映了中国人的辩证思维。北宋理学家张载以"太和"描述中国人的认知思维。他指出:"有象斯有对,对必反其为;有反斯有仇,仇必和而解。"对此,当代著名哲学家冯友兰认为,一个社会的正常状态就是"和",宇宙的正常状态也是"和",这个"和",称为"太和"。在中国古典哲学中,"和"与"同"不一样。"同"不能容"异";"和"不但能容"异",而且必须有"异",才能称其为"和",正所谓"和而不同"。当代哲学家张岱年很早就提出了"生理合一、与群为一、义命合一、动的天人合一"的和谐观,并对"仇必和而解"进行了深入阐释。他指出,"对待不唯相冲突,更常有与冲突相对待之现象,是谓和谐。和谐非同一,相和谐者不必相类;和谐亦非统一,相和谐者虽相联结而为一体,然和谐乃指一体外之另一种关系。和谐包括四方面:一相异,即非绝对同一;二不相毁灭,即不相否定;三相成而相济,即相互维持;四相互之间有一种均衡"。"仇必和而解"消除了国际政治理念中的对立思维,是推动构建人类命运共同体的必由之路。

---

① 习近平:《论坚持推动构建人类命运共同体》,中央文献出版社 2018 年版,第 106—107 页。

中华文明突出的和平性展现了一种看待自我与他者、本国与外国之间关系的思想观念和价值理想。中国人秉持天人合一的思维，个体在东方式的差序格局中的联系实现了人与人之间的共融共处。"物之不齐，物之情也"，中国人尊重人与人之间的差异性；"己所不欲，勿施于人""己欲立而立人，己欲达而达人"，中国人具有"推己及人"的思维观念和"以和为贵"的交往伦理，这是儒家忠恕之道的"仁"本思想对人与人之间交往原则的根本约定。在孔子看来，人类世界的社会生活具有丰富的多样性，这种多样性仅仅要求最低限度的兼容性，而不是最高限度的统一性。《中庸》载："辟如天地之无不持载，无不覆帱，……万物并育而不相害，道并行而不相悖。"因此，人类共存的国际秩序要兼容不同族群各种各样的生活方式，从而实现"尚和合，求大同"的理想世界。

中华文明突出的和平性是对西方中心主义国际秩序观的超越。西方的国际秩序观建立在一种"主客二分"的哲学观念和"非此即彼"的对立思维方式的基础之上，认为人与人的关系是一种"非友即敌"的关系，世界各国之间的交往必然处于一种霍布斯式的"丛林法则"的冲突状态。因此，合作与冲突、和平与战争是国际秩序中国与国之间非此即彼的交往状态。西方人的国际秩序观是以自我为中心，建立起一套"个体—共同体—民族国家"的国际政治系统。中国人的天下秩序观起源于荀子所谓的"群体合作"，是民胞物与的天下大同。"大道之行，天下为公"，大同的天下世界是一种安全、和平、互信、互助的应然世界，是康有为所展望的"无有阶级，一切平等"的理想世界。

中华文明突出的和平性体现了中国人以"天下体系"描述自身与外部世界的秩序想象。中国人秉持"家国一体"和"天下一家"的国际秩序观，"也就在逻辑上排除了不可化解的死敌、绝对异己或者精神敌人的概念，就是排除了异教徒概念"，中国社会科学院哲学研究所研究员赵汀阳进一步解释道，"从天下去理解世界，就是意味着以整个世界作为思考单位去分析问题，以便能够设想与全球化的现实相配的政治秩序"。赵汀阳认为，个人成为西方国际政治秩序结构的最终解释,天下成为东方国际政治秩序结构的最终解释,"个人—共同体—民族国家"的政治系统与"天下—国—家"的政治系统之间形成一种齿轮式的错位契合而形成结果上的互补性。中华文明的和平性是中国人"文化自觉"的根本体现。费孝通在探索全球化与不同文明间的关系时提出了"文化认同"的重要概念。他认为,"文化自觉"是人们对其赖以生存的传统文化有"自知之明",意味着不同文化的自我认识、互相理解、互相宽容、多元共生,最终达到"天下大同"。

新中国成立以来,党和国家领导集体运用中华文明的和平性进行和平外交实践探索

中华文明的和平性是中国外交思想的核心价值,是中国共产党人自觉传承和创新发展中华文明的文化基因。中国的发展要从国家兴亡的历史视野和国际政治的现实视野加以审视,这是一种内部视角与外部视角相整合的立体审视。新中国成立以来,党和国家领导集体根据国内国际形势的时代变化,审时度势,因势利导,推动我国外交关系的顶层认知从矛盾对立性转向矛盾统一性,始终奉行独立自主的和平外交政策,不断调整和平外交手段的现实策略与实施路径,形成了不同时代、特色鲜明的外交思想和外交手段,进行着和平发展与和平强国等和平外交实践探索。

以毛泽东同志为主要代表的中国共产党人提出和践行和平共处的外交原则,这是和平治国理念在处理国际关系问题上的战略延伸。1954 年 10 月,毛泽东在同印度总理尼赫鲁会谈时说:"中国古代的圣人之一孟子曾经说过:'夫物之不齐,物之情也。'这就是说,事物的多样性是世界的实况。"他充分尊重国与国之间的差异,认为国与国之间在保有差异的同时应互相尊重。1955 年 4 月,周恩来在印度尼西亚万隆参加亚非二十九国首脑会议,主张"求同存异",代表中国提出"互相尊重主权和领土完整、互不侵犯、互不干涉内政、平等互利、和平共处"五项原则。自此,"和平共处五项原则"成为新中国处理与世界各国关系的基本准则,之后逐渐被世界上绝大

多数国家接受,成为规范国际关系的重要准则。

以邓小平同志为主要代表的中国共产党人提出"和平与发展是当今世界的两大主题"的国际形势判断,坚持和平共处五项原则,争取一切有利的外部条件支持中国的改革与发展,坚持"韬光养晦"和"有所作为",高度警惕西方国家的"和平演变",反对超级大国的霸权主义,树立起中国是维护世界和平的主要力量的国家形象。邓小平同志从战略全局把握国际国内形势,认为"中国对外政策的目标是争取世界和平。在争取和平的前提下,一心一意搞现代化建设,发展自己的国家,建设具有中国特色的社会主义""争取比较长期的和平是可能的,战争是可以避免的""社会主义中国应该用实践向世界表明,中国反对霸权主义、强权政治,永不称霸。中国是维护世界和平的坚定力量"。改革开放以来,中国正因为抓住并顺应了和平与发展这一世界大义,在争取和平的国际环境、加快发展自身建设方面,走在了世界的前沿,从而使中国的综合国力迈上了一个大台阶。

以江泽民同志为主要代表的中国共产党人继续奉行"和平与发展"的国际主题,抓住重要战略机遇期,为国内的改革与发展积极争取和平的国际环境,凸显了独立自主的外交精神、求同存异的务实作风与和平发展的行动策略。江泽民同志指出:"一个稳定繁荣的中国,是维护世界和平和亚太地区稳定的坚定力量。""维护世界和平、促进共同发展的正确途径是:顺应时代潮流和各国人民的意愿,因势利导,积极推动建立公正合理的国际政治经济新秩序。"江泽民同志认为,要坚决摈弃冷战思维,尊重世界的多样性,我们所处的是一个丰富多彩的世界,要全世界都接受一个统一的模式是不可能的。各国的国情、历史传统和文化背景等都不同,相互间可以进行交流,但照搬是不行的,总得找到一条符合自己国情的发展道路。

以胡锦涛同志为主要代表的中国共产党人着眼于国际秩序的变化趋势,从中国传统文化的和谐思想中汲取治国智慧,提出努力建设持久和平、共同繁荣的和谐世界。"既通过维护世界和平来发展自己,又通过自身的发展来促进世界和平。"2005 年国务院新闻办公室发表《中国的和平发道路》白皮书，强调"和平发展是中国现代化建设的必由之路；以自身的发展促进世界的和平与发展；依靠自身力量和改革创新实现发展；实现与各国的互利共赢和共同发展；建设持久和平与共同繁荣的和谐世界"。党的十七大报告指出："共同分享发展机遇，共同应对各种挑战，推进人类和平与发展的崇高事业，事关各国人民的根本利益，也是各国人民的共同心愿。我们主张，各国人民携手努力，推动建设持久和平、共同繁荣的和谐世界。"

中国式现代化是走和平发展道路的现代化。党的十八大以来，以习近平同志为主要代表的中国共产党人提出"弘扬和平、发展、公平、正义、民主、自由的全人类共同价值"，"共同建设持久和平、普遍安全、共同繁荣、开放包容、清洁美丽的世界"，弘扬文明互鉴与交流对话，践行全球发展倡议、全球安全倡议和全球文明倡议，形成了富有中国特色、体现时代价值、引领人类进步的习近平外交思想。这是以中国式现代化推动中华民族伟大复兴的外交理念，也是中国参与全球治理、促成人类利益共同体、价值共同体和命运共同体构建的具体策略。党的二十大报告指出，"我们党立志于中华民族千秋伟业，致力于人类和平与发展崇高事业""中国共产党和中国人民为解决人类面临的共同问题提供更多更好的中国智慧、中国方案、中国力量，为人类和平与发展崇高事业作出新的更大的贡献"。进入新时代以来，中国扮演世界和平的主导力量，促进中国与世界大国双边和多边关系的协调和良性互动，积极推动构建和平共处、总体稳定、均衡发展的新型大国关系和全球发展格局。

建设中华民族现代文明，是推动马克思主义基本原理与中华优秀传统文化相结合、推进中国式现代化建设、构建人类文明新形态的重要号召和思想擘画。传承和弘扬中华文明的和平性，是对中华优秀传统文化中和平文化的创造性转化和创新性发展，是深入学习阐释习近平外交思想的重要举措，是对创造国际秩序新文明深刻的时代洞察和历史回应。中华文明的和平性特性为新时代中国外交战略的制定提供了精神指引，充分展现了中国人生生不息的和平智慧与面向未来的和平理想。传承和弘扬中华文明的和平性特性，既给中华优秀传统文化注入了全新的时代内涵，又让新时代中国外交理念闪耀着中华文明的智慧光芒。

中华文明的和平性理念具有超越时间的时代价值和超越空间的世界意义

"和平、和睦、和谐、和合"是中华民族贡献给全世界的文化智慧。共同维护世界和平与安全是中国式现代化的本质要求，也是推动人类社会发展的共同关切。中华文明的和平性思维既是中国人独特的价值观念，也是全人类普遍依循的价值逻辑，具有超越时间的时代价值和超越空间的世界意义，是维护世界和平与发展的力量源泉。

200 多年前，德国哲学家康德从人的道德世界的"普遍赞同"和"心灵共识"的哲学思考出发，提出："建立一个普遍和持久的和平，不只是纯粹理性范围内法权理论的一部分，而且是理性的整个最高目标。"他的《永久和平论》一文推演了人类实现永久和平的理想路径和道德义务。然而，人类历史演进中出现的无数次残酷的战争和屠杀，让康德的"永久和平"成为虚无缥缈的修辞神话和理想主义的抽象实验。

在西方看来，和平的对立状态就是战争和冲突、杀戮和暴力。西方文明的和平主义是一种基于国际地缘政治的进攻性现实主义的构建策略，包括消极和平理念与积极和平理念。"经过现代战争的洗礼，20 世纪 20 年代的大部分美国和平组织开始追求一种'积极和平'的理念，旨在通过构建国际和平机制以及进行国内制度改革来消除国家间冲突的根源，避免第一次世界大战那种悲剧再次上演。""然而，到 20 世纪 30 年代中期，随着国内外形势的变化，美国和平团体的理念和行动路线都发生了显著的变化。他们逐渐放弃了通过国际合作维护战后和平体系的国际主义取向，转而寻求在美国社会内部铲除战争根源、在国际危机中保持严格中立的和平主义取向，也就是说，退而追求比较'消极'的和平理念。对于这种转变，学术界通常认为这是大危机、国际安全局势的恶化以及国内孤立主义思潮影响的结果。"
而中华文明的和平性展现了一种高级状态的、积极主义的和平精神,是在人
的身心之间、人与人之间、人与社会之间、人与自然之间广泛存在的生活方
式、行为模式和价值信念的基础之上,建构起本国与其他国家和地区之间的
一种和谐的世界政治秩序状态。中华文明的和平性不仅可以为国际关系的
基本原则提供借鉴,而且可以为国际伦理、国际道德的构建贡献智慧,是对
人类和平文化与和平精神的重大完善。

　　和平是全人类的共同价值,也是人类社会发展进步的前提和保障。
2015 年 9 月,习近平主席在出席第 70 届联合国大会一般性辩论时发表重
要讲话,提出:"和平、发展、公平、正义、民主、自由,是全人类的共同价值,
也是联合国的崇高目标。……我们要继承和弘扬联合国宪章的宗旨和原
则,构建以合作共赢为核心的新型国际关系,打造人类命运共同体。"以"和
平"为内容的人类共同价值构成人类命运共同体的构建目标。国际政治学
者赵宝煦指出,"多元化是各国政治发展中的一个无法否认的趋势。但它
并不是坏事。两千多年前,孔子就曾提出'和而不同'的命题,并认为它是
一种最美好的境界","由于……传统思想的时代熏陶,由于对民族屈辱和
战乱的痛苦教训,使得中国人民培育出'和为贵'的处世智慧,并且长期不
懈的追求和平"。和平是实现全人类其他共同价值的前提条件,表明了中
国坚定捍卫世界和平发展的智慧、决心和勇气。

　　和平性是中华文明的突出特性,构筑了人类命运共同体的精神基石和
价值精髓。进入新世纪以来,尤其是新时代以来,中国经济迅速发展,综合
国力极大提高,重塑了国际政治经济秩序和全球格局。"构建人类命运共
同体"是习近平主席深刻洞察"世界之变",科学回答"世界之问",为解决和
平赤字、安全赤字、信任赤字、治理赤字全球问题而提出的中国方案。
习近平主席提出的人类命运共同体倡议体现了鲜明的中华文化的和平性意
蕴,展现了中国承担大国责任的国际担当。"构建人类命运共同体是世界
各国人民前途所在。万物并育而不相害,道并行而不相悖。只有各国行天

下之大道,和睦相处、合作共赢,繁荣才能持久,安全才有保障。"①

这是一个充满挑战的国际秩序重塑的新全球化时代,也是一个充满中华民族伟大复兴希望的新时代。作为一种全球价值观,和平是中国致力于弘扬的全人类共同价值。人类命运的未来发展是我们每一个人最大最深的关切,也是中华民族伟大复兴最大的人类担当。我们应该传承和发展中华文明突出的和平性,弘扬中华文化中的"和"文化,倡导中华民族的和平精神,推动中华民族现代文明的理论创新和实践探索,致力于构建人类命运共同体、践行全球发展倡议、全球安全倡议和全球文明倡议,建设新的现代人类秩序文明。

参考文献

《邓小平文选》第三卷,人民出版社 1993 年版。

《江泽民文选》第一卷、第三卷,人民出版社 2006 年版。

胡锦涛:《高举中国特色社会主义伟大旗帜 为夺取全面建设小康社会新胜利而奋斗——在中国共产党第十七次全国代表大会上的报告》,人民出版社 2007 年版。

《习近平著作选读》第一卷,人民出版社 2023 年版。

习近平:《论坚持推动构建人类命运共同体》,中央文献出版社 2018 年版。

陈国民:《和平是邓小平外交战略和策略的鲜明特征》,载《纪念邓小平同志诞辰 100 周年论文集》,国家行政学院出版社 2005 年版。

冯友兰:《张载的哲学思想及其在道学中的地位》,载《三松堂全集》(第十三卷),河南人民出版社 2001 年版。

费孝通:《乡土中国》,天津人民出版社 2022 年版。

费孝通:《对反思、对话、文化自觉》,载《费孝通全集》(第十六卷),内

---

① 《习近平著作选读》第一卷,人民出版社 2023 年版,第 51 页。

蒙古人民出版社 2009 年版。

胡平生、张萌译注：《礼记》，中华书局 2017 年版。

张载：《正蒙·太和篇》，载《张载集》，中华书局 1978 年版。

赵汀阳：《天下的当代性：世界秩序的实践与想象》，中信出版社 2016 年版。

中共中央文献研究室编撰：《毛泽东年谱(1949—1976))》第 2 卷，中央文献出版社 2013 年版。

习近平：《携手构建合作共赢新伙伴　同心打造人类命运共同体——在第七十届联合国大会一般性辩论时的讲话》，《人民日报》2015 年 9 月 29 日。

廖义军：《试析江泽民独立自主和平外交思想》，《党史博采(理论)》2006 年第 12 期。

苏长和：《在新的历史条件下认识和平发展问题》，《当代世界》2014 年第 9 期。

王睿恒：《从积极和平到消极和平——满洲危机与美国和平运动的转折(1931—1933)》，《史学集刊》2011 年第 5 期。

张岱年：《试谈"横渠四句"》，《中国文化研究》1997 年第 1 期。

赵宝煦：《政治发展　道路不同：〈政治发展导论〉序言》，《国际政治研究》2003 年第 2 期。

[德]康德：《历史理性批判文集》，何兆武译，商务印书馆 1990 年版。

二、守正创新：传承发展与创造转化

中华民族有着深厚文化传统，形成了富有特色的思想体系，体现了中国人几千年来积累的知识智慧和理性思辨。这是我国的独特优势。中华文明延续着我们国家和民族的精神血脉，既需要薪火相传、代代守护，也需要与时俱进、推陈出新。要加强对中华优秀传统文化的挖掘和阐发，使中华民族最基本的文化基因与当代文化相适应、与现代社会相协调，把跨越时空、超越国界、富有永恒魅力、具有当代价值的文化精神弘扬起来。要推动中华文明创造性转化、创新性发展，激活其生命力，让中华文明同各国人民创造的多彩文明一道，为人类提供正确精神指引。

——2016年5月17日，习近平在哲学社会科学工作座谈会上的讲话

人类文明新形态的理论逻辑、历史逻辑、实践逻辑

马宏伟[*]

习近平总书记在庆祝中国共产党成立 100 周年大会上的重要讲话中指出："我们坚持和发展中国特色社会主义,推动物质文明、政治文明、精神文明、社会文明、生态文明协调发展,创造了中国式现代化新道路,创造了人类文明新形态。"[①]2023 年 6 月,习近平总书记在文化传承发展座谈会上强调:"担负起新的文化使命,努力建设中华民族现代文明。"[②]习近平总书记深刻洞察人类文明发展大势,深刻把握中华文明发展规律,从中华文明发展、人类文明进步的高度阐明了我们党带领人民进行伟大斗争、建设伟大工程、推进伟大事业、实现伟大梦想的重大意义和根本指向,作出创造人类文明新形态的重大论断,深刻揭示了中国特色社会主义在人类社会发展史上的科学性和先进性、中国式现代化在人类文明进步中的创造性和引领性,科学阐明了中华文明发展的光明前景和必由之路。那么,我们应该怎样理解和把握马克思主义科学理论、中华文明、中国式现代化与人类文明新形态的辩证统一关系呢?

---

[*]　马宏伟,人民日报社理论部主任,高级编辑,全国宣传文化系统"四个一批"理论人才。

①　习近平:《在庆祝中国共产党成立 100 周年大会上的讲话》,《人民日报》2021 年 7 月 2 日。

②　《习近平在文化传承发展座谈会上强调　担负起新的文化使命　努力建设中华民族现代文明》,《人民日报》2023 年 6 月 3 日。

人类文明新形态具有科学理论指导、
深厚文明根基、坚实实践依托

习近平总书记指出："中国式现代化，深深植根于中华优秀传统文化，体现科学社会主义的先进本质，借鉴吸收一切人类优秀文明成果，代表人类文明进步的发展方向，展现了不同于西方现代化模式的新图景，是一种全新的人类文明形态。"①深入学习领会习近平总书记的重要论述，我们能够更好理解和把握马克思主义科学理论、中华文明、中国式现代化与人类文明新形态的辩证统一关系：马克思主义是人类文明新形态的科学理论指引，人类文明新形态是在马克思主义中国化时代化理论成果指导下创造的；中华文明是人类文明新形态的历史文化根基，人类文明新形态是在中华文明创造性转化、创新性发展中创造的；中国式现代化是人类文明新形态的实践路径，人类文明新形态是在中国式现代化不断推进和拓展中创造的。作为人类最根本、最宏大、最壮丽的事业，创造人类文明新形态具有科学理论指导、深厚文明根基、坚实实践依托。

人类文明新形态是在马克思主义科学理论指导下创造的。鸦片战争后，由于西方列强入侵和封建统治腐败，中国逐渐陷入半殖民地半封建社会的黑暗深渊，国家蒙辱、人民蒙难、文明蒙尘，中华民族遭受了前所未有的劫难。中国人民和无数仁人志士进行了千辛万苦的求索和不屈不挠的斗争，对各种主义和思潮都进行过尝试，但都没能解决中国的前途和命运问题。直到中国共产党人找到了马克思主义，中华民族开始从精神上由被动转为主动。马克思主义揭示了自然界、人类社会、人类思维发展的普遍规律，是科学的理论，但必须同中国具体实际相结合、同中华优秀传统文化相结合，与时俱进创新发展，才能指导解决中国问题。正是因为创立了毛泽东思想，

---

① 《习近平在学习贯彻党的二十大精神研讨班开班式上发表重要讲话强调　正确理解和大力推进中国式现代化》，《人民日报》2023 年 2 月 8 日。

中国革命才走出漫漫长夜,取得新民主主义革命和社会主义革命的胜利。正是因为创立了邓小平理论,形成了"三个代表"重要思想、形成了科学发展观,我们才成功开创、坚持、捍卫、发展了中国特色社会主义。正是因为创立了习近平新时代中国特色社会主义思想,我们才成功实现新时代的伟大变革,不断推进和拓展中国式现代化,让科学社会主义在 21 世纪的中国焕发出强大生机活力,创造了人类文明新形态。中国人民在党的领导下、在马克思主义科学理论指导下,实现了民族独立、人民解放,不断走向国家富强、人民幸福。马克思主义来到中国,既引发了中华文明深刻变革,指引中华文明从难以赓续走向伟大复兴,也从中华文明中不断汲取滋养、获得生机,实现了与时俱进、丰富发展。

人类文明新形态是在五千多年中华文明基础上创造的。习近平总书记强调:"中华文明源远流长、博大精深,是中华民族独特的精神标识,是当代中国文化的根基,是维系全世界华人的精神纽带,也是中国文化创新的宝藏。"①几千年来,中华大地上农耕文明、游牧文明、海洋文明交相辉映,交汇融合,形成具有强大思想张力和历史韧性的中华文明。中华文明主张"天生万物,唯人为贵",强调人的主体性和以民为本,具有人本主义传统,重视普罗大众的作用;区别于西方文明主客二元对立,形成了包容博大的宇宙观、天下观、社会观、道德观;重视整体思维、辩证思维,具有天下情怀、集体主义精神、和谐思想;强调经世致用、知行合一,具有实践理性;具有注重"食货"的经济意识,重视发展物质生产;是一种向上向善的文明,既崇尚立己达人、兼济天下,也强调己所不欲勿施于人。中华文明经历了五千多年的历史变迁,但始终一脉相承,积淀着中华民族最深层的精神追求,代表着中华民族独特的精神标识,为中华民族生生不息、发展壮大提供了丰厚滋养。英国哲学家罗素说过:中国至高无上的伦理品质中的一些东西,现代世界极

---

① 《习近平在中共中央政治局第三十九次集体学习时强调 把中国文明历史研究引向深入 推动增强历史自觉坚定文化自信》,《人民日报》2022 年 5 月 29 日。

为需要。① 英国历史学家汤因比断言：中国的文明将为未来世界转型和21世纪人类社会提供无尽的文化宝藏和思想资源。② 我们党坚持推进"两个结合"，让马克思主义成为中国的，让中华优秀传统文化成为现代的，为开辟和拓展中国式现代化道路提供了深厚历史文化底蕴，为创造人类文明新形态打下了坚实思想文化根基，为建设一个"美美与共，天下大同"的世界贡献了宝贵思想文化资源。

人类文明新形态是在中国式现代化伟大实践中创造的。近代以来，现代化成为世界发展的历史潮流。对于中国来说，实现现代化更是摆脱亡国灭种危机、实现民族复兴和文明赓续的紧迫课题。实现现代化是世界各国发展普遍面临的历史任务，但照抄照搬其他国家现代化模式不可能成功。习近平总书记指出："中华文明具有突出的连续性，从根本上决定了中华民族必然走自己的路。"③我们党自成立之日起，就胸怀为人民谋幸福、为民族谋复兴的初心使命，肩负起独立自主探索现代化道路的历史使命。新中国成立后，特别是改革开放以来，我们用几十年时间走完了西方发达国家几百年走过的工业化历程，创造了经济快速发展和社会长期稳定的奇迹，成功走出了中国式现代化道路。党的十八大以来，我们党在已有基础上继续前进，不断实现理论和实践上的创新突破，成功推进和拓展了中国式现代化。十年砥砺奋进，我们实现了"小康"这个中华民族的千年梦想，打赢了人类历史上规模最大的脱贫攻坚战，历史性地解决了绝对贫困问题；人民群众获得感、幸福感、安全感更加充实、更有保障、更可持续，共同富裕取得新成效；中国人民的前进动力更加强大、奋斗精神更加昂扬、必胜信念更加坚定，焕发出更为强烈的历史自觉和主动精神。正是在中国式现代化道路上，中华文

---

① 参见［英］罗素：《中国问题》，秦悦译，学林出版社1996年版。
② 参见［日］山本新、秀村欣二编：《未来，属于中国——汤因比论中国传统文化》，杨栋梁、赵德宇译，陕西人民出版社1989年版。
③ 《习近平在文化传承发展座谈会上强调　担负起新的文化使命　努力建设中华民族现代文明》，《人民日报》2023年6月3日。

明从难以赓续走向繁荣昌盛,人类文明新形态从美好理想一步步变为生动现实。

历史和现实充分证明,我们党之所以能够带领人民创造人类文明新形态,是因为有马克思主义科学理论指导、中华文明深厚根基、中国式现代化可行路径。以下分别从马克思主义科学理论指导、中华文明创新发展、中国式现代化推进拓展的角度,分析人类文明新形态的创造和不断丰富发展。

在马克思主义科学理论指引下,人类文明新形态从中华文明中孕育产生、在中国式现代化中创造发展

习近平总书记指出:"拥有马克思主义科学理论指导是我们党坚定信仰信念、把握历史主动的根本所在。"①没有革命的思想就没有革命的行动,思想走在行动之前,就像闪电走在雷鸣之前一样。中国式现代化道路的开辟、人类文明新形态的创造,离不开马克思主义科学理论的指导,充分体现了中国化时代化马克思主义的强大真理力量和道义力量。

马克思主义真理的力量激活了中华民族历经几千年创造的伟大文明。习近平总书记指出:"在近代中国最危急的时刻,中国共产党人找到了马克思列宁主义,并坚持把马克思列宁主义同中国实际相结合,用马克思主义真理的力量激活了中华民族历经几千年创造的伟大文明,使中华文明再次迸发出强大精神力量。"②中华文明能够浴火重生,成功孕育出人类文明新形态,一个根本原因就在于获得了马克思主义真理的力量。为什么只有马克思主义能够激活中华文明,马克思主义是怎样激活中华文明的?马克思主义强调人的主体地位和人的价值,激活了中华文明的人本主义传统;马克思主义站在人民立场上思考人类社会发展的历史规律,其对自然界和人类社

---

① 习近平:《高举中国特色社会主义伟大旗帜　为全面建设社会主义现代化国家而团结奋斗——在中国共产党第二十次全国代表大会上的报告》,人民出版社 2022 年版,第 16 页。

② 习近平:《在党史学习教育动员大会上的讲话》,《求是》2021 年第 7 期。

会的根本看法、全人类命运与共的观点、共产主义社会理想、崇高的道德追求与中华文明的宇宙观、天下观、社会观、道德观有着深刻的内在一致性，提升了中华文明的精神境界；马克思主义辩证唯物主义和历史唯物主义世界观和方法论，切合中国人的思维方式，为中国人民认识世界和改造世界提供了更严谨、更科学的思想方法和思维方式；马克思主义是实践的理论，唤起了中华文明的实践理性，引导中国人民依靠自强不息、艰苦奋斗来创造新的世界；马克思主义具有彻底的革命精神，激发起中国人民敢于斗争、善于斗争的意志品质。中国共产党深刻把握马克思主义和中华优秀传统文化的高度契合性，不断推进马克思主义中国化时代化，使中华文明创新发展有了科学理论指导、再次迸发出强大精神力量，不仅实现了文明赓续，而且创造了人类文明新形态；同时，中华文明在创造性转化、创新性发展中不断赋予马克思主义以鲜明的中国特色，让马克思主义在中国获得旺盛生命力，不断丰富发展。习近平新时代中国特色社会主义思想是当代中国马克思主义、21世纪马克思主义，是中华文化和中国精神的时代精华。推进中国式现代化，不断丰富和发展人类文明新形态，必须坚持以这一思想为根本遵循和行动指南。

马克思主义科学理论引领中国人民走出中国式现代化新道路。实现现代化是近代以来中国人民矢志奋斗的梦想。在半殖民地半封建社会的旧中国，要实现现代化是不可能的。只有在中国共产党领导下，在马克思主义中国化时代化理论成果指导下，我国现代化建设才能走上正确道路，不断打开新天地。如何赶上时代、加快实现现代化？我们党对此一开始就保持着清醒的头脑，并没有像一些发展中国家那样亦步亦趋地跟在西方国家后面简单模仿，而是强调从中国实际出发，走自己的现代化道路。我们党大力推进实践基础上的理论创新、制度创新、文化创新以及其他各方面创新，实行社会主义市场经济体制，实现了从生产力相对落后的状况到经济总量跃居世界第二的历史性突破，实现了人民生活从温饱不足到总体小康、奔向全面小康的历史性跨越。党的十八大以来，我们党在已有基础上继续前进，围绕解决现代化建设中存在的突出矛盾和问题，全面深化改革，不断实现理论和实践上的创新突破，成功推进和拓展了中国式现代化。回顾历史可以看到，我们党坚持把马克思主义基本原理同中国具体实际相结合、同中华优秀传统文化相结合，不断推进马克思主义中国化时代化，指引和推动我国社会主义现代化建设，创造了中国式现代化新道路，创造了人类文明新形态。

马克思主义科学理论指引党和人民创造人类文明新形态。习近平总书记指出："在五千多年中华文明深厚基础上开辟和发展中国特色社会主义，把马克思主义基本原理同中国具体实际、同中华优秀传统文化相结合是必由之路。"①中华民族曾经创造出居于世界前列的灿烂的古代文明，但是在近代大大落后了，在不到 100 年的时间里，中国首都三次被外国侵略者攻占，1860 年英法联军占领北京，1900 年八国联军攻陷北京，1937 年侵华日军制造了南京大屠杀。在那些悲惨的岁月里，中华民族处处受人歧视、受人践踏、受人奴役，濒临灭亡的边缘。从社会生产方式看，长期占支配地位的封建主义生产方式以分散的个体小生产为基础，这种"一盘散沙"似的涣散状态不仅难以适应工业化要求，而且造成中国在列强面前脆弱不堪，缺乏凝聚力、竞争力。从思想文化来看，经历了从"天朝上国"到"东亚病夫"的沉沦，不少中国人开始全盘否定中华文明，认为中国传统文化处处不如人，必须被彻底抛弃。从内忧到外患，从器物不如人到制度不如人再到精神文化不如人，中华文明还有前途吗？中华民族还有出路吗？这就是近代以后直到新中国成立这一百多年间摆在中国人面前的残酷现实。直到中国共产党人找到了马克思列宁主义，并将其与中国具体实际和中华优秀传统文化结合起来，用科学理论武装起来的中国人民才在党的旗帜下凝聚起来，中华文明才再次迸发出强大能量。

正是在马克思主义科学理论指引下，我们党带领人民创造了占据真理

---

① 《习近平在文化传承发展座谈会上强调　担负起新的文化使命　努力建设中华民族现代文明》，《人民日报》2023 年 6 月 3 日。

和道义制高点的人类文明新形态。它站在历史正确的一边，符合人类文明发展规律和历史发展趋势，在充分吸收一切人类文明优秀成果的基础上守正创新、革故鼎新，探索出社会主义文明的中国样态、人类文明新形态；它站在人类文明进步的一边，坚持中华文明特殊性与人类文明普遍性的具体的历史的统一，倡导构建人类命运共同体，探索出既顺应世界历史发展潮流又符合中国国情的文明发展道路，开辟了实现人民美好生活向往、符合全人类共同价值的人间正道。

在中华文明丰厚滋养下，人类文明新形态成为科学社会主义的中国化时代化版本、展现了人类现代化的新图景

一种新的文明形态不是凭空出现的，必定有其历史根源、文明根基。习近平总书记指出："只有全面深入了解中华文明的历史，才能更有效地推动中华优秀传统文化创造性转化、创新性发展，更有力地推进中国特色社会主义文化建设，建设中华民族现代文明。"[1]在中华文明中能够孕育出人类文明新形态，是因为它具有极强的韧性和突出的创新性，是因为作为其智慧结晶和精华所在的中华优秀传统文化能够与马克思主义相融相生，是因为其思想精髓符合人类文明进步的发展方向。中华文明在马克思主义科学理论指导下实现创造性转化、在中国式现代化进程中实现创新性发展，成为人类文明新形态孕育形成的文明根基。

中华文明为马克思主义在中国丰富和发展提供充足养分和深厚动力。马克思主义能够在中国大地、在中国人民心中落地生根，成为党和国家事业的根本指导思想，是因为它占据着真理和道义的制高点，也是因为中华优秀传统文化的价值观念同科学社会主义价值观主张具有高度契合性。习近平总书记强调："马克思主义传入中国后，科学社会主义的主张受到中国人民

---

[1] 《习近平在文化传承发展座谈会上强调　担负起新的文化使命　努力建设中华民族现代文明》，《人民日报》2023年6月3日。

热烈欢迎,并最终扎根中国大地、开花结果,决不是偶然的,而是同我国传承了几千年的优秀历史文化和广大人民日用而不觉的价值观念融通的。"①这种融通性和契合性成为中国人接受、运用和发展马克思主义的思想文化基础,成为用马克思主义真理力量激活中华文明的价值观念基础;被激活的中华文明也为马克思主义在中国的丰富和发展提供了充足养分和深厚动力。习近平总书记指出,"中华优秀传统文化是我们党创新理论的'根'"②。马克思主义中国化时代化之所以不断取得新进展新飞跃,就在于中国共产党人坚持"两个结合",不断赋予科学理论以鲜明的中国特色,使之成为为人民所喜爱、所认同、所拥有的理论。毛泽东同志用"实事求是"这一古语来概括党的思想路线,邓小平同志用"小康社会"来标识当代中国发展的阶段性目标,江泽民同志提出"两个先锋队"思想,胡锦涛同志提出构建"和谐社会",都是用中华优秀传统文化精华丰富发展马克思主义的范例。习近平总书记继承和弘扬中华优秀传统文化精华,提出了一系列治国理政新理念新思想新战略,为丰富和发展马克思主义作出了原创性贡献,为传承和发展中华优秀传统文化作出了历史性贡献,为推动人类文明进步作出了世界性贡献。比如,将马克思主义群众观与中华优秀传统文化中的民本思想相结合,提出"江山就是人民、人民就是江山",形成以人民为中心的发展思想;创造性运用"天人合一""道法自然"等古代智慧,提出推进人与自然和谐共生;借鉴"协和万邦""天下大同""天下一家"等,阐述构建人类命运共同体理念;等等。

中华文明为中国式现代化提供深厚历史底蕴和精神文化滋养。习近平总书记指出:"如果没有中华五千年文明,哪里有什么中国特色? 如果不是中国特色,哪有我们今天这么成功的中国特色社会主义道路?"③中华文明

---

① 中共中央党史和文献研究院编:《十九大以来重要文献选编(中)》,中央文献出版社2021年版,第301页。

② 《习近平在陕西延安和河南安阳考察时强调　全面推进乡村振兴　为实现农业农村现代化而不懈奋斗》,《人民日报》2022年10月29日。

③ 《习近平谈治国理政》第四卷,外文出版社2022年版,第315页。

具有一系列优秀文化基因，经由马克思主义真理力量的激活，开创出广阔的思想文化空间，成为中国式现代化的丰厚滋养和精神动力。中国式现代化的五大特征——人口规模巨大、全体人民共同富裕、物质文明和精神文明相协调、人与自然和谐共生、走和平发展道路——既传承历史文化，又融合现代文明，都是中华文明优秀基因在社会主义新时代的发扬光大。当今世界，人类文明无论在物质还是精神方面都取得了巨大进步，特别是物质的极大丰富是前所未有的。但是，当代人类也面临着许多突出难题。比如，贫富差距持续扩大，物欲追求奢华无度，个人主义恶性膨胀，社会诚信不断消减，伦理道德每况愈下，人与自然关系日趋紧张，等等。中国式现代化能够有效解决这些难题，代表人类文明进步的发展方向，很重要的原因就在于它不仅能够运用人类今天发现和发展的智慧和力量，而且能够运用人类历史上积累和储存的智慧和力量。中华优秀传统文化中关于道法自然、天人合一的思想，关于天下为公、大同世界的思想，关于以民为本、安民富民乐民的思想，关于仁者爱人、以德立人的思想，关于以诚待人、讲信修睦的思想，关于俭约自守、力戒奢华的思想，关于中和、泰和、求同存异、和而不同、和谐相处的思想，等等，这些思想理念和文化基因在中国化时代化马克思主义的激活引领下，实现创造性转化、创新性发展，成为推进中国式现代化的深厚底蕴和不竭动力。

中华文明是人类文明新形态的源头和根基，人类文明新形态是中华文明的现代化形态。习近平总书记指出："在五千多年漫长文明发展史中，中国人民创造了璀璨夺目的中华文明，为人类文明进步事业作出了重大贡献。"①中华文明作为世界上唯一自古延续至今、从未中断的文明，为世界贡献了深刻的思想体系、丰富的科技文化艺术成果、独特的制度创造，深刻影响了世界文明进程，为马克思主义在中国的发展注入丰富养分和深厚动力，成为中国式现代化的历史文化基础，成为人类文明新形态的源头和根基。

---

① 《习近平在中共中央政治局第三十九次集体学习时强调　把中国文明历史研究引向深入　推动增强历史自觉坚定文化自信》，《人民日报》2022 年 5 月 29 日。

习近平总书记指出:"'第二个结合',是我们党对马克思主义中国化时代化历史经验的深刻总结,是对中华文明发展规律的深刻把握,表明我们党对中国道路、理论、制度的认识达到了新高度,表明我们党的历史自信、文化自信达到了新高度,表明我们党在传承中华优秀传统文化中推进文化创新的自觉性达到了新高度。"①经由"第二个结合",我们党开辟了中国道路、形成了中国理论、建立了中国制度、发展了中国文化,推进和拓展中国式现代化,不断丰富和发展人类文明新形态这一中华文明的现代化形态。

中华文明延续着我们国家和民族的精神血脉,既需要薪火相传、代代守护,也需要与时俱进、推陈出新。要加强对中华优秀传统文化的挖掘和阐发,使中华民族最基本的文化基因与当代文化相适应、与现代社会相协调,把跨越时空、超越国界、富有永恒魅力、具有当代价值的文化精神予以弘扬。要推动中华文明创造性转化、创新性发展,激活其生命力,努力建设中华民族现代文明,不断丰富和发展人类文明新形态。

在中国式现代化的推进和拓展中,人类文明新形态从科学社会主义理论设想变为中国社会实践、从人们的美好憧憬变为生动现实

习近平总书记指出:"中国式现代化是我们党领导全国各族人民在长期探索和实践中历经千辛万苦、付出巨大代价取得的重大成果,我们必须倍加珍惜、始终坚持、不断拓展和深化。"②中国式现代化把马克思主义科学理论付诸实践,赓续中华五千多年文明,借鉴吸收一切人类文明优秀成果,创造了人类文明新形态,既是我们强国建设、民族复兴的康庄大道,也是中国谋求人类进步、世界大同的必由之路。

---

① 《习近平在文化传承发展座谈会上强调 担负起新的文化使命 努力建设中华民族现代文明》,《人民日报》2023 年 6 月 3 日。

② 《习近平在学习贯彻党的二十大精神研讨班开班式上发表重要讲话强调 正确理解和大力推进中国式现代化》,《人民日报》2023 年 2 月 8 日。

中国式现代化丰富和发展了科学社会主义理论和实践,让科学社会主义在 21 世纪的中国焕发勃勃生机。在新中国成立特别是改革开放以来长期探索和实践基础上,经过党的十八大以来在理论和实践上的创新突破,我们党成功推进和拓展了中国式现代化。习近平总书记强调:"概括提出并深入阐述中国式现代化理论,是党的二十大的一个重大理论创新,是科学社会主义的最新重大成果。"[①]"我们在认识上不断深化,创立了新时代中国特色社会主义思想,实现了马克思主义中国化时代化新的飞跃,为中国式现代化提供了根本遵循。我们进一步深化对中国式现代化的内涵和本质的认识,概括形成中国式现代化的中国特色、本质要求和重大原则,初步构建中国式现代化的理论体系,使中国式现代化更加清晰、更加科学、更加可感可行。我们在战略上不断完善,深入实施科教兴国战略、人才强国战略、乡村振兴战略等一系列重大战略,为中国式现代化提供坚实战略支撑。我们在实践上不断丰富,推进一系列变革性实践、实现一系列突破性进展、取得一系列标志性成果,推动党和国家事业取得历史性成就、发生历史性变革,特别是消除了绝对贫困问题,全面建成小康社会,为中国式现代化提供了更为完善的制度保证、更为坚实的物质基础、更为主动的精神力量。"[②]中国式现代化是科学社会主义在中国的伟大实践,又在新的时代条件下丰富和发展了科学社会主义,创造了科学社会主义的中国版本、时代版本、实践版本。

中国式现代化承载着近代以来中国人民最伟大的梦想,是建设中华民族现代文明的唯一正确道路。我们党团结带领人民追求民族复兴的历史,也是一部不断探索现代化道路的历史。习近平总书记指出,"中国式现代化,是我们为如何唤醒'睡狮'、实现民族复兴这个重大历史课题所给出的答案"[③]。

---

① 《习近平在学习贯彻党的二十大精神研讨班开班式上发表重要讲话强调　正确理解和大力推进中国式现代化》,《人民日报》2023 年 2 月 8 日。

② 《习近平在学习贯彻党的二十大精神研讨班开班式上发表重要讲话强调　正确理解和大力推进中国式现代化》,《人民日报》2023 年 2 月 8 日。

③ 中共中央党史和文献研究院编:《习近平关于中国式现代化论述摘编》,中央文献出版社 2023 年版,第 295 页。

中国式现代化站在真理的制高点,从整体上把握生产力发展规律、人自身发展规律、自然界发展规律,把解放和发展生产力、促进人的自由全面发展、推进人与自然和谐共生统一起来,极大地深化了对人类现代化建设规律的认识;站在道义的制高点,坚持把人民对美好生活的向往作为现代化建设的出发点和落脚点,着力维护和促进社会公平正义,着力促进全体人民共同富裕,推进人的全面发展。中国式现代化破解了人类社会发展的诸多难题,摒弃了西方以资本为中心的现代化、两极分化的现代化、物质主义膨胀的现代化、对外扩张掠夺的现代化老路,既遵循人类文明发展规律,又承载为人类求解放的崇高使命,是合规律性与合目的性相统一的社会主义现代化。习近平总书记指出:"中国式现代化赋予中华文明以现代力量,中华文明赋予中国式现代化以深厚底蕴。"①实践证明,中国式现代化走得通、行得稳,是中国强国建设、民族复兴的唯一正确道路,也是建设中华民族现代文明的唯一正确道路。

中国式现代化创造了人类文明新形态,代表人类文明进步的发展方向,深刻影响世界历史进程。习近平总书记强调:"中国式现代化是赓续古老文明的现代化,而不是消灭古老文明的现代化;是从中华大地长出来的现代化,不是照搬照抄其他国家的现代化;是文明更新的结果,不是文明断裂的产物。中国式现代化是中华民族的旧邦新命,必将推动中华文明重焕荣光。"②实现现代化是世界各国人民的权利和必然选择,关键是找到符合国情、符合人类社会发展规律的发展道路。不少人有一种错觉,似乎现代化就是西方化、西方文明就是现代文明。实际上,资本主义文明是建立在资本主义剥削制度基础上的,生产资料私有制和社会化大生产之间的矛盾是资本主义制度和西方现代化无法克服的固有矛盾。尽管资本主义制度和西方现代化模式也在不断演变,但其本质上的资本至上、弱肉强食、两极分化、霸道

① 《习近平在文化传承发展座谈会上强调　担负起新的文化使命　努力建设中华民族现代文明》,《人民日报》2023 年 6 月 3 日。

② 习近平:《在文化传承发展座谈会上的讲话》,人民出版社 2023 年版,第 7 页。

强权的属性没有任何改变，其弊端也愈益明显。中国式现代化是把马克思主义基本原理同中国具体实际相结合、同中华优秀传统文化相结合产生的重大理论和实践成果。习近平总书记强调："'结合'的结果是互相成就，造就了一个有机统一的新的文化生命体，让马克思主义成为中国的，中华优秀传统文化成为现代的，让经由'结合'而形成的新文化成为中国式现代化的文化形态。"①中国式现代化既基于自身国情、又借鉴各国经验，既传承历史文化、又融合现代文明，既造福中国人民、又促进世界共同发展。中国式现代化展现了一幅现代化的全新图景，创造了人类文明新形态，为人类对更好社会制度的探索提供了中国方案。

结　语

在中国化时代化马克思主义指导下、在中华文明深厚基础上、在中国式现代化的推进和拓展中，人类文明新形态推动实现社会主义物质文明、政治文明、精神文明、社会文明、生态文明的有机统一，成为"五位一体"整体推进、协调发展的文明形态，开辟了人的全面发展、社会全面进步、人与自然和谐共生的新境界。我们要深刻理解和把握人类文明新形态的理论逻辑、历史逻辑、实践逻辑，更加深刻领悟"两个确立"的决定性意义，全面贯彻习近平新时代中国特色社会主义思想，坚定历史自信、文化自信，在中国式现代化道路上建设中华民族现代文明、不断丰富和发展人类文明新形态。

参考文献

习近平：《在文化传承发展座谈会上的讲话》，人民出版社 2023 年版。

习近平：《高举中国特色社会主义伟大旗帜　为全面建设社会主义现代化国家而团结奋斗——在中国共产党第二十次全国代表大会上的报

---

① 《习近平在文化传承发展座谈会上强调　担负起新的文化使命　努力建设中华民族现代文明》，《人民日报》2023 年 6 月 3 日。

告》,人民出版社 2022 年版。

《习近平谈治国理政》第四卷,外文出版社 2022 年版。

中共中央党史和文献研究院编:《习近平关于中国式现代化论述摘编》,中央文献出版社 2023 年版。

中共中央党史和文献研究院编:《十九大以来重要文献选编(中)》,中央文献出版社 2021 年版。

习近平:《在庆祝中国共产党成立 100 周年大会上的讲话》,《人民日报》2021 年 7 月 2 日。

习近平:《在党史学习教育动员大会上的讲话》,《求是》2021 年第 7 期。

《习近平在中共中央政治局第三十九次集体学习时强调 把中国文明历史研究引向深入 推动增强历史自觉坚定文化自信》,《人民日报》2022 年 5 月 29 日。

《习近平在陕西延安和河南安阳考察时强调 全面推进乡村振兴 为实现农业农村现代化而不懈奋斗》,《人民日报》2022 年 10 月 29 日。

《习近平在学习贯彻党的二十大精神研讨班开班式上发表重要讲话强调 正确理解和大力推进中国式现代化》,《人民日报》2023 年 2 月 8 日。

《习近平在文化传承发展座谈会上强调 担负起新的文化使命 努力建设中华民族现代文明》,《人民日报》2023 年 6 月 3 日。

杜尚泽、颜珂、张晓松等:《"这里的山山水水、一草一木,我深有感情"——记"十四五"开局之际习近平总书记赴福建考察调研》,《人民日报》2021 年 3 月 27 日。

朱基钗、丁小溪:《开启中国式现代化的新长征——学习贯彻党的二十大精神研讨班侧记》,《人民日报》2023 年 2 月 12 日。

杜尚泽:《微镜头·习近平总书记考察"一馆一院"并出席文化传承发展座谈会 "推动中华文明重焕荣光"》,《人民日报》2023 年 6 月 5 日。

[英]罗素：《中国问题》，秦悦译，学林出版社1996年版。

[日]山本新、秀村欣二编：《未来，属于中国——汤因比论中国传统文化》，杨栋梁、赵德宇译，陕西人民出版社1989年版。

文化强国的科学内涵与路径探索

邹统钎[*]

　　文化兴则国运兴,文化强则民族强。党的十七届六中全会首次提出"建设社会主义文化强国"的目标,党的十九届五中全会明确提出到 2035 年"建成文化强国"。党的二十大报告指出,"全面建设社会主义现代化国家,必须坚持中国特色社会主义文化发展道路,增强文化自信,围绕举旗帜、聚民心、育新人、兴文化、展形象建设社会主义文化强国"[①]。建设社会主义文化强国已成为中国特色社会主义现代化建设总体蓝图的重要组成部分。理论是实践的指导力量,文化强国建设离不开全面科学的文化强国理论指导。当前,学术界围绕文化强国的内涵、理论基础及建设路径等问题开展了大量研究。然而,文化强国建设仍面临着理论指导薄弱、发展经验不足等困境。为了更好地建设社会主义文化强国,提升我国国际文化话语权,未来还需加强文化强国理论建设,借鉴国际文化发展经验,进一步探索文化强国建设路径,走好中国式现代化的文化强国之路。

---

　　* 邹统钎,丝绸之路国际旅游与文化遗产大学副校长,北京第二外国语学院校长助理,中国文化和旅游产业研究院院长、教授、博导。
　　① 习近平:《高举中国特色社会主义伟大旗帜　为全面建设社会主义现代化国家而团结奋斗——在中国共产党第二十次全国代表大会上的报告》,《人民日报》2022 年 10 月 26 日。

文化强国的基本内涵

林顿、泰勒认为文化是一个特定社会的成员所共享并互相传递的知识、态度、习惯性行为模式等的总和。① 文化由艺术、文学、生活方式、习惯、价值体系、信仰组成，它所具有的独特精神、情感、智力以及物质特征会在某一社会群体中得以体现。关于如何理解文化强国的基本内涵，除了考虑文化的一般性定义外，还需考虑与文化有关的可操作性定义，如"文化领域""文化周期"等。联合国教科文组织（UNESCO）提出，文化领域包括文化和自然遗产、表演和节庆、视觉艺术和手工艺、出版物和文学、视听和数字媒体、设计以及创意服务。此外，还包括非物质文化遗产、存档和保护、教育和培训、装备和辅助材料这四个横向领域，以及旅游业、体育和娱乐这两大相关领域。②

"文化强国"是指一个国家具有强大的文化力量，拥有发达的文化产业，能在全球范围内发挥文化的国际影响力。目前，国内学术界主要从以下几个角度对其进行定义。一是从国际比较的角度来看，"'强国'中的'强'是一个具有比较性的修饰词，因此，'文化强国'一词是指一个国家的文化强于其他国家的文化"③。二是从文化影响力的角度来看，一个国家的文化、价值观可以通过生活方式进行传播，并在日常生活中引导别国人民，这样的国家可被称为文化强国。④ 三是从手段与目的角度来看，强调文化强国是目的与传播途径的统一，既要把文化作为传播工具，发挥文化在强国建设进程中的重要作用，又要把文化作为目的，实现文化自身的发展与繁荣。⑤ 四

---

① 参见董建波、李学昌：《"文化"：一个概念的内涵与外延》，《探索与争鸣》2004 年第10 期。

② 参见联合国教科文组织统计研究所：《2009 年联合国教科文组织文化统计框架》，见 https://uis.unesco.org/sites/default/files/documents/unesco - framework - for - cultural - statistics - 2009-ch.pdf。

③ 蒙一丁：《文化强国内涵探析》，《长白学刊》2012 年第 3 期。

④ 参见周和平：《文化强国战略》，学习出版社、海南出版社 2013 年版，第 14 页。

⑤ 参见周文彰：《文化强国重在文化强民》，《学习月刊》2012 年第 3 期；尚丽娟：《扎实推进我国社会主义文化强国建设的路径思考》，《郑州轻工业学院学报（社会科学版）》2013 年第 5 期。

是从标志角度来看,其一是"一纲四目说"。"一纲"即构建中华民族共同的精神家园,为人类文明进步作出更大贡献,"四目"即文化强国所要呈现的四个新局面:全民创新、社会文化丰富多彩、人民权益得到保障、人民素质得到全面提高。① 其二是"五大高地说"。文化强国应是五大高地:文明高地、文化人才高地、文化资源高地、文化产业高地、文化交易高地。② 其三是"六力强大说"。文化强国体现在具有先进的文化生产力、强盛的文化创造力、巨大的文化凝聚力和引领力、强大的文化感召力和影响力。③ 不同学者从多个角度对文化强国的内涵进行了探究。④

在文化强国建设中彰显中国式现代化的特色,就是要以马克思主义为魂、以中华优秀传统文化为体、以西方现代文明成果为用。中国的文化强国建设要坚持以马克思主义为指导,既要注重对中华优秀传统文化的传承和创新,又要善于汲取世界各国文化的精华。具有深厚文化根基的中国式现代化以其可持续性摒弃西方现代化的弊端,走出一条新的现代化道路。⑤ 习近平总书记强调:"古往今来,任何一个大国的发展进程,既是经济总量、军事力量等硬实力提高的进程,也是价值观念、思想文化等软实力提高的进程。"⑥ "文化强国"战略是强国体系的基础,⑦只有进一步明确中国文化强国的理论基础和实现路径,合理借鉴世界文化强国的发展经验,才能持续推进社会主义文化强国建设。

---

① 参见唐丕跃:《加快发展文化产业 推动文化强国建设》,《中共太原市委党校学报》2012 年第 3 期。

② 参见邹统钎、吴丽云、阎芷歆:《文化强国内涵与实现路径》,《中国旅游报》2021 年 4 月 21 日。

③ 参见钟明华、刘雅琪:《中国共产党百年文化自觉与文化强国建设》,《广西社会科学》2021 年第 7 期。

④ 参见云付平:《社会主义文化强国建设研究综述》,《中共山西省委党校学报》2013 年第 5 期。

⑤ 参见马重阳、成龙:《论中国式现代化》,《浙江社会科学》2022 年第 12 期。

⑥ 中共中央文献研究室编:《习近平关于社会主义文化建设论述摘编》,中央文献出版社 2017 年版,第 198 页。

⑦ 参见洪晓楠:《"文化强国"战略在中国强国体系中的地位和作用》,《文化软实力》2016 年第 2 期。

文化强国的理论基础构建

文化强国表现为国家文化实力的提高和国家战略能力的强大。国家战略能力的强弱主要取决于综合国力以及对综合国力的调动能力这两方面因素。① 同样地，文化强国的发展水平也取决于国家文化资源存量和调动文化资源的能力。文化资源存量是指聚合国家文化资源，最大可能地发挥文化强国可持续竞争优势，是资源聚拢的方向；调动文化资源的能力指分配调控世界文化资源，发挥文化枢纽作用，将文化资源价值最大化的能力，是资源调配的方向。

聚合文化资源，形成文化强国可持续竞争优势。文化强国可持续竞争优势的形成离不开文化资源的累积，尤其是异质资源的存量。先看微观领域例证，从资源的累积特征出发，Dierickx 和 Cool 认为企业持续竞争优势的形成离不开资源的长期积累，资源存量带来的规模效应和相互联结效应会使资源发展具有很强的路径依赖性，这个过程中时间和经济成本较高，竞争对手短时间内难以超越，企业继而得以维持竞争优势。② 同样地，在宏观领域，文化强国要想在文化领域形成可持续竞争优势，也离不开文化资源的积累。然而，就资源的范畴而言，并不是拥有了大规模的资源存量就可以形成可持续竞争优势，具备有价值性、稀缺性、不完全模仿性和不可替代性的资源才是形成可持续竞争优势的关键。③ 彼德拉夫也持有相似的观点，他认为形成可持续竞争优势需要具备资源异质性、不完全移动性、竞争的事前限制以及竞争的事后限制。④ 因此，挖掘中国饮食、戏曲、皮影等异质文化资

---

① 参见中国军事百科全书编审室：《中国大百科全书·军事》，中国大百科全书出版社2007年版。

② 参见 I.Dierickx；K.Cool，"Asset Stock Accumulation and Sustainability of Competitive Advantage"，*Management Science*，1989，35(12)，p.1514.

③ 参见 K.M.Eisenhardt；J.A.Martin，"Dynamic Capabilities：What Are They？"，*Strategic Management Journal*，2000，21(10–11)，pp.1105–1121.

④ 参见 M.A.Peteraf，"The Cornerstones of Competitive Advantage：A Resource – based View"，*Strategic Management Journal*，1993，(14)，pp.179–191.

源,累积资源存量并形成文化资源发展路径是建设文化强国的重要一环。

发挥文化枢纽作用,优化文化强国的资源调控能力。根据维基百科(Wikipedia)的定义,枢纽(Hub)本意为连接轴和车轮之间的核心部分,后引申为发挥连接外围作用的中央核心结构。《辞海》中也将其解释为"重要的地点,事物的关键之处"。枢纽一词的应用最早可追溯到我国南朝著作《文心雕龙》,书中写到"盖《文心》之作也,本乎道,师乎圣,体乎经,酌乎纬,变乎骚:文之枢纽,亦云极矣"。此处的"枢纽"一词意为"关键",指事物的关键之处。可见,"枢纽"包含着两层含义,一是指重要的地点或部分,二是指发挥着重要作用的关键之处。基于枢纽一词衍生出了交通枢纽、枢纽经济①、高等教育枢纽②、旅游枢纽③、文化枢纽等概念。文化枢纽(Cultural Hub)可大可小,从社区场馆、博物馆、城市到国家都可以作为文化枢纽,发挥着展示、调配、集散文化资源的作用。文化枢纽不仅可以在横向的地理空间尺度调控文化资源,还可以跨越时空起到纵向信息交流轴的作用,具有形态多样、多维融合的特点,其重要性不言而喻。

借鉴弗利德曼、萨森与卡斯特尔思的世界城市中心理念,判断一个世界城市的标准不是其拥有多少资源,而是全世界多少资源是由其调配。④作为一个文化强国,"强"不在于拥有多少文化资源存量(Stock)而在于拥有多少流量(Flow),即调配世界文化资源的能力。文化枢纽作为文化强国的重要标志,能优化文化强国的资源调控能力,推动文化强国聚合异质文化资源,而成为先进文化的发源地、文化要素(人、财、物)的调配与交易中心和文化资产(地标、企业)的聚集地。由文化强国的理论逻辑构成可知

---

① 参见赵伟伟:《枢纽经济及其发展机制——以中国交通枢纽经济为例》,《人文地理》2020 年第 3 期。

② 参见 J.Knight, "Education Hubs: A Fad, a Brand, an Innovation?", *Journal of Studies in International Education*, 2011,15(3), pp.221-240.

③ 参见邹统钎、江璐虹、郭晓霞:《旅游枢纽理论与实践研究综述》,《资源科学》2016 年第 6 期。

④ 参见邹统钎、吴丽云、阎芷歆:《文化强国内涵与实现路径》,2021 年 4 月 26 日,见 http://xjxczxw.com/article/3671.html。

(见图1),文化强国具备以下5个特征:世界先进文化的发源地、世界文化市场交易中心、文化人才高地、文化地标聚集地、文化产业总部基地。纵观世界文化强国,英国、法国、意大利等国向世界源源不断地输出本国先进文化;美国、日本、韩国等国作为文化交易中心不断推动文化成果交流;英国、法国吸引了世界级的文化人才;中国、意大利等国聚集了众多世界文化地标;多数文化产业将总部基地建在美国,等等。总体来看,不同国家的文化发展之路可以为中国的文化强国建设提供经验。

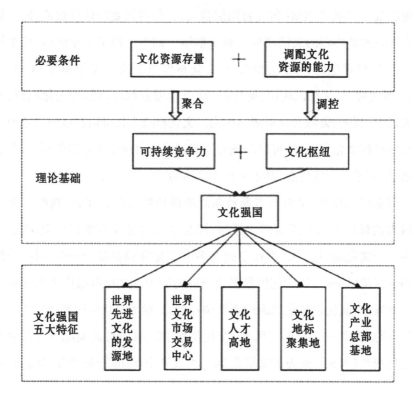

图1 文化强国的理论逻辑示意图

文化强国的国际经验借鉴

法国的戛纳国际电影节、美国的好莱坞、日本的动漫等耳熟能详的国际文化产品在世界范围内广受喜爱,为本国聚合文化资源、调控世界文化资源提供了载体与平台。分析可以发现,法国和意大利是通过聚合文化资源、积累文化资源存量和传承发展机制而成为文化强国;美国是利用其强大的统筹协调能力,发挥文化枢纽作用而成为世界文化中心;日本和韩国则是转向海外市场,寻找文化发展的突破口。这些国家的文化发展路径为我国建设文化强国提供了可资借鉴的国际经验。

积累异质文化资源存量:法国"法语优先"与"文化例外"政策。法国通过践行"法语优先"和"文化例外"原则对现有文化资源本体进行保护,重视和保护异质文化资源成为法国文化维持可持续竞争力的重要原因。"法语优先"原则体现为法国尤其重视法语在建设文化强国以及培育国民文化自信中的作用,为保护法语这一语言遗产,法国于1994年通过了《法语语言使用法》(又称"杜蓬法"),确保了法语在日常生活中占据主导地位,有效避免了"文化殖民"现象。同时,法国还计划在欧盟力推语言"法语化"。马克龙政府为保护法语文化,对法语的使用作出硬性规定,如企业在广告中必须使用"amour",禁止使用英文中的"love"等。采取相似政策的还有意大利,其执政党提议立法规定在正式场合必须使用意大利语,任何违反行为将面临最高10万欧元的罚款,这一提案已得到了意大利总理梅洛尼的支持。①

"文化例外"原则体现了法国对本土文化强有力的保护态度。1993年10月,法语国家首脑会议上通过了有关"文化例外"的决议,提出"世界贸易谈判中应当通过特别法案,将文化产品从其他工业产品和服务产品中区分开来,将精神文化产品置于世界贸易谈判的范围之外"。"文化例外"作为法国文化的基本原则,反映了法国坚决的文化保护态度,其本质是对民族文化的认同与构建。

法国的文化管理模式既不像美国的"放养式"管理,也不同于英国的"一臂之距"机制,而是采取了政府"全权管理"的模式,主要表现为公共权力对文化发展的高度干预。政府通过发布强有力的文化政策,构建起了文

---

① 参见梁由之:《"禁止使用英语",违者最高罚款超70万!这国提出新法案》,2023年4月3日,见 https://baijiahao.baidu.com/s? id=1762141447706607764&wfr=spider&for=pc。

化传承、资金支持、法律支撑的文化保护网络，增强了独特文化资源的可持续竞争力。因此，法国在博物馆、视觉艺术、电影和视听、书籍、音乐、表演艺术等文化领域拥有较完备的支持体系。以电影行业为例，法国国家电影中心于 1959 年设立了"电影产业资助账户"，同年，《电影资助法》诞生，该法律规定强制征收电影票特别附加税（对每张售出的电影票强制征收 10.72% 的税），这笔资金将纳入电影产业资助基金账户，通过自动性资助和选择性资助两种方式资助法国本土电影发展，法国这一电影资助制度为法国电影的创作生产提供了制度和资金保障。① 总体来看，法国文化政策基本遵循以下几条主线：保护多元文化；平等享有文化和艺术教育的权利；国家改革和文化政策的权力下放；保护知识产权和艺术财产以及数字全球化背景下的作者权利。得益于对文化资源本体和文化生产传承机制的强有力保护，法国的文化资源存量不断扩大，并形成以"优雅"著称的文化氛围。

保护文化资源完整性和可持续性：意大利"文物宪兵"与"艺术补贴"政策。"文物宪兵"与"艺术补贴"这两项文化保护政策共同发挥着聚合并累积文化资源的重要作用。1969 年，意大利设立了保护文化遗产宪兵部队（简称"文物宪兵"）这一执法机构，有效打击了各种文物犯罪活动，使意大利众多的文化遗产免于损害，在保障意大利文化遗产的完整性上发挥了巨大作用。在保护文化资源方面，不同于法国着重于非物质文化遗产及传承路径的保护，意大利拥有数量庞大的文化遗产，更多侧重于保护物质文化资源，通过文化政策保护文化遗产的完整性。意大利国家文化遗产与文化活动部（MiBAC）作为意大利中央政府管理机构，主要负责文化事务管理，具体表现为 MiBAC 在各区设立监管局，并由地方政府负责各区的文化事务发展和管理。

意大利文化遗产保护经费除了直接从国家获得财政补贴外，通过"千分之五""艺术补贴"等税收激励政策获取的资金也是其重要来源。经济危

---

① 参见王晶、弗朗索瓦兹·贝娜穆：《挑战与反思：法国文化政策的新变革——对弗朗索瓦兹·贝娜穆教授的采访》，《经济资料译丛》2015 年第 4 期。

机以来,意大利对文化遗产的财政投入逐年下降,在近几年才略有提升,2016年国家对 MiBAC 财政方面投入为 21.2 亿欧元(占国家财政的0.26%)。① 2006年1月20日,意大利颁布意大利会议总统令,发起"千分之五(5 per mille)"项目,即纳税人可指定自己所缴纳个人所得税的5‰用于支持非营利组织、大学、科研、医疗研究等公益事业。2014年7月29日,意大利出台了"艺术补贴(Art bonus)"政策,以"艺术补贴"为代表的税收激励政策为意大利文化发展提供了多元资金来源,缓解了文化遗产保护财政紧缺的问题,为文化资源的可持续发展注入了新鲜动力。捐款人可以在"艺术补贴"网站上选择意向的捐款项目,捐赠额的65%可用于税收抵扣。不同于"千分之五"政策,"艺术补贴"政策中捐款人信息、捐款使用情况是公开的,这能发挥公众监督的作用,因此受到了社会各界的广泛认可。为了进一步激发民众自觉保护文化遗产的积极性,并为保护文化遗产筹集资金,意大利还推出了文化彩票、鼓励自由捐赠、出让公共文化资产使用权等一系列措施,多元的资金来源不仅有利于文化保护,也强化了人们自觉保护文化遗产的意识。

世界文化枢纽:美国通过竞争性保护扶持文化产业发展。美国作为文化熔炉,融合汇聚了众多国家文化。以"美式英语"为例,powwow(巫师)来自印第安语、cookie(甜点)来自荷兰语、semester(学期)来自德语、tofu(豆腐)则由中国的词语音译而成。同时,美国也是文化输出国家,如《老友记》《权力的游戏》等电视剧、《功夫熊猫》等好莱坞电影和圣诞节等节庆活动在全球范围内都具有广泛影响。除此之外,便捷营养的美式快餐、注重休闲感的美式穿搭等都作为美国的文化枢纽广泛传播。

一方面,美国通过调动个体主动性,发挥市场调节作用,继而推动了市场化的文化产业竞争,这在美国形成文化枢纽的过程中起到了重要作用。与法国不同,艺术在美国被视为一种私人责任,而非公共责任,国家主要是

---

① 参见杜骞、刘爱河、曹永康:《意大利文化遗产保护与利用的公众参与激励机制》,《建筑遗产》2019年第4期。

作为文化活动的监管者,通过鼓励和支持发挥私人的主动性来推动文化发展。在美国,直接公共支出在文化发展资金中的权重相对较低,多是以对私人捐款提供税收优惠进行间接支持。具体来说,美国文化政策模式的特点是相信市场,这使私人主动性(特别是非营利部门)在文化活动的生产和资助方面占据主导地位。① 另一方面,美国文化枢纽的形成也离不开国家的文化保障政策。美国主要从资源供给、需求匹配、导向管理、成本抵扣这 4 个方面来保障文化机构发展、扶持美国文化产业,具体措施是利用税收激励提升资源供给、通过设置准入限制精准匹配资源、依靠财政资金实施导向管理、借助税费减免缓解运营负担。② 美国的文化保障政策盘活了大量的社会资金,并使其紧密精准地运用于需要扶持的文化领域之中。

"文化出海":日韩两国出口导向型发展战略。日本将文化发展提升至国家发展战略的高度。1996 年 7 月,日本文化厅发布《21 世纪文化立国方案》,将"文化立国"战略作为新的文化发展重要目标;21 世纪第二个十年,日本政府在《日本再兴战略——JAPAN is BACK》文件中提出"酷日本(Cool Japan)"国家战略,这一战略主要包括五大产业:时尚、生活方式、招待服务业、地方传统制品和内容产业(动漫、音乐、电影、电视、游戏等)。此外,日本还将"酷日本"理念用于文化外交,在全球范围内推广"酷日本"品牌和具有高附加值的产品和服务,以拉动日本经济增长、提高文化软实力。

韩国也将文化产业提升至国家战略高度。1990 年,韩国政府正式发布了《文化发展十年规划》,强调"文化要面向全体国民";1998 年,韩国政府提出了"文化立国"战略,并确立 21 世纪国家经济的战略性支柱产业为文化产业,文化产业的发展地位由此在韩国登上了新高度。此外,韩国陆续颁布了《文化产业发展 5 年计划》《文化产业发展推进计划》《电影产业振兴综合计划》《文化韩国 21 世纪设想》等计划,发布了《设立文化地区特别法》

---

① 参见 S.Toepler,"The Role and Changing Face of Non-market Provision of Culture in the United States",*Museum International*,2006,58(4),pp.55-62.

② 参见罗青林:《美国文化扶持政策分析及对我国的启示》,《学术论坛》2017 年第 6 期。

《出版与印刷基本法》等法律保障政策。

文化创意产业具有高附加值、产业关联性强的特征,能够推动提升国民素质、传播国家文化形象,而出口高附加值文化创意产品则能够提升文化枢纽的集聚效应。日本通过发展二次元动漫产业,将日本动漫文化和文化创意产品广泛传播至世界各地,动漫产业也因此成为日本的文化枢纽,发挥了巨大的集聚效应。据《动漫产业报告 2022》显示,2021 年日本动漫国际市场收入比 2020 年增加了 740 亿日元(106%),从 1.24 万亿日元增加至 1.31万亿日元,这比 2019 年的 1.2 万亿日元增加了 1130 亿日元(109.4%)。2021 年,日本在国际市场上与美国签订了动漫产业有关合同 292 份,此外还分别与加拿大签订 239 份、与中国签订 199 份、与韩国签订 186 份。[①] 日本的动漫产业还辐射到图书音像制品、周边衍生品、版权出口日用品等行业,与动漫相关的音乐、游戏等也被带动起来,从而形成日本文化产业链条。[②] 不同于日本着力发展动漫产业,韩国致力于在世界范围内发展影视文化产业和游戏产业。《来自星星的你》《太阳的后裔》《请回答 1988》等韩国影视作品在国际上引发反响,韩国电影《寄生虫》更是获得了第 92 届奥斯卡最佳影片。据统计,2021 年,韩国娱乐文化市场总值为 161 亿 5700 万美元,同比增长 57.8%;音乐和影像知识产权出口额为 94 亿 530 万美元,同比增长 40.3%。[③] 除影视产业之外,韩国的游戏产业也拥有不可小觑的实力,韩国游戏出口额在 2020 年高达 72.5 亿美元,占文化产业出口额的66.9%。可见,"韩流"的文化影响力已经逐渐内化为其国家的文化软实力。

Hilman-Chartrand 和 McCaughey 认为国家在支持文化发展的过程中表

---

① 参见 The Association of Japanese Animations, *Anime Industry Report* 2022 *Summary*, March 2023, https://aja.gr.jp/english/japan-anime-data.

② 参见孙维潇、张亭亭:《日本文化创意产品出口的振兴及对我国的启示》,《福建广播电视大学学报》2019 年第 5 期。

③ 参见 Ministry of Culture, Sports and Tourism, https://mcst.go.kr/chinese/statistics/statistics.jsp.

现为四种角色：调解人、赞助人、建筑师、工程师。① 美国通过鼓励以放弃税收的形式进行私人捐赠来促进艺术发展，体现了调解人国家的类型；英国的特点是依靠与政府"保持距离"的机构向文化部门分配公共资源，体现了赞助人国家的类型；法国和意大利体现了典型的建筑师国家类型，具有文化高度官僚化的特征，关键决策由文化部集中作出；日本和韩国则扮演着工程师和建筑师结合的角色，希望通过文化发展促进文化外交。这四种角色虽然在理论上相互排斥，但是在实践中，大多数国家都将其中的一些或全部角色进行结合。我们可以看到，各国发展文化的方式、目的、手段、路径不尽相同，国家在促进文化发展中扮演的角色也有所差异，这些差异主要体现在政府对公共资金的分配方式、对文化的投入方向和投入程度等方面。中国可以有选择性地借鉴其他国家的文化发展经验，因地制宜地发展本国文化，走出中国式现代化的文化强国之路。

如何走好中国式现代化的文化强国之路

扩大文化流量，创新推动文化可持续发展。当前，我国需要优化中华优秀传统文化资源存量，扩大文化流量，盘活文化资源，发挥枢纽作用，实现文化可持续发展。无论是物质文化遗产还是非物质文化遗产，中国在数量和质量上都有着明显优势。根据 2023 年联合国教科文组织第 45 届世界遗产大会公布的最新数据显示，中国拥有 57 项世界遗产，位列世界第二。丰富的文化资源为中国建设文化强国奠定了坚实基础。法国的"法语优先""文化例外"政策与意大利的"文物宪兵""艺术补贴"制度都为中国提供了优化文化资源存量的经验，即要聚集文化资源，尤其是异质文化资源，并发挥文化资源存量的规模效应和相互联结效应。然而，随着时间推移，文化存量会不断被消耗，因此，不断引进文化流量就成为文化可持续发展的关键。纵观

① 参见 H. C. Harry；M. C. Claire，*Who's to Pay for the Arts? The International Search for Models of Arts Support*，1989，Washington：American Council for the Arts.

世界文化强国的发展之路可以发现,创意在文化流量扩能中扮演着重要的角色,极具原创性与艺术性的法国设计、创意城市与音乐之都——意大利博洛尼亚、厂房变艺术聚集区鼻祖——美国纽约 SOHO 区、不断推陈出新的日本动漫与韩国影视剧等无不展现出创意的力量。创意是文化发展的源泉,中国可以不断深化文化与创意的融合,加强传播路径的创新、文化与产业融合的创新、技术创新,以创意为文化发展注入源源不断的动力。

盘活特色文化资源,打造世界文化枢纽。中华优秀传统文化、红色革命文化等是建设文化强国的基础文化资源,要更好利用特色文化资源,充分发挥中国文化的价值。对此,文化经纪人充当着文化枢纽的角色。文化经纪人是指与文化市场相关的众多行业的经纪人群体,如传承人、经纪人、拍卖师、创客、艺术大师等,他们能够聚集文化资源并将其加工成文化产品并投入市场运作,发挥着开发差异性的文化产品和促进文化传播交流的作用。开发差异性的文化产品是指文化经纪人根据市场需求对文化内涵进行创新与特色挖掘,搭配旅游设施与服务实现文化牵引,促进旅游发展,从而最终发挥文化的市场价值。促进文化传播交流是指文化经纪人通过提升文化旅游的竞争力,从而吸引来自全国各地的文化旅游者,并通过普及文明知识,使游客都能够成为文化使者,共同传承与发扬文化精神。同样地,这一机制可以应用于国家文化的分配协调中,让市场这只"看不见的手"配合政府部门建设文化强国,坚持文化生产政府主导、社会参与、群众共建共享。

除此之外,还要打造世界的文化枢纽,进一步发挥文化枢纽的集聚、引领和辐射作用,将中国建成世界文化要素调配中心;积极加入重要国际文化组织,提升国际文化话语权;因地制宜地制定产业目录,开发特色文化产业,扩大文化影响力;建设国际文化交易中心,推动中国文化行业标准走向世界;创新文化生产,推出特色文化内容,完善收入分配和文化补贴制度;发掘文化市场,引领文化消费方式,进一步释放文化消费新活力。

提质升级文化输出,推动文化市场国际化发展。促进中国文化在世界范围内传播具有重要意义,有助于赢得世界理解和尊重,提升中国国家形象。[①] 对于国内而言,提质升级文化输出可以更好地满足人民群众多样化的文化需要,树立人民文化自信。随着中国数字文化贸易迅速发展,影视剧、网络文学、网络游戏、创意产品等在海外市场取得了不菲的成绩,我国对外文化贸易额于 2021 年首次突破 2000 亿美元,同比增长 38.7%。[②] 然而,文化产品输出主要集中在劳动密集型产品领域,技术密集型产品输出仍存在不足。因此,中国亟需补齐文化输出的"短板",充分挖掘中华文化的深层内核,实施中华文化标志建设工程,融合文化创意,打造文化 IP,统一文化价值与产业价值,提升文化市场的国际化新高度。

从宏观层面应提出系统的文化强国评价指标体系,为国家文化产业发展提供方向和指引,并将文化强国指标评价体系与国际接轨。同时,还可以从中观或微观层面构建文化评价指标,将文化的分类、参与主体、文化活动的社会影响等因素纳入考量,构建具有层次性和结构性的文化强国评价指标,适当增加饮食、服饰、电影等社会娱乐文化指标的占比,让文化指标体现国民文化偏好,深入挖掘特色文化,实现文化高质量发展,推动我国从"文化大国"向"文化强国"转变。

健全文化政策体系,推动文化高质量发展。近年来,我国针对非物质文化遗产、数字文化产业发展、文物保护等出台了相关政策,有效促进了文化事业的发展。就文化政策领域而言,近几年政策支持主要集中在文旅融合、国家文化公园、非物质文化遗产、文化创意产业园等方面,人才培育、本土文化保护、文化出口、文创设计等领域的扶持政策相对较少。同时,文化政策效果有待增强,具体表现为财政补贴效果最显著,其次是金融扶持政策、税收优惠政策以及人才支撑政策相对较不理想。针对以上问题,可以从积累

---

① 参见 J. Wuthnow, "The Concept of Soft Power in China's Strategic Discourse", *Issues & Studies*, 2008, 44(2), pp.1−28.

② 参见《2021 年我国对外文化贸易额首次突破 2000 亿美元》,2022 年 7 月 21 日,见 https://www.gov.cn/xinwen/2022−07/21/content_5702102.htm.

文化资源存量和建设文化枢纽两条路径入手解决。在积累文化资源存量方面,可以借鉴意大利"艺术补贴""千分之五"政策经验,在文化遗产保护与公民之间建立紧密联系,调动个体参与文化保护的积极性;充分挖掘文化创意的潜力,扩大文化增量,健全文化创意生产制作、版权保护、产品销售等支持政策,加大文化创意、文化出口、文化保护等文化政策支持力度。在建设文化枢纽方面,可发挥文化经纪人的引领作用,扶持优势文化企业,打造知名文化品牌,加大文化产品出口力度,进一步扩大中国文化的传播力和影响力。

参考文献

中共中央文献研究室编:《习近平关于社会主义文化建设论述摘编》,中央文献出版社 2017 年版。

中国军事百科全书编审室:《中国大百科全书·军事》,中国大百科全书出版社 2007 年版。

周和平:《文化强国战略》,学习出版社、海南出版社 2013 年版。

习近平:《高举中国特色社会主义伟大旗帜 为全面建设社会主义现代化国家而团结奋斗——在中国共产党第二十次全国代表大会上的报告》,《人民日报》2022 年 10 月 26 日。

董建波、李学昌:《"文化":一个概念的内涵与外延》,《探索与争鸣》2004 年第 10 期。

杜骞、刘爱河、曹永康:《意大利文化遗产保护与利用的公众参与激励机制》,《建筑遗产》2019 年第 4 期。

洪晓楠:《"文化强国"战略在中国强国体系中的地位和作用》,《文化软实力》2016 年第 2 期。

罗青林:《美国文化扶持政策分析及对我国的启示》,《学术论坛》2017 年第 6 期。

马重阳、成龙:《论中国式现代化》,《浙江社会科学》2022 年第 12 期。

蒙一丁：《文化强国内涵探析》，《长白学刊》2012 年第 3 期。

尚丽娟：《扎实推进我国社会主义文化强国建设的路径思考》，《郑州轻工业学院学报(社会科学版)》2013 年第 5 期。

孙维潇、张亭亭：《日本文化创意产品出口的振兴及对我国的启示》，《福建广播电视大学学报》2019 年第 5 期。

唐丕跃：《加快发展文化产业　推动文化强国建设》，《中共太原市委党校学报》2012 年第 3 期。

王晶、弗朗索瓦兹·贝娜穆：《挑战与反思：法国文化政策的新变革——对弗朗索瓦兹·贝娜穆教授的采访》，《经济资料译丛》2015 年第 4 期。

云付平：《社会主义文化强国建设研究综述》，《中共山西省委党校学报》2013 年第 5 期。

邹统钎、吴丽云、阎芷歆：《文化强国内涵与实现路径》，《中国旅游报》2021 年 4 月 21 日。

邹统钎、江璐虹、郭晓霞：《旅游枢纽理论与实践研究综述》，《资源科学》2016 年第 6 期。

周文彰：《文化强国重在文化强民》，《学习月刊》2012 年第 3 期。

赵伟伟：《枢纽经济及其发展机制——以中国交通枢纽经济为例》，《人文地理》2020 年第 3 期。

钟明华、刘雅琪：《中国共产党百年文化自觉与文化强国建设》，《广西社会科学》2021 年第 7 期。

联合国教科文组织统计研究所：《2009 年联合国教科文组织文化统计框架》，见 https://uis.unesco.org/sites/default/files/documents/unesco-framework-for-cultural-statistics-2009-ch.pdf。

《2021 年我国对外文化贸易额首次突破 2000 亿美元》，2022 年 7 月 21 日，见 https://www.gov.cn/xinwen/2022-07/21/content_5702102.htm。

梁由之：《"禁止使用英语"，违者最高罚款超 70 万！这国提出新法案》，

2023 年 4 月 3 日,见 https://baijiahao.baidu.com/s? id=1762141447706607764&wfr=spider&for=pc。

《文化强国内涵与实现路径》,2021 年 4 月 26 日,见 http://xjxczxw.com/article/3671.html。

H.C.Harry;M.C.Claire,*Who's to Pay for the Arts? The International Search for Models of Arts Support*,1989,Washington:American Council for the Arts.

I.Dierickx;K.Cool,"Asset Stock Accumulation and Sustainability of Competitive Advantage",*Management Science*,1989,35(12).

J.Knight,"Education Hubs:A Fad,a Brand,an Innovation?",*Journal of Studies in International Education*,2011,15(3).

J.Wuthnow,"The Concept of Soft Power in China's Strategic Discourse",*Issues & Studies*,2008,44(2).

K.M.Eisenhardt;J.A.Martin,"Dynamic Capabilities:What Are They?",*Strategic Management Journal*,2000,21(10-11).

M.A.Peteraf,"The Cornerstones of Competitive Advantage:A Resource-based View",*Strategic Management Journal*,1993,(14).

Ministry of Culture,Sports and Tourism,https://mcst.go.kr/chinese/statistics/statistics.jsp.

S.Toepler,"The Role and Changing Face of Non-market Provision of Culture in the United States",*Museum International*,2006,58(4).

The Association of Japanese Animations,*Anime Industry Report 2022 Summary*,March 2023,https://aja.gr.jp/english/japan-anime-data.

再观"家国天下":优秀传统文化在教育强国建设中的创造性转化

王宇航*

党的二十大报告明确了"以中国式现代化全面推进中华民族伟大复兴"任务和路径,将教育、科技、人才确定为全面建设社会主义现代化国家的基础性、战略性支撑。2023 年 5 月 29 日,习近平总书记在中共中央政治局第五次集体学习时强调:"建设教育强国,是全面建成社会主义现代化强国的战略先导,是实现高水平科技自立自强的重要支撑,是促进全体人民共同富裕的有效途径,是以中国式现代化全面推进中华民族伟大复兴的基础工程。"[1]在现代化建设中将教育、科技、人才作出统筹部署,将教育强国建设放在中华民族伟大复兴战略全局中来谋划,是党治国理政的重大举措,赋予了教育强国建设崭新的时代使命。

中华优秀传统文化"家国天下"思想的教育意蕴

推进马克思主义中国化时代化是永葆理论创新的根本路径,"两个结合"奠定了我们党在新征程继续推进理论创新的文化根基,为教育强国建设开拓了宏阔的思想文化空间。中华优秀传统文化历经五千年文明传承,

---

*　王宇航,对外经济贸易大学马克思主义学院教授,国家对外开放研究院研究员、博导。

①　《习近平在中共中央政治局第五次集体学习时强调　加快建设教育强国　为中华民族伟大复兴提供有力支撑》,《人民日报》2023 年 5 月 30 日。

教育思想富集,其中,"家国天下"思想汇聚众家之长,以家为起点外推形成国家、天下的秩序结构,天下的政治秩序与宗法的家族秩序是同构关系,构建了中国社会的基本伦理、纲常规范、政治秩序和话语表征。

"家国天下"思想的文化意涵。早在西周时期,"家国天下"秩序雏形即已出现,常感于商王朝之灭亡,西周统治者砥砺自我做到"敬德"和"保民",以求"天命常在"。为此,以宗室血脉为根基,西周建立了以周天子为中心,以宗亲分封而立的政治秩序,这个政治共同体的秩序基础便是"礼",是为以礼治天下。正是通过这种宗法制度建立了一套周密的统治网,西周实现了真实意义上的"家国一体"①。生逢风云激荡的春秋乱世,孔子主张"克己复礼"以恢复正常政治秩序,其政治理想亦蕴含着以"礼"约束统治者、以德治天下的思想主张,孔子心中的"天下"不仅是时空范畴的外于人的存在,更是一种寄托了道德责任的文化空间,所谓"天下有道,丘不与易也"。孟子继承了孔子的教育思想,对于"家国天下"思想有了进一步的丰富发展。孟子云:"天下之本在国,国之本在家,家之本在身"。与孔子的民本思想一致,孟子对于"家国天下"的希冀也重点放在了民"身"的教化之上。因此,孟子追求的"王天下"就是君主以"仁德"治理天下,家以"孝悌"而齐,民心归顺,天下承平。刑义田先生认为,天下的同心圆结构与周代封建的亲亲、内外完全一致,亲亲之义在于"爱有差等",由亲而疏,由内而外,无限可以放大。天下由诸夏和蛮夷组成,中国在中心,可以推广到每一个角落,王者无外,进而天下一家,世界大同。② 秦汉大一统帝国出现后,"家国天下"思想在儒家思想法律化进程中成为一种事实上的政治共同体组织方式,贯穿了从生民个体(身)、家族、国家到天下的主体,由天理、国法、家规、纲常等,不仅文明得以传承,帝国王朝得以确立,家族和生民也可以走向政治中枢并找到人生价值,个体(身)的价值在集体主义的伦理道德和社会组织基

---

① 参见陈沫、刘鸿鹤:《从古代家国天下观到新时期世界新秩序——兼议构建人类命运共同体》,《马克思主义与现实》2018 年第 5 期。
② 参见邢义田:《天下一家:皇帝、官僚和社会》,中华书局 2011 年版,第 98、109 页。

础上实现超越，成为独具中华文化特色的文明格局。

从中华文化的本源和特质分析，"家国天下"的思想主张和政治实践体现了"合于一"的思想倾向，即"把世界看成一个完整的政治存在去治理，而天下体系就是世界制度"①。这种"和合"的思想主张体现了中国先人对"天下"的整体性和内在演化规律的认知，老子有云："道生一，一生二，二生三，三生万物"。而对于"天下"内部地域差异和"人心"之不同，无论道家还是儒家都采取了更为平和的态度去对待，不作"华夷之辨"，论"道与非道""君子之道"，更为明确地将道德修为作为衡量文明之标准，至此教育教化之作用就与文明自然连接起来，这个连接的纽带则是无论"华"和"夷"都具备的"家"和"国"，为"身"的教化修习提供了践行路径。所以，传统文化中"家国天下"思想具有开放性和包容性，不似西方社会中的身份秩序和"一神教"信仰的排他性和唯一性。从"家国天下"思想的外延来看，其与"天下大同""天下为公"和"天人合一"思想都有密切联系，"公"的内涵由与"私"相对走向了"公共利益"和"共同利益"，共同构成了具有中华文明特质的思想体系。在"道""仁"和"君子"等观念的普适性基础之上，儒家、道家进而提出"人人为公"可建立"大同世界"，"顺其自然"可通达"天人合一"等一系列思想认识，代表了中国先人对人间世界、人与天地万物"和合共生"的朴素认识。

"家国天下"思想的教育价值。从现代文明的核心制度设计去反观，我们亦能发现"家国天下"思想和教化实践以个体的"身"为出发点，将之置于家、国和天下的连续文化空间内，促进个体生命走向家、国、天下，为个体的"身"赋予了更大的使命（此时"使命"更便于被理解为"使之为命"），从而提升了个体的生命体验和人生境界，避免了人的"无意义"感，这种教育教化价值同样具有历史的穿透性，可以照进现代社会。一方面是"锚定价值"，从"修身、齐家、治国、平天下"序列出发，超越个体本位的"精致利己"，

---

① 赵汀阳：《天下体系的现代启示》，《文化纵横》2010 年第 3 期。

兼顾个体发展与社会进步,将个体放在以中国式现代化全面推进中华民族伟大复兴的时代背景下定位个体价值,拓展个体(身)的价值覆盖,破除教育过度功利化的问题。另一方面是"留下追问",从"平天下、治国、齐家、修身"序列中再出发,即当代中国已经处于近代以来几十年和平发展、经济实力明显提升的最好历史时期,青年有良好成长成才环境,应该不断追问"修身"的初心,激发青年主体性和主动性,拒绝"佛系""躺平"和"摆烂"等消极心态。因此,"家国天下"思想放在当代具体时空条件下,"锚定价值"与"留下追问"可以更好地解决教育的价值性和教育过程中的主体性等核心矛盾问题。

从教育强国建设的外部性分析,主要问题是教育对外开放和教育国际合作,"家国天下"思想体系同样可以给予有益的思想启迪。一方面是"促生和合","天下大同"思想赋予了中国教育自古以来的一种面向人类道德教化的普适品格,"家国天下"思想内在的"和合"品格面对文化差异有"君子和而不同"的豁然情怀,并赋予"和"的价值追求和"合"的方式途径,能够解决教育对外开放过程中的心态建设和目标构建的问题,促进对外开放、吸收国际经验和开展国际合作,为推动构建人类命运共同体贡献智慧和力量。另一方面是"蕴化共生","天人合一"则从根本上要求对人的教育教化最后要与人生存环境的大自然和谐统一,与教育强国的育人价值和社会价值高度统一,即教育强国培养人才支撑的高质量发展必然符合生态文明建设和全球可持续发展要求,这将教育和传统智识提升为全人类的共同关切和集体利益,聚焦全球治理过程中的共同挑战与人类面临的普遍生存危机和发展困境,促进教育在全球治理中的效能发挥,以及在对外开放过程中与世界各国和各领域协同合作,携手推动构建人与自然生命共同体,真正发挥教育强国建设在实现中华民族伟大复兴的历史进程中"基础工程"作用,这也将为处于"十字路口"的人类提供团结协作的指引,更好地面对跨学科学习、跨地域流动、跨文化交际、跨行业就业、跨部门协同,克服全球治理中的信任危机。

加快建设教育强国应发挥"家国天下"思想的时代价值

查尔斯·泰勒在其代表作《现代性中的社会想像》中提出，从传统社会到近代社会的历史转型过程之中，发生过一场"大脱嵌"（great disembedding）（有先前李尚远译本翻译为"大脱嵌"，林曼红翻译为"伟大的抽离"，笔者认为此处使用"大脱嵌"似乎更好些，亦可更好对应"再嵌入"）的轴心革命。①个体从"双重神圣秩序"中解脱出来，在民族国家和公民社会的框架中实现"再嵌入"。如果将后发现代化国家开启的现代化道路一同放入视野进行考察，我们会发现，自全球化进程开启以来，现代社会的身份认同主要包括三个主要机制："民族国家——公民"认同机制（认同机制 I）、"文明传统——国民"认同机制（认同机制 II）、"全球化——全球公民"认同机制（认同机制 III），这三种认同机制不总是融洽共生的关系，存在着彼此挤压与消解。在"认同机制 I"下，身份认同主要是个体作为公民身份在民族国家的政治框架内，通过公民权利与国家互动进而构建一种公民身份，主要通过"权利和自由"获得"理性自我"的认同；在"认同机制 II"内，国家不再是民族为基础的政治组织，而更多的是文化传统，表现为一种文明，身份认同主要是个体将自己作为何种文化意义上的人，传承的是何种文化来获得"价值自我"的认同；在"认同机制 III"内，资本、技术、信息尤其是人作为"人力资源"的全球流动，冲击了国家边界，也打破了文化传承的模式，塑造了一种无边际的全球商业区划，也带来了类似环境保护、可持续发展和创新创业等全球议题，个体主要在参与全球性议题包括工作和学习机会全球流动中获得"工具自我"的认同。当然，三种身份认同机制协调发挥作用，"三个自我"自洽是一种理想状态，但现实中往往是"价值自我"的流失，和"理性自我"萎缩，一种纯粹自我中心主义的"工具自我"大行其道，精致利己成为个

---

① 参见［加］查尔斯·泰勒：《现代性中的社会想像》，林曼红译，译林出版社 2014 年版，第 43—59 页。

体的唯一生存之道。

对于中国而言,许纪霖先生认为,中国的"大脱嵌"发生于清末民初,自我摆脱了家国天下的共同体框架,成为独立的个人。[①] 从历史的角度看,中国式现代化进程无疑是中国人获得连续的生命意义的"再嵌"过程。推动中华优秀传统文化进入教育强国建设,构建符合中国文化习惯的认同机制,焕发"认同机制 II"深厚的社会基础,加强和巩固"认同机制 I"更好适应中国式现代化建设,并创造性建构符合中国式现代化和对外开放的"认同机制 III",其本质是中国现代社会"原子式"个体在传统文化资源基础上、面向民族复兴、面向世界的再次嵌入新时代"家国天下"体系的历史过程,这其中留给教育强国建设的时代课题包括"建设中华民族现代文明应该培养什么样的人、应该创造什么样的智识资源""教育强国培养新青年应该具备什么样的时代风貌、怎样传承文化",以及"教育强国建设如何彰显新时代中国的胸怀天下精神、联通世界"等。

"家国天下"思想蕴含的"锚定价值、留下追问、促生和合、蕴化共生"教育意蕴,对个体(身)的价值做了"家国"空间拓展,对"天下"的价值做了"公共"属性设定,这与联合国教科文组织倡导的"教育的四大支柱"(学会求知、学会做事、学会共处、学会生存)内涵高度契合,教育的使命是教学生懂得人类的多样性,同时还要教会他们认识地球上的所有人之间具有相似性并且是互相依存的。[②] 在其另一部具有里程碑意义的报告《反思教育:向"全球共同利益"的理念转变?》中将"教育和知识"界定为"全球共同利益",意为知识的创造及其获取、认证和使用是所有人的事,是社会集体努力的一部分。[③] 以"共同利益"凝聚全球教育合作和知识创造,是在全球经济高度一体化和世界文明多样性条件下教育国际合作的自然反映,来自中

---

① 参见许纪霖:《家国天下》,上海人民出版社 2022 年版,第 1 页。
② 参见联合国教科文组织:《教育:财富蕴含其中》,教育科学出版社 2020 年版,第 56 页。
③ 参见联合国教科文组织:《反思教育:向"全球共同利益"的理念转变?》,教育科学出版社 2017 年版,第 3 页。

华文化的传统思想则可以为其伦理基础和道德追求提供体系化、实践化的有益思考。因此，"家国天下"思想等优秀传统文化蕴含巨大的教育价值，有助于破解教育强国建设面临的时代课题。我们应该从全局视角和战略高度认真审视，促进其进入公共教育领域，为青年学生建构自洽和谐的"自我认同"提供认知前提和智识基础，为教育强国建设提供文化动能。

促进教育强国建设，破解立德树人的核心课题。近代以来的世界强国崛起史都可以看作是一部教育发展史，教育不仅提供了国家崛起和现代化建设的人才支撑，还极大地推动了科技进步和文化繁荣。归根结底，还是教育造就了现代意义上"人"。新时代教育以为党育人、为国育才为初心使命，必须紧紧围绕"培养什么人、怎样培养人、为谁培养人"，在理论与实践、历史与现实、中国与世界的多维联动中，回答和解决好这一根本问题和核心课题。① 中国式现代化是中国共产党领导的现代化，追求物质文明和精神文明协调发展、人与自然和谐共生，走和平发展道路。教育兴则国家兴，教育强则国家强，这是一场建设中华民族现代文明的伟大实践，承载了人才、科技、文化等多重使命，从文明赓续的历史视角赋予了教育强国建设振兴文运和绵延国运的宏图立意。因此，我们培养的"人"不仅是支撑强国建设的优秀人才，还是具有"中国心"和"中华魂"的文明传人。"家国天下"思想在个体（身）和天下两端实现了双向拓展，其承载的道德标准符合中国式现代化对经济建设、政治建设、文化建设、社会建设、生态文明建设的内在要求，"个体（身）"与"天下"的两端互动也高度契合"胸怀天下"和"面向世界"的教育对外开放要求，整合了"立德"的文化空间和社会承载，进一步拓展了中国人在现代文明建设中的精神空间和心灵归属。

促进教育强国建设，汲取优秀传统文化的智识资源。中国共产党是中华优秀传统文化的忠实继承者和弘扬者，中国革命、建设、改革开放和深化改革的历史进程不仅渐次开启了中国式现代化，也推动了中华文明的现代

---

① 参见杨晓慧：《为党育人、为国育才：教育强国建设的根本目标》，《教育研究》2023 年第 6 期。

复兴。坚持把马克思主义基本原理同中国具体实际相结合、同中华优秀传统文化相结合,体现了我们党对马克思主义中国化时代化和社会主义现代化建设规律认识的新飞跃。习近平总书记指出:"'结合'打开了创新空间,让我们掌握了思想和文化主动,并有力地作用于道路、理论和制度。更重要的是,'第二个结合'是又一次的思想解放,让我们能够在更广阔的文化空间中,充分运用中华优秀传统文化的宝贵资源,探索面向未来的理论和制度创新。"①越来越多的历史研究表明,世界各国的现代化进程中都出现过科技与传统文明要素结合进而突破传统社会发展瓶颈的历史现象。传统文明中的优秀元素非但不是现代化的羁绊,相反还是现代文明生发的深厚根基,是培育民族精神,打破"现代化=西方化"迷思的宝贵智识资源。"家国天下"思想是中华优秀传统文化的重要代表,其思想渊源富集百家之长,秦汉以降又与国家社会组织形态凝结一体,深刻影响仕人知识分子的心灵世界,也塑造了中华文化和艺术创造的永恒主题,最能打动中华儿女的情感和认同。所以,推动"家国天下"思想在教育强国建设进程中的创造性转化,必将带动中华优秀传统文化和艺术进入知识传授和价值塑造过程,极大丰富教育资源和智识图景,从认知和情感层面理解中华民族"多元一体"格局的历史演进和文明特征,理解"天下大同"和"天人合一"的历史必然性和人类命运选择,铸牢中华民族共同体意识的根基,播撒推动构建人类命运共同体、人与自然生命共同体意识的"教育种子"。

促进教育强国建设,更好地培养青年一代的主体性和主动性。数字技术的"日行千里",加速了"后喻文化"时代的降临。青年群体比以往任何时代都更加显著地深刻影响经济社会发展进程和未来走向。体现在教育领域中,青年学生不仅要求教育强国建设带来高质量的教育体系,青年学生日益凸显的主体性和主动性也在内塑教育强国建设的功能分配及其对社会发展的影响方式,青年人才本身就是教育强国建设的最大"输出"。因此,面向

---

① 《习近平在文化传承发展座谈会上强调 担负起新的文化使命 努力建设中华民族现代文明》,《人民日报》2023 年 6 月 3 日。

第二个百年奋斗目标和实现中华民族伟大复兴的宏伟目标,我们在教育活动中给予青年学生什么内容,让他们以什么方式和智识资源去适应社会和建设国家,"家国天下"思想等优秀传统文化不应缺席。"修身"是"家国天下"思想的逻辑先在和行动起点,是将道德品质修养置于"齐家治国平天下"之前的个体(身)的准备,其认同结构亦是以自我为中心,但是自我价值又拓展为更大文化空间,可以引导青年一代更好地思考"我是谁"的根本追问,进而对创造一个什么样的"家、国、天下"作出青年一代的时代回答,树立主体性,激发主动性。甚至从某种意义上说,教育强国建设对优秀传统文化的吸收和传承不仅关乎青年教育的"中国底色",还是关乎民族复兴的基础性和战略性举措。习近平总书记指出,"我们要建设的教育强国,是中国特色社会主义教育强国"①。我们要培养的青年自然是堂堂正正的"中国青年"。放在中国走向现代化近二百年的历程中来看,其意义似不亚于废除科举、建立新学。

促进教育强国建设,进一步扩大对外开放和文明交流互鉴。当今世界竞争趋于白热化,科技和文化更是竞争前沿,各大国和区域组织不仅抢占数字科技制高点,而且加强国际话语权争夺,着力构建基于自身文化的国际传播体系,通过教育经济扩大各自高等教育影响力,推出各种吸引留学和移民的人才引进政策。因此,我国要实现到2035年在诸多领域形成人才竞争比较优势的宏伟目标,加快建设世界重要人才中心和创新高地;要培养造就一批善于研究中国问题和善于传播中华优秀文化的人才,②离不开独具中国特色的"家国天下"思想等传统文化浸润。一方面,通过国际传播讲好中华文明故事和中国式现代化故事,能够让国际社会更多了解中国人"家国天下"思想的前世今生,通过深入了解中国人的精神世界消解国际舆论的误

---

① 《习近平在中共中央政治局第五次集体学习时强调 加快建设教育强国 为中华民族伟大复兴提供有力支撑》,《人民日报》2023年5月30日。
② 参见周洪宇:《加快建设教育强国、科技强国、人才强国》,《红旗文稿》2023年第5期。

读和偏见;另一方面,在国际传播和人文交流中不断加强互学互鉴,在教育强国建设中借鉴世界教育强国的成功经验,传承中华优秀传统文化,不断提升中国文化自信吸引各国青年来华留学,打造"留学中国"品牌。① 在加强同世界各国的交流互鉴过程中,构建中国特色哲学社会科学知识体系至关重要,"家国天下"思想能够代表中国人的诸多思想要素,能够为人类命运共同体理念和人与自然生命共同体理念提供文化共识,凝聚国际研究力量共同书写破解"时代之问"的大文章。

在教育强国建设进程中构建"家国天下"价值体系

实现高质量发展是中国式现代化的题中之义,建设教育强国无疑是高质量发展人才支撑的核心环节,在经济增值和知识生产创新日益协同分工的条件下,每个经济体都需结合自身资源禀赋找准全球价值链上的定位,打破纵向身份认同的横向分工又会引起作为文化主体的国家的关注,而这些都指向了复兴民族传统文化、凝聚身份认同资源的国家文化建设,教育在知识传授和文化传承中必将扮演关键角色,放眼全球各主要国家的举措做法,莫不如是。因此,为切实推动"家国天下"等传统思想资源充分运用在教育强国建设领域,就需要拓展视野,勇于破立,从文脉和国脉的历史高度把握创造性转化的战略方向和具体的落地举措,构建有效服务教育强国建设的"家国天下"价值体系。

建设传统文化教育转化制度保障,提供中华民族现代文明的教育支撑。在全球化背景下,保持本国文化的独特性和传统性显得尤为重要。建设传统文化教育转化制度,可以使中华传统文化与现代教育相结合,形成一种独具特色的教育模式。这样的教育模式不仅可以满足国内学生的需求,还可以为国际学生提供了解中国传统文化的机会,促进文化交流与合作,增进各

---

① 参见马晓强、崔吉芳等:《建设教育强国:世界中的中国》,《教育研究》2023 年第 2 期。

国人民之间的友谊与理解。从宏观层面，坚持"建设中华民族现代文明"的文化使命，进一步推动"建设中华民族现代文明"的重大理论创新，为教育强国战略创造性转化"家国天下"等思想资源指引方向；加快制定国家层面文化传承法律规范，修订《中华人民共和国教育法》中的相关内容，为传统思想文化资源进入公共教育体系提供法律依据。从微观层面，加快学校传承传统思想资源的制度设计，加快教学方法创新，提升教师传统文化水平，将中华优秀传统文化与现代教育内容有机融合，形成既继承传统又面向未来的教育内容，尤其是要在大中小学思政课一体化建设中弘扬"家国天下"理念，传承和培养家国情怀、爱国主义精神，引导学生自觉践行家国情怀，将爱国情感转化为实际行动。

强化家庭学校社会协同育人机制，加强"家国天下"价值体系的育人基础。教育强国建设是国家战略，需要各领域协同建设，离不开社会教育和家庭教育的共同作用，这也是新时代大力提升社会文明程度和弘扬家庭家教家风建设的重要内容。传统"家国天下"体系是国家、社会、家族家庭和个体都参与的"全员工程"，其内在一致贯通的价值体系恰是教育强国建设与其他领域协同的价值统领，是促进青年一代"再嵌入"的教育机制基础。因此，必须构建一个全方位、多层次、多主体参与的育人体系，以家庭、学校和社会为主要组成部分，形成紧密衔接、互为补充的育人机制。一方面，突出家庭教育的基础地位。家庭是孩子最早接触社会的场所，也是塑造其价值观和情感认同的重要环境，在"家校社协同育人机制"中居于基础地位，要通过落实《中华人民共和国家庭教育促进法》加快家庭教育支持体系建设，各级政府和妇女儿童机构要更多地赋能家庭教育，加强家长培训，让家长能够更好地履行育人责任。另一方面，加强对社会教育的支持。社会是学生接触多元化价值观和文化的重要场所，政府和学校应该鼓励企事业单位和社会组织开展丰富多彩的教育活动，尤其是可将国企开展社会教育和社会服务纳入企业党建的重要考核内容，督促其落实企业的社会责任。同时，要尽快建立家庭学校社会协同育人机制的沟通渠道和评价体系，加强育人

"三方"的主体互动和外部监督促进。

善用人工智能技术优势,创建"家国天下"价值体系的教育"元宇宙"。"家国天下"体系的近代解体是中国走向现代化的必然结果,在经历了"失域"之后,"家国天下"内在精神也随之丧失社会结构基础。新时代,我们焕发"家国天下"优秀文化内核,需要为之构建承载空间,人工智能等数字技术逐渐成熟为此提供了难得的时代机遇。人工智能等数字技术塑造了人类社会以往不曾存在的"虚拟现实",美国、日本、欧洲、韩国、新加坡和澳大利亚等先后布局具有自身特色的"元宇宙"。我国在"元宇宙"建设方面具有政策支持、市场资源和产业规模等优势,在教育应用和文旅融合等领域已经有了大量实践。创建"家国天下"价值体系的"元宇宙",一方面,需要加强政策引导、整体布局。目前,国内传统文化和教育领域"元宇宙"建设在各地开花,但是服务教育领域内文化传承的数字化系统工程建设还是空白,可以考虑在"慕课"和"智慧树"等数字化教育资源基础上,借助文化传承和古籍保护等文化领域系统工程,加快推进"家国天下"古典思想文化资源数字化建设,打造人工智能和沉浸式业态深度融合新格局。另一方面,推动教学内容、学生学习、学习评价、团队合作和实习实践的"数字迁徙",学校、社会和家庭等教育主体入住"元宇宙",开展数字教育协同,实现人工智能时代中的"家国天下"体系的数字"归域",与现实世界中的家、校、社协同育人机制联动构建"家国天下"虚实相生的育人平台。

激发青年家国情怀的内生性,培养"家国天下"价值体系的主体自觉。当前,一些青年存在的"佛系""躺平"和"摆烂"等消极生活态度就是在原有社会机制"脱嵌"后,新体系"再嵌入"尚未完成的过渡性现象。为此,必须加强培育青年家国情怀,从激发内生性和主动性着手,启发青年的主体自觉。自我决定理论认为,自主需要是一种自我决定的心理需要,往往伴随着一种积极的体验和自由感。[1] 一方面,我们应该丰富家国情怀的内在价值,

---

[1] 参见方慧、何斌等:《基于自我决定理论的自主需要对内在动机影响的研究述评》,《社会工作与管理》2018 年第 3 期。

塑造青年的道德品行和社会责任感。在育人过程中，我们应该注重家庭对青少年道德品质的涵养，激发年轻一代的仁爱之心，深入挖掘历史上"家国天下"的鲜活案例和代表人物，从小培育青少年对家国的热爱和自豪感、敬畏心。在家、校、社协同育人机制作用下，通过引导青年参与社会实践和志愿服务活动，亲身体验到参与社会建设过程中的"被需要"感，激发他们参与劳动教育的内在动力。另一方面，要面向未来世界发展和人类整体命运，培养新时代青年文明传承的自觉性和建设中华民族现代文明的责任感，引领中国青年积极主动开展国际青年人文交流，铸造"动机—元认知—认知"三维合一的认知体系和素能体系，为推动文明交流互鉴贡献青春力量。

拓展多元包容的教育开放新格局，塑造"三个共同体"协同建设的空间秩序。费孝通先生晚年面对新世纪全球性挑战，从"中华民族多元一体格局"命题出发，深入观察世界各国现代化进程中的文化变迁和文明共处等问题，深刻总结出儒家"中和位育"思想代表了中国人的基本价值取向，指引了文化的自我认知、相互理解、相互宽容、世界多元文化共生进而达到"天下大同"的实践路径，具体落实为建立经济秩序观、政治秩序观和道义秩序观，这是"家国天下"思想的精神体现，对我们准确把握新时代铸牢中华民族共同体意识、推动构建人类命运共同体和人与自然生命共同体理念的重大理论命题内涵具有重要启示。正如费孝通先生指出，"多元一体"不仅是对中华民族形成发展的总结，也是对中国社会科学的总结。而且今天我们发现，这亦可作为中国给世界的思想贡献，教育在其中首当其责，是塑造道义秩序观的重要机制，是扩大对外开放、开展中外人文交流合作的重要载体。"家国天下"思想蕴含了中华优秀传统文化的"多元一体"理念，不仅印证了中华民族大团结的历史实践，更是推动构建人类命运共同体、人与自然生命共同体的核心理念，为中国、世界和自然连续空间提供了统一的伦理基础，而非西方文化中根深蒂固的"文明等级论"和"征服自然论"，更破除了那种充满地域偏见的"他者视野"。新征程上，我们应该在自立自主基础上进一步扩大教育对外开放,加大力度吸引海外优质教育资源在自贸区和海南自贸港落地,在人工智能、清洁能源和基础科学等领域加强中外教育合作,探索中外教育、科研机构和企业合作支撑的可持续发展社区,集农业科技、智能制造、文化创意与教育合作于一体,为破解可持续发展难题贡献"中国方案"。

参考文献

联合国教科文组织:《教育:财富蕴含其中》,教育科学出版社 2020 年版。

联合国教科文组织:《反思教育:向"全球共同利益"的理念转变?》,教育科学出版社 2017 年版。

邢义田:《天下一家:皇帝、官僚和社会》,中华书局 2011 年版。

许纪霖:《家国天下》,上海人民出版社 2022 年版。

《习近平在文化传承发展座谈会上强调 担负起新的文化使命 努力建设中华民族现代文明》,《人民日报》2023 年 6 月 3 日。

《习近平在中共中央政治局第五次集体学习时强调 加快建设教育强国 为中华民族伟大复兴提供有力支撑》,《人民日报》2023 年 5 月 30 日。

陈沫、刘鸿鹤:《从古代家国天下观到新时期世界新秩序——兼议构建人类命运共同体》,《马克思主义与现实》2018 年第 5 期。

方慧、何斌等:《基于自我决定理论的自主需要对内在动机影响的研究述评》,《社会工作与管理》2018 年第 3 期。

马晓强、崔吉芳等:《建设教育强国:世界中的中国》,《教育研究》2023 年第 2 期。

杨晓慧:《为党育人、为国育才:教育强国建设的根本目标》,《教育研究》2023 年第 6 期。

赵汀阳:《天下体系的现代启示》,《文化纵横》2010 年第 3 期。

周洪宇:《加快建设教育强国、科技强国、人才强国》,《红旗文稿》2023年第 5 期。

[加]查尔斯·泰勒:《现代性中的社会想像》,林曼红译,译林出版社2014 年版。

中国非遗传承保护的四重价值

黄永林[*]

  2015 年 9 月,习近平主席在第七十届联合国大会一般性辩论时的讲话中指出:"当今世界,各国相互依存、休戚与共。我们要继承和弘扬联合国宪章的宗旨和原则,构建以合作共赢为核心的新型国际关系,打造人类命运共同体。"[①]2021 年 7 月,习近平主席在致第 44 届世界遗产大会的贺信中指出:"中国践行新发展理念,本着对历史负责、对人民负责的精神,认真履行《保护世界文化和自然遗产公约》,不断提高遗产保护能力和水平。中国愿同世界各国和联合国教科文组织一道,加强交流合作,推动文明对话,促进交流互鉴,支持世界遗产保护事业,共同守护好全人类的文化瑰宝和自然珍宝,推动构建人类命运共同体。"[②]2022 年 10 月,在党的二十大报告中,习近平总书记再次强调"推动构建人类命运共同体,创造人类文明新形态"[③]。2023 年 9 月,习近平总书记在向 2023 北京文化论坛所致贺信中进一步强调:"加强同全球各地的文化交流,共同推动文化繁荣发展、文化遗产

  * 黄永林,华中师范大学人文社会高等研究院副院长、国家文化产业研究中心主任、教授、博导。
  ① 《习近平在第七十届联合国大会一般性辩论时的讲话(全文)》,2015 年 9 月 29 日,见 www.xinhuanet.com/politics/2015-09/29/c_1116703645.htm? isappinstalled=0。
  ② 《习近平向第 44 届世界遗产大会致贺信》,《人民日报》2021 年 7 月 17 日。
  ③ 习近平:《高举中国特色社会主义伟大旗帜　为全面建设社会主义现代化国家而团结奋斗——在中国共产党第二十次全国代表大会上的报告》,《求是》2022 年第 21 期。

保护、文明交流互鉴，践行全球文明倡议，为推动构建人类命运共同体注入深厚持久的文化力量。"①党的十八大以来，以习近平同志为核心的党中央团结带领全国各族人民秉持"休戚与共、命运与共"的文明理念，坚持保护好、传承好、利用好中国非物质文化遗产（以下简称"非遗"），推动中外文明交流互鉴，为践行人类命运共同体理念、推动世界和平发展和人类文明进步作出了巨大贡献，展现了一个大国的责任与担当，彰显了中华民族现代文明建设的世界意义。

保护中国非遗财富，丰富人类"文化多样性"

2005 年 10 月，联合国教科文组织通过的《保护和促进文化表现形式多样性公约》指出："文化多样性是个人和社会的一种财富。保护、促进和维护文化多样性是当代人及其后代的可持续发展的一项基本要求。"②人类命运共同体理念体现了人类命运在相互关联中共同发展、不同文化多样性并存的和谐世界观，强调不同民族文化与世界其他文化互为关联，形成了人类共同的精神财富。从全人类文明建设与发展的角度来看，各种文明是世界各国各民族在漫长的人类历史发展过程中，经过探索和开拓而积累的时代智慧的结晶，指引着当今世界各国各民族的生存和发展。2021 年 7 月，习近平主席在致第 44 届世界遗产大会的贺信中指出："世界文化和自然遗产是人类文明发展和自然演进的重要成果，也是促进不同文明交流互鉴的重要载体。保护好、传承好、利用好这些宝贵财富，是我们的共同责任，是人类文明赓续和世界可持续发展的必然要求。"③这为保护文化遗产、深化文明对话、加强文明交流互鉴提供了重要指引。

---

① 《习近平向 2023 北京文化论坛致贺信》，2023 年 9 月 14 日，见 https://www.gov.cn/yaowen/liebiao/202309/content_6903853.htm。

② 联合国教科文组织：《保护和促进文化表现形式多样性公约（2005）》，2006 年 12 月 28 日，见 https://www.ihchina.cn/zhengce_details/15716。

③ 《习近平向第 44 届世界遗产大会致贺信》，《人民日报》2021 年 7 月 17 日。

中国非遗是人类文化多样性的重要组成部分。非遗是以人为本的活态文化遗产,是与群众生活密切相关的、世代相承的传统文化表现形式,是人类文化中最具传统性、基础性、生活性、民众性的文化形态,是人类文化多样性最重要的组成部分。联合国教科文组织通过的《保护非物质文化遗产公约》指出,"承认各社区,尤其是原住民、各群体,有时是个人,在非物质文化遗产的生产、保护、延续和再创造方面发挥着重要作用,从而为丰富文化多样性和人类的创造性做出贡献"[①]。非遗产生于社区和群体与自然、历史等周围环境的互动过程中,随着时代发展而不断地再创造并被世代相传。非遗的不断传承,一方面增强了社区和群体的认同感和归属感,另一方面体现了人类文化多样性和对人类创造力的尊重。在人类历史的漫长进程中,各民族创造了具有自身特点和标识的文明,共同构成人类文明绚丽多彩的百花园。中华民族有着悠久的历史和灿烂的文明,中华文明延续至今、从未中断,中华民族以积极开放,为世界和平注入正能量,对人类文明发展进步作出了重大贡献。我国非遗植根于中华大地,资源种类繁多、内容丰富,规模和总量均位居世界前列,经历了独特发展历程,形成了特有文化基因,从不同侧面展现了中华文明的深厚底蕴,同世界各国各民族的文化相互交流,丰富了人类文化的多样性,为世界文明发展贡献了中国智慧、中国力量。

保护中国非遗是人类文明赓续发展的必然要求。保护好、传承好、利用好非遗财富,是中华民族子孙的共同责任,是人类文明赓续和世界可持续发展的必然要求。党的十八大以来,我们党本着对历史负责、对人民负责的精神,以实际行动共同守护全人类的文化瑰宝,积极推动非遗的系统保护,坚持项目申报和保护工作有效衔接,基本形成了类型齐全、机制合理、多元参与的非遗代表性项目和代表性传承人保护体系,向全人类展示了中华民族的价值追求、生存智慧和文明结晶。我国在联合国教科文组织非遗名录(名册)申报和保护工作中取得了开创性成就,目前,已列入联合国教科文

---

① 联合国教科文组织:《保护非物质文化遗产公约(2003)》,2003 年 12 月 8 日,见 https://www.ihchina.cn/zhengce_details/11668。

组织非遗名录（名册）的项目共 43 项，总数居世界第一位，为世界文化多样性贡献了"中国色彩"。2017 年 5 月，习近平主席在"一带一路"国际合作高峰论坛开幕式上发表主旨演讲时提出："我们要建立多层次人文合作机制"，"要用好历史文化遗产，联合打造具有丝绸之路特色的旅游产品和遗产保护"①。我国大力加强对非遗的保护传承、挖掘阐发，把跨越时空、超越国度、富有永恒魅力、具有当代价值的文化精神弘扬起来，把继承优秀传统文化又弘扬时代精神、立足本国又面向世界的当代中国非遗的文化创新成果传播出去，为推动构建人类命运共同体注入了深厚持久的文化力量。

弘扬中国非遗精神，破解世界"文明冲突论"

塞缪尔·亨廷顿在《文明的冲突与世界秩序的重建》中指出，冷战后，世界上各种冲突的根源不再是意识形态，而是文化方面的差异，文化上的差异比意识形态和经济的差异更为根本和长久，所引起的冲突也往往最持久、最暴虐，主宰全球的将是"文明的冲突"。"文明的冲突是世界和平的最大威胁，而建立在多文明基础上的国际秩序是防止世界大战的最可靠保障。"亨廷顿的观点对于我们理解现代文明的冲突和合作、分析国际政治的趋势和挑战仍具有一定的参考价值。

首先，增进文化的相互交流融合是解决"文明冲突"、推动世界文化共同发展的基础。当今世界，单边主义、保护主义、民粹主义、霸凌主义、分裂主义和军国主义沉渣泛起，引发了全球经济的不确定性和极大风险。正在发生的乌克兰危机、巴以冲突等进一步削弱了国际社会的稳定性，给人类社会和谐与共存带来了巨大的挑战。不同国家和民族之间的文化、宗教和意识形态之间的冲突，以及政治、经济、社会、环境和价值观的挑战相互交织，相互影响，构成了当前波诡云谲的世界格局。习近平总书记深刻指出："要解决这些难题，不仅需要运用人类今天发现和发展的智慧和力量，而且需要

---

① 《习近平谈治国理政》第二卷，外文出版社 2017 年版，第 514 页。

运用人类历史上积累和储存的智慧和力量。"①2023年12月,习近平主席向首届"良渚论坛"致贺信时指出:"相互尊重、和衷共济、和合共生是人类文明发展的正确道路",希望世界各国要"践行全球文明倡议、加强文明交流借鉴,弘扬平等、互鉴、对话、包容的文明观,推动不同文明和谐共处、相互成就,促进各国人民出入相友、相知相亲"②。当今世界,每一种文化都有其存在的合理性和必要性,但任何一种文明都不应幻想主宰其他文明,或者支配整个世界。每一种文化都应该向其他文化开放,也应该向其他文化学习,以"和而不同""美美与共"的观念为指导,共同推动世界文化的发展和人类文明的进步。

其次,开放包容的文化基因对于国家间的文化互动具有进阶性的助推作用。联合国教科文组织《保护和促进文化表现形式多样性公约》指出,"确认文化多样性是人类的一项基本特性;认识到文化多样性是人类的共同遗产,应当为了全人类的利益对其加以珍爱和维护;意识到文化多样性创造了一个多姿多彩的世界,它使人类有了更多的选择,得以提高自己的能力和形成价值观,并因此成为各社区、各民族和各国可持续发展的一股主要推动力;以及在民主、宽容、社会公正、各民族和各文化间相互尊重的环境中繁荣发展起来的文化多样性对于地方、国家和国际层面的和平与安全是不可或缺的"③。中华优秀传统文化自古以来就拥有开放包容、兼收并蓄的文化内核。中华文明历来赞赏不同文明间的相互理解和尊重,从来不用单一文化代替多元文化,而是由多元文化汇聚成共同文化,化解冲突、凝聚共识。中华文明的包容性从根本上决定了中华民族交往交流交融的历史取

---

① 习近平:《在纪念孔子诞辰2565周年国际学术研讨会暨国际儒学联合会第五届会员大会开幕会上的讲话》,2014年9月25日,见 http://www.scio.gov.cn/31773/31774/31783/Document/1396241/1396241.htm。

② 《习近平向首届"良渚论坛"致贺信》,2023年12月3日,见 https://www.chinanews.com/gn/2023/12-03/10121716.shtml。

③ 联合国教科文组织:《保护和促进文化表现形式多样性公约(2005)》,2006年12月28日,见 https://www.ihchina.cn/zhengce_details/15716。

向,决定了中华文明对世界文明兼收并蓄的开放胸怀。2022年5月,习近平总书记在主持中共中央政治局第三十九次集体学习时的讲话中指出:"中华文明自古就以开放包容闻名于世,在同其他文明的交流互鉴中不断焕发新的生命力。中华文明五千多年发展史充分说明,无论是物种、技术,还是资源、人群,甚至于思想、文化,都是在不断传播、交流、互动中得以发展、得以进步的。我们要用文明交流交融破解'文明冲突论'。"①永恒古老的文化传承,是一个民族的基石,更是人类文明发展最为重要的一部分。只有从文物、文化遗产等历史文化见证入手,认识和还原历史的本来面貌,深入分析和继承汲取历史经验及智慧,才能真正做到了解和把握了人类文明的起源、内容及真谛,取其精华、去其糟粕,"造福当今、造福人类"②。非遗是人类文明发展的重要成果,非遗传承极大鼓舞着世界各族人民跨越民族、种族等多种界限,直击心灵的触动有助于消减民族偏见,突破原有的文化障碍或隔阂心理,化解民族"刻板印象";有利于营造"民族互嵌"的社会和谐氛围和安全的文化心理环境,筑牢人们内心深处的共同体信念根基,对于各国各民族文化互动具有进阶性的助推作用,对推动构建人类命运共同体具有重要意义。

最后,中国非遗中包含的崇尚和平、求同存异的文化品格,是构建人类命运共同体的文化基础。世界各国面对这样那样的分歧矛盾,应该秉持"天下一家"理念,相互理解,求同存异。③ 中国儒家的"仁学"为"文明的共存"提供了丰富的精神滋养。郭店竹简《性自命出》中说:"道始于情"。这里的"道"说的是"人道",即人与人的关系的原则,或者说社会关系的原则。④ 人与人

---

① 习近平:《把中国文明历史研究引向深入 增强历史自觉坚定文化自信》,《求知》2022年第8期。

② 翟佳琪:《"让更多文物和文化遗产活起来"——学习习近平关于文物和文化遗产工作的重要论述》,《党的文献》2023年第3期。

③ 参见《习近平出席中国共产党与世界政党高层对话会开幕式并发表主旨讲话》,《人民日报》2017年12月2日。

④ 参见汤一介:《"文明的冲突"与"文明的共存"》,《北京大学学报(哲学社会科学版)》2004年第6期。

的关系是从感情开始建立的,这正是孔子"仁学"的基本出发点。儒家所追求的普遍和谐,是一种宇宙的、整体的和谐。儒家思想认为,虽然文化形态各不相同,但目的都一样,都是为了使人类安定祥和地生存下去。① 人类命运共同体理念正是源自中华民族血脉深处崇尚和平的文化基因,是对几千年来中华民族热爱和平追求和谐传统的继承和发扬。2014 年 3 月,习近平主席在德国科尔伯基金会演讲时指出:"有着 5000 多年历史的中华文明,始终崇尚和平,和平、和睦、和谐的追求深深植根于中华民族的精神世界之中,深深溶化在中国人民的血脉之中。中国自古就提出了'国虽大,好战必亡'的箴言。'以和为贵'、'和而不同'、'化干戈为玉帛'、'国泰民安'、'睦邻友邦'、'天下太平'、'天下大同'等理念世代相传。"②2017 年 1 月,习近平主席在联合国日内瓦总部演讲时强调:"中国维护世界和平的决心不会改变。中华文明历来崇尚'以和邦国'、'和而不同'、'以和为贵'。中国《孙子兵法》是一部著名兵书,但其第一句话就讲:'兵者,国之大事,死生之地,存亡之道,不可不察也',其要义是慎战、不战。几千年来,和平融入了中华民族的血脉中,刻进了中国人民的基因里。"③可见,爱好和平是中华民族深沉的精神追求,是几千年来流淌在中华民族血脉深处的文化基因。④ 面对多元文化与全球化的冲击,我们要破解文化传承问题,就必须坚持平等、互鉴、对话、包容的文明观,以宽广胸怀理解不同文明对价值内涵的认识,尊重不同国家人民对自身发展道路的探索,弘扬中华文明蕴含的全人类共同价值。中国非遗恰恰直观地反映了中华民族的历史、精神、品格、信念、胸怀,深刻蕴含着各民族在交往交流交融中逐渐形成的文化共性和文明底蕴,中国非遗崇尚和平和求同存异的文化品格已经成为构建人类命运共同体的文化基础。

---

① 参见白如祥:《从儒家的普遍和谐观念看全球化中的文化冲突》,《经济与社会发展》2008 年第 8 期。

② 《习近平谈治国理政》第一卷,外文出版社 2018 年版,第 265 页。

③ 《习近平谈治国理政》第二卷,外文出版社 2017 年版,第 545 页。

④ 参见陈扬勇:《如何讲好"构建人类命运共同体"的中国故事——学习习近平总书记关于构建人类命运共同体的重要论述》,《党的文献》2018 年第 4 期。

讲好中国非遗故事,推动中外文明交流互鉴

文明因多样而交流,因交流而互鉴,因互鉴而发展。2022 年 5 月,习近平总书记在主持中共中央政治局第三十九次集体学习时的讲话中指出:"我们要立足中国大地,讲好中华文明故事,向世界展现可信、可爱、可敬的中国形象。"①讲好非遗故事是中国与世界交流的重要形式,让中华优秀传统文化走出去,就要以更加开放包容的心态去"创造"和"创新",更好地把精彩的"中国非遗故事"传播好,让中华优秀传统文化在交流互鉴中焕发出勃勃生机,为人类和平和发展贡献中国智慧。

第一,非遗是讲好"中国故事"的优质文化资源。中国丰富多彩的非遗凝结和传递着中华民族丰富的历史记忆、共同情感、经验智慧,蕴含着深厚文化底蕴。向国际社会讲好中国故事、传递好中国声音,推动中华优秀传统文化更好走向世界,是深化文明交流互鉴的重要载体。人类是命运共同体,各国文化之间具有共通性。比如,中国故事源于中国,但属于世界。作为一个叙事的蓝本,世界经典故事超越民族、文化、意识形态、社会制度等壁垒,在世界各地广泛流传,影响深远。我国著名民间故事学家刘守华教授曾指出,民间故事的跨文化传播古已有之,比如,印度民间故事伴随佛经流传到中国,日本约有一半的民间故事源于中国。② 近些年,承载着中华民族独特精神的非遗不断走出国门,扩大了中华优秀传统文化的国际影响力,推动了我国跨国界、跨时空、跨文明交往,成为我国与世界各国各民族文化交流和友好往来的桥梁和纽带。

第二,讲好"中国非遗故事"有助于构建人类命运共同体。中国有着以文载道、以文传声、以文化人的传统。习近平总书记指出:"话语的背后是

---

① 习近平:《把中国文明历史研究引向深入 增强历史自觉坚定文化自信》,《求知》2022 年第 8 期。

② 参见付鑫鑫:《民俗学译本:让世界了解哲学社科中的中国》,《文汇报》2021 年 5 月 9 日。

思想、是'道'。不要为了讲故事而讲故事,要把'道'贯通于故事之中,通过引人人胜的方式启人人'道',通过循循善诱的方式让人悟'道'。"①中国非遗故事具有教化人心、启示人生、引领正道、树立人格的价值,能使我们从古老的智慧沉淀中得到不同层次的人生经验和社会治理之道。笔者通过分析世界范围内广泛流传千年的"求好运"类故事得出如下结论,"没有全人类共同价值的人类命运共同体是不稳定的共同体,也是不可持久的共同体。要构建人类命运共同体,必须大力培育和倡导'求好运'类故事中体现的全人类共同价值,必须以'全人类共同价值'理念和共同生存、共同管理、共同发展的国际伦理原则为基础,并从整体性思维出发,构建一个相互依存的利益共同体、和而不同的价值共同体、共建共享的安全共同体、同舟共济的行动共同体、生态文明的环境共同体"②。由此可见,中国非遗故事中所体现的人类共同理想、共同价值是构建人类命运共同体极其宝贵的精神财富。

第三,讲好"中国非遗故事"有助于加强各国各民族文化互动、增加彼此共识。中华民族始终保持着恢宏的格局与开放的胸怀,在世界文明交流互鉴中借鉴和吸纳世界优秀文明成果,展现了中华文化的博大精深,中国非遗故事的世界表达本身是一种全球社会文化认同性的建构。在讲好中国故事的实践中,要继续打造好非遗这张"金名片",通过讲好中国非遗故事、传播好中国非遗声音,更好地推动中华文化走出去。坚守中华文化立场,以更为深邃的视野、更为博大的胸怀、更为自信的态度,向世界阐释推介更多具有中国特色、体现中国精神、蕴藏中国智慧的优秀的非遗故事,向世界展示博大精深的中华文明,塑造更多为世界所认知的中华文化形象,努力展示一个生动立体的中国,推动中外文明交流互鉴,让世界各国人民更深层次地了解中华优秀传统文化,有利于进一步消除文明隔阂、提高文化互信、加强文

---

① 中共中央文献研究室编:《习近平关于社会主义文化建设论述摘编》,中央文献出版社 2017 年版,第 213 页。

② 黄永林:《"求好运"类故事的人类共同价值与人类命运共同体构建》,《外国文学研究》2023 年第 2 期。

化交流,推动中国非遗文化更好地走向世界,谱写构建人类命运共同体掷地有声的文化篇章。

第四,讲好"中国非遗故事"有助于提升中华优秀传统文化的传播力和影响力。首先,要增强中国非遗传播的亲和力,推动非遗项目广泛参与对外文化交流,打造更多中国非遗传播精品,并以情感的沟通、理性的说服、价值的共鸣,让世界各国人民接受中国非遗。其次,要加强中国非遗国际传播能力、传播效能和影响力建设。加强对外交流平台的建设,综合运用全息影像等新技术手段,有计划地推出以我国非遗为主要内容的影视剧、纪录片、宣传片、舞台剧、短视频、动画动漫等文化产品,使中国非遗更好走向世界。最后,加快构建中国非遗话语体系和中国叙事体系建设,推进非遗保护传承理念、内容、形式、方法、手段、业态、机制等创新,形成同我国综合国力和国际地位相匹配的国际话语权。弘扬中华优秀传统文化,实现中华文化自信和文化自觉,很重要的一个方式就是要讲好"中国故事",我们要让一个个精彩的中国非遗故事传播出去,使其成为中华优秀传统文化向海外传播的名片。

发展中国非遗产业,促进文明精华造福人类

联合国教科文组织的《实施〈保护非物质文化遗产公约〉的业务指南(2022年修订版)》指出:"某些形式的非物质文化遗产可能产生的商业活动和与非物质文化遗产相关的文化产品和服务贸易,可提高人们对此类遗产重要性的认识,并为其从业者带来收益。这些商业和贸易活动有助于传承和实践该遗产的社区提高生活水平,推动地方经济发展,增强社会凝聚力。"①当今世界,经济全球化深入演进,文化已成为推动经济社会发展的精神动力和智力支持,文化产业已成为提升国家文化软实力最直接、最有效的

---

① 联合国教科文组织:《实施〈保护非物质文化遗产公约〉的业务指南(2022年修订版)》,2023年6月13日,见 https://www.ihchina.cn/zhengce_details/27534。

手段,世界文化产业强国都非常重视对本国传统文化资源的保护、开发和利用,大力发展非遗文化产业和对外贸易,已经成为提高国家文化和经济竞争力的重要手段。

中国非遗资源对全人类的生存与发展具有独特价值。习近平总书记指出:"要扎实做好非物质文化遗产的系统性保护,更好满足人民日益增长的精神文化需求,推进文化自信自强。要推动中华优秀传统文化创造性转化、创新性发展,不断增强中华民族凝聚力和中华文化影响力,深化文明交流互鉴,讲好中华优秀传统文化故事,推动中华文化更好走向世界。"[1]我国提出加强非遗系统性保护并不是让非遗"藏在深闺中",而是把非遗看作一种重要的文化资源,通过创造性转化、创新性发展,一方面更好满足人民日益增长的精神文化需要,另一方面推动其努力走出国门,与世界人民共享,造福人类。中国非遗对全世界的开放与共享,既是中华文化自信的体现,也彰显了推动构建人类命运共同体的情怀。充分挖掘中国非遗资源的当代价值,发展壮大中国文化产业,开展中国非遗国际贸易,既是中国面对经济全球化和西方强势文化资本渗透而进行的文化战略选择,也是中华民族对外交流过程中"以文化造福世界"的生动体现。例如,"二十四节气"是中国人通过观察太阳周年运动,认知一年中时令、气候、物候等方面变化规律所形成的生存智慧、知识体系和社会实践;"中国传统木结构建筑营造技艺"是以木材为主要建筑材料、以榫卯为木构件的主要结合方法、以模数制为尺度设计和加工生产手段的建筑营造技术体系,延承了7000多年,并传播到日本、韩国等东亚各国,是东方古代建筑技术的代表。[2]这些非遗承载着中国古代社会绵延至今的农业文明、营造技艺、天文知识和社会传统,体现着人与自然和谐相处的基本理念,在当代世界范围仍具

---

[1]　《习近平对非物质文化遗产保护工作作出重要指示强调　扎实做好非物质文化遗产的系统性保护　推动中华文化更好走向世界》,2022年12月29日,见 https://www.ihchina.cn/zhengce_details/26396。

[2]　参见赵志国:《拿什么拯救你——中国传统建筑营造技艺》,《中华建筑报》2009年10月20日。

有重要价值。要积极促进非遗文化多样性和产品个性化发展，大力推动非遗产品品牌和企业品牌高质量发展，形成民族性和地域性特色鲜明、国际竞争力强的品牌，不断增加非遗产品有效供给，努力提升我国非遗产品的国际知名度和认可度，从而让传统文化伴随着中国非遗品牌真正走出国门，闪耀世界。

中国非遗正在为人类发展贡献精神和物质财富。党的十八大以来，在习近平总书记的亲自部署和推动下，"让文物和文化遗产活起来"成为新时代文化遗产保护工作的鲜明标识。中国非遗文化产品正借着世界文化产业大发展的东风走向全球。例如，中国少林寺在海外开设分寺，为国外少林文化爱好者提供少林功夫教学与展演；中国杂技到国外进行商业性巡演，中国的唐卡、剪纸、苗绣等传统手工艺产品加速"出海"，助力中华优秀传统文化远播海外。当下的非遗产品，已不满足于打造国内"网红出圈"的身份，而是踩准海外消费热潮，积极走出国门，享誉海外。在2022年北京冬奥会和冬残奥会采用手工绒线编结花束作为颁奖花束，这一"永恒的奥运之花"，使这一手工编织技艺成为"网红"。再如，茶与咖啡是风靡全球的两大饮品，茶是极具东方特色的文化名片，咖啡在非洲饮品中也极具代表性，它们在各自的文化领域，形成了独特的非遗技艺和文化品牌，这两大非遗品牌在赋能中非经贸的历史中延绵发展。据中国海关公布的数据，2022年，我国茶叶出口37.5万吨，摩洛哥是我国第一大出口市场，占总量的20%；我国咖啡及制品累计进口11.08亿美元，同比增长32.51%。茶与咖啡已成为中非经贸合作中当之无愧的文化品牌。① 这些非遗产业国际化发展的成功经验表明，利用好非遗资源，发挥其经济价值，不仅可以使其具备自生能力，让世界人民共享各国非遗智慧和非遗物质产品，也为促进人类和平共处、共谋发展，推动构建人类命运共同体作出了新的贡献。

---

① 参见张玲、贺禧：《以古老非遗技艺+文化品牌共话中非经贸新篇章》，2023年6月20日，见 https://baijiahao.baidu.com/s？id＝1769206429540685355&wfr＝spider&for＝pc。

参考文献

《习近平谈治国理政》第一卷,外文出版社 2018 年版。

《习近平谈治国理政》第二卷,外文出版社 2017 年版。

中共中央文献研究室编:《习近平关于社会主义文化建设论述摘编》,中央文献出版社 2017 年版。

习近平:《高举中国特色社会主义伟大旗帜 为全面建设社会主义现代化国家而团结奋斗——在中国共产党第二十次全国代表大会上的报告》,《求是》2022 年第 21 期。

习近平:《把中国文明历史研究引向深入 增强历史自觉坚定文化自信》,《求知》2022 年第 8 期。

《习近平出席中国共产党与世界政党高层对话会开幕式并发表主旨讲话》,《人民日报》2017 年 12 月 2 日。

《习近平向第 44 届世界遗产大会致贺信》,《人民日报》2021 年 7 月 17 日。

白如祥:《从儒家的普遍和谐观念看全球化中的文化冲突》,《经济与社会发展》2008 年第 8 期。

陈扬勇:《如何讲好"构建人类命运共同体"的中国故事——学习习近平总书记关于构建人类命运共同体的重要论述》,《党的文献》2018 年第 4 期。

付鑫鑫:《民俗学译本:让世界了解哲学社科中的中国》,《文汇报》2021 年 5 月 9 日。

黄永林:《"求好运"类故事的人类共同价值与人类命运共同体构建》,《外国文学研究》2023 年第 2 期。

汤一介:《"文明的冲突"与"文明的共存"》,《北京大学学报(哲学社会科学版)》2004 年第 6 期。

翟佳琪:《"让更多文物和文化遗产活起来"——学习习近平关于文物和文化遗产工作的重要论述》,《党的文献》2023 年第 3 期。

赵志国:《拿什么拯救你——中国传统建筑营造技艺》,《中华建筑报》2009 年 10 月 20 日。

《习近平向首届"良渚论坛"致贺信》,2023 年 12 月 3 日,见 https://www.chinanews.com/gn/2023/12-03/10121716.shtml。

《习近平向 2023 北京文化论坛致贺信》,2023 年 9 月 14 日,见 https://www.gov.cn/yaowen/liebiao/202309/content_6903853.htm。

《习近平对非物质文化遗产保护工作作出重要指示强调　扎实做好非物质文化遗产的系统性保护　推动中华文化更好走向世界》,2022 年 12 月 29 日,见 https://www.ihchina.cn/zhengce_details/26396。

《习近平在第七十届联合国大会一般性辩论时的讲话(全文)》,2015 年 9 月 29 日,见 www.xinhuanet.com/politics/2015-09/29/c_1116703645.htm? isappinstalled=0。

习近平:《在纪念孔子诞辰 2565 周年国际学术研讨会暨国际儒学联合会第五届会员大会开幕会上的讲话》,2014 年 9 月 25 日,见 http://www.scio.gov.cn/31773/31774/31783/Document/1396241/1396241.htm。

联合国教科文组织:《保护非物质文化遗产公约(2003)》,2003 年 12 月 8 日,见 https://www.ihchina.cn/zhengce_details/11668。

联合国教科文组织:《实施〈保护非物质文化遗产公约〉的业务指南(2022 年修订版)》,2023 年 6 月 13 日,见 https://www.ihchina.cn/zhengce_details/27534。

联合国教科文组织:《保护和促进文化表现形式多样性公约(2005)》,2006 年 12 月 28 日,见 https://www.ihchina.cn/zhengce_details/15716。

张玲、贺禧:《以古老非遗技艺+文化品牌共话中非经贸新篇章》,2023 年 6 月 20 日,见 https://baijiahao.baidu.com/s? id=1769206429540685355&wfr=spider&for=pc。

从人文经济看中华传统艺术的当代传承

王廷信*

中华传统艺术的当代传承是一个时代命题。如何让一类生长在农耕社会的传统艺术在当代中国社会继续发挥作用,需要找到传统艺术当代传承的价值和路径。中华传统艺术是在漫长的中国农耕社会孕育形成的艺术,包含造型艺术和表演艺术两大类,每类之下又有众多子类。这些艺术既承载着中华文化的丰富信息,又体现着中华文化的独特智慧,是具有中国风格、中国气派、中国特色的艺术样式。纵观中华传统艺术的生长历史,我们可以发现,这些艺术都是伴随着良好适应农耕文明的社会生态而生长的,其最显著的特点就是通过多种路径为人们提供精神资源,人文经济就是路径之一。那么,这个路径的基本原理是什么? 从古代中国到现代中国,在人文经济这条路径上,中华传统艺术如何延续和传承? 作为一条富有价值的传承路径,人文经济如何让中华传统艺术融入当代人的生活并得到有效传承? 围绕这些问题,本文结合中国历史及现代化历程进行讨论。

从"借艺谋生"和"借艺抒怀"谈起

中华传统艺术之所以在古代中国社会生生不息,得益于艺人们可以借艺谋生及可以让艺人谋生的生态环境的存在。也正是这个基本原因,支撑

---

* 王廷信,中国传媒大学艺术研究院院长、教授、博导。

着一代又一代的艺人乐此不疲，创造出一座又一座的艺术高峰。这一座座高峰不仅成为当代中国人享受精神生活的不竭资源，而且为当代中国人创造新的艺术源源不断提供着强大的智慧支持。

借艺谋生构成艺术创作得以延续的基本机制，这种机制把艺术与经济紧密连接，让艺人以精神形态的产品供应换取报酬，支持着艺术家的生存发展，也延续着生生不息的艺术创作。

借艺谋生的机制构成了艺术与经济连接的逻辑起点。没有这个起点，艺术创作就无法持续。有了这个起点，艺术作为人文领域的独特景致才能嵌入经济领域，在为人类创造精神财富的同时实现经济价值。艺术经济由此形成，并成为人文经济领域的组成部分。

在古代中国，借艺谋生的情形主要有两种：一是艺术家以特定的艺术技能供职官方艺术机构，如官方乐舞机构、官方画院等，获取俸禄谋生。例如，宋代太常寺、大晟府的乐官均有自己的本俸（即月薪）。除此以外，乐官还享有添资（月俸外的津贴）和特殊表演场合的赏赐。二是以家庭团体或其他私人艺术团体自行经营艺术来谋生，这类艺人有戏曲曲艺艺人、工艺美术艺人等。这些艺人的薪酬多不固定，戏曲曲艺艺人主要以演出场次议价，在民俗活动等场合或街头表演，还会获得特殊赏赐，工艺美术类的艺人主要以作品议价。借艺谋生的核心在于艺人通过自身艺术技能提供艺术作品，受众为艺人提供报酬，这构成了最基础的供需关系。

借艺谋生的机制构成了中国人文经济领域中艺术经济的关键一环，也是古代中国人文经济的关键生长点。基于这个生长点，艺术经济逐渐发展为一种人文经济，包括官方礼乐的代代延续，以官方礼乐为牵引的遍及全国各地的民俗艺术的兴盛，以家庭为纽带的艺人的四处游走卖艺，以私人作坊、工艺工场为纽带的工艺美术的繁荣，以及围绕艺人的创作、制作、传播、销售等从事艺术经营的茶楼酒肆、工艺店铺、印刷裱糊等行业的形成。艺术经济不仅促进了城乡经济社会的繁荣发展，也让传统艺术融入中国人生活的方方面面。就创作主体而言，艺人凭借精湛的技艺为人们提供精神产品，也在锤炼艺术的过程中塑造自己；就接受主体而言，人们借助艺术认识社会、淳厚民俗、激励精神。

如果说借艺谋生机制主要体现在职业艺人圈内，那么在职业艺人之外，还有众多士大夫文人也在从事着艺术创作，他们的生存资源主要是官方俸禄，但在业余时间创作出了更高品质的艺术作品。他们已脱离借艺谋生的机制，除了部分书画创作特长者偶尔赚取点润格费外，大多数士大夫文人不以赚钱为目的而创作，故而在士大夫文人圈内形成了借艺抒怀的优良传统。士大夫文人因有稳定的官方俸禄，不需要把艺术作为谋生的手段，所以才能以超然的态度超越职业艺人借艺谋生方式的束缚，以借艺抒怀的模式让艺术直接进入精神领域，形成一道独特的艺术景致。

职业艺人和士大夫文人分别构成了中华传统艺术的两支主流创作队伍。职业艺人借艺谋生的机制奠定了中国艺术经济的基础，让艺术经济以官方机构和个人经营两大模式向城市和乡村渗透。其在城市体现为自宫廷到诸侯的官方礼乐中的各类表演，以及以官方画院为载体和以广场、露台、茶楼酒肆、工艺作坊、工艺工场为载体的艺术经济模式；在乡村体现为以节日、庙会、祭祖、婚丧嫁娶等民俗活动为载体的艺术经济模式。士大夫文人借艺抒怀的行为虽未直接参与艺术经济活动，但他们的作品经由民间戏班、民间曲艺班社、工艺作坊的传播，对民俗风情等产生了很大影响，从间接角度大大促进了职业艺人的经济活动，让职业演艺人员、职业工匠以杰出的艺术作品彰显于世。

职业演艺人员造就了歌舞、戏曲、曲艺的行业景象，职业工匠造就了书法、绘画、工艺、建筑、园林的行业景象，士大夫文人在其中起到了提升和推动的作用。二者共同建构出古代中国艺术的灿烂景象及城乡艺术经济模式。

艺术经济是人文经济的一种，是艺术家以智慧和技能与该智慧和技能的享用者之间构成的一种价值交换。在中国传统的农耕社会，无论是艺人、艺术还是艺术经济模式都是自然而然形成的。这与古代中国把艺术作为人的基本修养和抒怀手段,作为祭祀神灵、娱乐民众的基本工具,作为与"礼"密切关联的"乐"的传统有关。

古代中国人对侧重精神的艺术功能的基本定位奠定了中国传统艺术的人文基调。这种基调强调艺术的精神属性,强调艺术之于社会整体治理的价值,强调以艺术建构精神世界的价值。在这种基调作用下,艺术在人文经济领域重利益,但不唯利益。所以,从古代人文经济的角度来看艺术经济问题,艺人和士大夫文人两大创作队伍都未把经济利益放在首位。故而,古代中国的人文经济更多是精神本位主导下的人文经济,而非侧重物质利益的人文经济。纵观中国艺术史,我们尚未发现有艺人或士大夫文人借助艺术交易而拥有巨额财富。这种经济模式以精神价值为牵引,突出了艺术的人文属性。

在传统农耕社会,艺术经济虽具有一定规模,但规模不大。艺术经济虽已形成,但多数还处在"我创作、你享用,你需要、我提供"的简单经济交易模式,尚未形成与现代工业社会把艺术纳入庞大而又复杂的产业领域相比肩的状态。

从传统人文经济向现代人文经济的过渡

1840 年鸦片战争使中国社会被迫开启了由传统农耕社会向现代工业社会转型的历史。以工业文明为主体的现代社会犹如一头猛兽与温柔敦厚的传统社会相遇,生长于农耕社会的传统艺术的经济模式因其规模狭小、交易方式简单、精神面貌传统而表现出极大的不适应状态。

最初,传统艺术作为现代经济模式的内容被包装和消费,传统戏曲、曲艺等表演艺术进入具有现代社会经济模式特征的唱片、广播、电影、电视等媒介行业,以及现代剧院、时尚茶馆酒楼等剧场经营行业;传统工艺进入具有现代社会经济模式特征的批量化制作和规模化、集约化的销售行业。在这个时段,传统艺术作为现代经济模式的内容,被载入现代经济模式。这种模式在相当长的时段内成为现代经济模式强有力的资源支撑。与此同时,传统艺术也借助现代经济模式得以延续。尤其是与现代经济模式密切相关的现代媒介作为存储载体保存了大量传统艺术的资源和信息，同时又作为传播载体而使传统艺术从一个较为狭小的空间延伸到更为广大的空间，相当一批演艺人员和造型业人员由此声名远播。传统艺术家借助现代媒介的传播力而获得的社会声誉使他们进入现代社会舆论体系和观念体系，在物理空间和社会空间提升了传统艺术家的社会地位。这种地位的提升使传统艺术由传统静态经济模式进入现代动态经济模式，也为传统艺术由传统社会经济形态进入现代经济形态奠定了基础。

静态经济模式是在自给自足的社会环境中养成的，以规模狭小、交易简单的状态呈现。自给自足的社会环境主要依靠面对面的人际交往形成，在这种环境中生成的经济模式辐射范围较小，具有"跨界破圈"效能的经济力量难以进入，也难以形成远距离、多层级、广受益的经济交往形态，所以经济状态不甚活跃。动态经济模式是在现代交通、现代媒介、现代组织形式作用下的社会环境中形成的，以规模大、交易复杂、受益面广的状态呈现。现代交通、现代媒介和现代组织形式打破了不同文化圈、经济圈的壁垒，让经济交往变得自由便捷，三者均以强大的辐射能力连接了不同国家、地区、民族、文化圈和经济圈，交往面广、参与度深、渗透力强，从而使远距离、多层级、广受益的经济交往成为可能。就传统艺术而言，面对现代工业文明的强力推动，其难以脱离现代经济模式。因此，传统艺术难以避免地走上了从传统社会的静态经济模式转化为现代社会的动态经济模式之路。

传统艺术在进入现代经济模式，为现代经济行业的经营作出贡献的同时也在改变着自身的处境。总体而言，其主要体现在以下两方面：一是在被动"载入"现代社会经济模式的过程中失去了传统优势，二是在"载入"现代社会经济模式的过程中寻求再生的机会。前者体现出传统艺术面对现代经济模式的不适应性，后者体现出传统艺术面对现代经济模式的主动性。在不适应性作用下，相当一部分艺人因蜷缩在狭小的经营圈而无人问津，相当一部分传统艺术因此而萎缩，更有一部分传统艺术逐渐消逝。究其原因，还是因为这些艺人习惯于静态经济模式，习惯于面对面人际交往的经营形式，其经营形式缺乏远距离的"射程"，无法适应现代经济发展，从而失去了延续和发展的优势。在主动性的驱动下，众多传统艺术华丽转身，或被纳入现代经济社会和文化发展体系，成为其中的有机组成部分，例如众多戏曲剧种在1949年前主动从乡村转入城市，从舞台演出转入现代媒介体系；还有像梅兰芳先生这样的艺术家把戏曲带向日本、苏联、美国，向外国观众展现了中国传统艺术的独特魅力。

1949年后，多数戏曲剧种由纯市场经营形式转化为以官方经营为主体、辅以市场经营的双轨制经营模式，成为新中国经济社会和文化发展的有机组成部分。不少戏曲剧种在现代经济体系中借助现代社会形态、现代媒介形态、现代组织形式孕育出新的艺术样态，例如戏曲现代戏、新编历史剧、戏曲电影、戏曲电视剧等。新的艺术样态与传统艺术样态相互促进，助推了传统艺术的繁荣。

在现代社会，职业艺人的借艺谋生由单纯的简单化经营经济模式转变为规模化、复杂化、集约化的经营经济模式，在此过程中，士大夫文人阶层的消逝尤为令人惋惜。传统的文官制度因不适应现代社会发展模式而不再延续，代之而起的是现代教育体制培养的更加专门化的社会管理层的出现。士大夫文人群体借艺抒怀的风气因传统文官制度的消亡而骤然停歇，新型管理阶层又因分工细致的专门化、现代化教育和实用化的社会管理需要而难以借艺抒怀，故而现代社会从整体上遗失了传统社会所积累的人文体制和人文精神。传统文官制度所滋养的士大夫文人阶层的消逝，也让传统的职业艺人失去了引领群体，从而导致传统职业艺人群体数量减少，具有传统艺术精神的艺术创作的品质进一步削弱。

上述种种因素引致中国传统人文经济的终结，也引致中华传统艺术在经济层面形成了从传统人文经济向现代人文经济的过渡，这种过渡集中体现在传统艺术由静态经济模式向动态经济模式的转变之中。

中国现代人文经济的思想支撑

中国人文经济是在数千年积累过程中形成的。在1840年以前自给自足的人文经济形式当中，艺人借艺谋生、士大夫文人借艺抒怀所形成的自然交换方式和经济模式，就已积累起强大的人文经济传统。这种传统与自给自足的农耕文明相适应，其特点是规模狭小、交易模式简单，因缺乏远距离的组织形式、交往途径和交往工具，往往局限于某一地区或民族。但这种经济模式因其在地性而保障了中华传统艺术的多样性、融合性、渐变性和连续性。地区和民族间的相对区隔让传统艺术的在地特征得以维系，从总体上呈现出艺术形式的多彩多姿，地区和民族之间虽不频繁但始终存在的交往（如外交、贸易、移民、战争等）又让传统艺术在相互吸收融合中展现出新的生机。中华文明的漫长演化根植于中国深邃的哲学思想，在以儒释道为主体的哲学观念的支撑下，呈现出独特的智慧。中华文明是一种广阔深邃、解读性极强的文明形式，内生出讲功利又不唯功利的人文经济，在面临新的文化形式和经济模式介入时，既有对于文化本位的坚守，又有灵活多样的机制创新。

1840年以来，随着西方文化的渗入，中华传统艺术开始从自给自足的农耕文明，走向半农耕、半工业的文明形态，传统艺术的优势虽然还在，但已受到西化思潮的冲击。尤其是以康有为等人为代表的改良派，有意识地将西方艺术与中华传统艺术相比较，以传统艺术之劣势，显西方艺术之优势。但中国社会在由传统走向现代的过程中，一直保持着文化本位，而服务于本位、以"用"为特色的各类艺术形式也实现了较好的融入。正因如此，在中西争鸣的喧哗声中，"中体西用"的方略才能够占据主导地位。

1919年至1949年，一方面，"五四"新文化运动主将，如陈独秀、胡适等人，极力倡导西方艺术、抨击传统艺术，视传统艺术为陈旧、没落、腐朽之物。与此同时，大批西方艺术被引入，尤其是大批出国留学的新型知识分子，如徐悲鸿、林风眠等人，积极倡导西方艺术的观念和创作方法，并将其引入现代艺术教育体系，从而在创作实践、艺术教育两大方面挤占了传统艺术的生存空间。另一方面，随着日本军国主义的入侵，抗日战争、解放战争的连绵，在战火烽烟中盛起的民族解放运动也在极力运用传统艺术为抗战、解放战争进行宣传。大量传统艺术，如秧歌、版画等，在此过程中以一种新的面貌面世，成为革命文化的有机组成部分。新文化运动所开启的中国现代文化，以及在现代文化语境中不断发展的传统艺术面临着被丢弃、被改造的命运；而在民族解放运动中成长的中华传统艺术以本土文化的力量，在肩负救国救民使命的过程中，展现出新的姿态。正因如此，伴随着现代文化的兴起，传统艺术在传统文化底蕴的滋养下继续前行，在传统文化与现代文化结合的过程中焕发出新的精神面貌和时代光彩。

从 1949 年起，在中国共产党的领导下，文化建设被提到重要地位。1949 年 9 月，毛泽东同志在中国人民政治协商会议第一届全体会议上指出："随着经济建设的高潮的到来，不可避免地将要出现一个文化建设的高潮。中国人被人认为不文明的时代已经过去了，我们将以一个具有高度文化的民族出现于世界。"①1951 年，毛泽东同志为中国戏曲研究院题词："百花齐放，推陈出新"；1964 年，毛泽东同志在中央音乐学院学生的来信上批示："古为今用，洋为中用"。毛泽东同志对文化的重视及其论述成为新中国文化建设的基本方针。一方面，在文化的"陈"与"新"的关系上，坚持在传统文化的基础上创新文化；另一方面，在"古"与"今"、"洋"与"中"的关系上，坚持以传统文化和外国文化为我所"用"的策略。这种论述为传统文化和外国文化服务于中国社会主义文化建设提供了强大的理论支撑。1978年党的十一届三中全会以来，这一方针和策略一以贯之，从邓小平同志"发展高尚的丰富多彩的文化生活，建设高度的社会主义精神文明"的主张，到江泽民同志提出建设"有中国特色社会主义的文化"，再到党的十七届六中全会胡锦涛同志提出建设社会主义文化强国的目标，尤其是党的十八大以

① 《毛泽东文集》第 5 卷，人民出版社 1996 年版，第 345 页。

来,习近平总书记把文化自信和道路自信、理论自信、制度自信并列为中国特色社会主义"四个自信",强调文化自信是"更基础、更广泛、更深厚的自信",充分说明了文化在未来国家发展战略中的地位。

习近平总书记在党的十九大报告中指出:"文化是一个国家、一个民族的灵魂。文化兴国运兴,文化强民族强。……中国特色社会主义文化,源自于中华民族五千多年文明历史所孕育的中华优秀传统文化,熔铸于党领导人民在革命、建设、改革中创造的革命文化和社会主义先进文化,植根于中国特色社会主义伟大实践。发展中国特色社会主义文化,就是以马克思主义为指导,坚守中华文化立场,立足当代中国现实,结合当今时代条件,发展面向现代化、面向世界、面向未来的,民族的科学的大众的社会主义文化,推动社会主义精神文明和物质文明协调发展。要坚持为人民服务、为社会主义服务,坚持百花齐放、百家争鸣,坚持创造性转化、创新性发展,不断铸就中华文化新辉煌。"①习近平总书记将中华优秀传统文化视为中国特色社会主义文化的重要源头,强调对于中华文化立场的坚守,并提出"对传统文化进行创造性转化、创新性发展"。习近平总书记对中华优秀传统文化的系列论述,为中华传统艺术在当代中国的发展提供了重要思想依据。党的十八大以来,在"两创"方针的指引下,中华优秀传统文化在传统民俗发展、传统文物保护、传统非遗传承、基于传统文化资源的文艺创作等方面取得了辉煌成就,围绕传统文化和传统艺术的人文经济也日渐兴起。

现代人文经济初兴中的传统艺术

现代人文经济是一种互联性经济,是在现代交通、现代媒介和现代组织形式作用下整合利用全球资源的经济,是政治、文化、宗教、科技、教育等关键领域深度参与的经济,是跨时间、跨空间,把全球不同国家、地区、民族连

---

① 习近平:《决胜全面建成小康社会 夺取新时代中国特色社会主义伟大胜利——在中国共产党第十九次全国代表大会上的报告》,人民出版社 2017 年版,第 40—41 页。

接起来的经济。

最初,这种经济形式以物质利益为导向,把经济引向竞争性、实用性的方向。在西方社会,自地理大发现、大航海时代起,这种经济形式就一直存在,并随着以基督教为主导的西方中世纪的终结和以文艺复兴为导引的思想解放的崛起而兴起。13—16世纪,欧洲造船业的兴起为地理大发现提供了通向远方的海上交通工具。这个时段,地圆学说的出现以及西班牙、葡萄牙等国的航海探险为地理大发现提供了机遇和实践案例。欧洲借此而兴起的以殖民为特征的全球经济,让经济互联成为现实。在科技的推动下,西方的工业革命让这种现实变得日趋复杂多样。尤其是20世纪60年代末互联网的萌芽及20世纪80年代互联网的日渐兴起,更让经济互联无处不在。与此同时,国际化的经济组织开始涌现。在此背景下,艺术以远距离传播、跨境跨界传播突破了各种边界,在全球范围内形成独特的人文经济景象,中华传统艺术也逐渐被带入现代人文经济领域。

1877年12月,爱迪生向公众展示了他发明的留声机。1899年,留声机在上海开始销售,西方音乐随着留声机而传入中国。紧接着,留声机就开始了对中国音乐、戏曲、曲艺的录制。1903年3月,英国留声机公司(The Gramophone Company Limited)录音师弗雷德·盖斯伯格(Fred Gaisberg)进行了一次较大规模的中国灌音之旅,这是一次有记载的中国本土最早的唱片灌音活动。在该公司1904年的中国唱片目录里,被冠以中文字样的唱片共计476种,其中包括329种录制于上海的京剧与少量昆曲唱片和147种录制于香港的粤语唱片。这批唱片现存于美国RCA胜利唱片公司,其中有著名的"孙派老生"孙菊仙的10张唱片,包括《举鼎观画》《捉放曹》《桑园寄子》《打金枝》等剧目。[①] 从此开始,中华传统表演艺术逐步载入电影、广播、电视、互联网等现代媒介,得以广泛传播。

与此同时,新型剧院也在中国兴起,传统艺术从传统的茶楼酒肆日渐登

---

① 参见徐羽中:《二十世纪上半叶中国唱片初探》,海风出版社2008年版,第6—7页。

上新型剧院。1908年10月，上海老丹桂戏园改制后以"十六铺外滩新造洋式特别改良戏院"为名出现，标志着传统剧院向现代新型剧院的转变。继之而起的是在上海、北京、天津等大城市出现的大批新型剧院。新型剧院之"新"不仅体现在与旧戏园在空间构造、布景设置、经营模式上的不同，更体现在伴随戏剧改良而搬演的各类新型剧目方面。新型剧院的空间构造把观众和演出区有效分开，观众席位也划分等次；布景设置有实景道具，更有声光电等设备；经营采用股份制模式。这种做法改变了传统戏园散漫随意的面貌，也改变了传统戏曲纯粹的"一桌二椅"体制，现代道具、灯光、声响系统进入戏曲舞台空间，形成了新的表演形式。与此同时，伴随着新的传播方式、演出方式、观赏方式及观演关系的建构，一种新的"文明"时尚应运而生。各类新型剧目的上演，引发了中国传统戏曲的写实趋向，使传统戏曲在艺术性格上发生了巨大变化。

在工艺美术领域，超越传统自然经济模式的商业行会、工艺局等机构开始出现。晚清的工艺局主要有官办、商办、官助商办等类型，主要用于招募艺人、教导艺徒。此时，具有现代意义的劝业会、展览会、博览会也开始兴起，南京、武汉、天津等地成为手工艺产品推广展示的重要城市。1851年，中国的刺绣、景泰蓝、玉器、雕漆、牙雕、地毯、鼻烟壶、宫灯等传统工艺产品走出国门，出现在伦敦世博会。在制作方面，大量机械装置和化学材料逐步引入，提高了工艺美术作品的制作速度和产量；与此同时，传统手工艺形式和纯天然材料日渐式微，工艺美术的品质也出现了下滑。工艺美术领域工艺的改进、产量的增加以及向更广更远空间的渗透，大大增加了行业从业者的收入，也推动了工艺美术从生产模式到营销模式的现代转型。在这一背景下，尽管传统材料和传统手工艺形式的压缩从整体上削弱了工艺美术的品质，但以纯天然材料和纯手工制作的高品质的工艺美术品终究也步入了现代经济模式。

由上可知，现代媒介、现代新型剧院、现代工艺的兴起，使传统艺术借助新型传播媒介、新型剧院、新型日用而融于现代时尚，"破圈跨界"的规模化、复杂化、集约化的经济模式开始形成，传统艺术由此进入现代人文经济领域。

与传统艺术在经济领域的现代化相伴随，艺术教育也发生了巨大变化。传统的"口传心授"式的艺术教育逐渐式微，舶自西方的现代艺术教育模式逐渐普及，以西式艺术教育为主的新型专业艺术阶层开始兴起。然而，这一阶层的兴起对传统艺术而言却是不幸的。首先，长期以来，中国艺术教育的主要内容来源于西方，传统艺术教育的内容相对较少。中华传统艺术内容在现代艺术教育体系中的缩减，导致传统艺术日渐边缘化。其次，"口传心授"式的传统艺术教育的萎缩，让传统艺术的有效传承受到一定影响。最后，传承传统艺术的职业艺人被"固化"到民间，士大夫文人阶层彻底消逝。这些现象对中华传统艺术的延续造成了整体性威胁，从而导致中华传统艺术在相当长的时段内处于被动地位。

现代艺术教育的兴起，为中华传统艺术向现代社会的转型提供了从艺术观念到创作实践各方面的机遇。在中国社会由传统向现代的整体转型中，中华传统艺术有了强大的竞争对手，也有了可以汲取新的能量的艺术资源。近代以来，中华传统艺术所形成的不同于纯粹农耕时代的面貌，与现代艺术教育的作用不无关系。

以人为本的人文经济与传统艺术的当代传承

新时代对中国传统文化的高度肯定是中华传统艺术得以传承的重要基石和观念。正是基于这种高度肯定，以中华优秀传统文化为依托的中华传统艺术才能得以延续。在经历了百余年现代化风潮洗礼的中国，中华传统艺术营造的人文景象成为中国人民的宝贵财富。这种景象可创造、可观瞻、可游赏、可交易，是一种充分体现人文精神的经济景象，我们从当下的城市古迹、博物馆、剧院、传统街市及传统节日的繁荣即可看出。这种景象打破了现代化所造成的"千城一面"的枯燥面貌，形塑了现代城市的"文化绿肺"，吸引着众多游客。游走于这种景象当中，人的精神是自由的、人的想象力是充沛的、人的心情是舒畅的。人在自由自在的游赏景观中进行交易和消费,或沉浸于某种记忆,或醉心于某种技艺,这正是人文经济的魅力。

2023 年 7 月 6 日,习近平总书记在苏州考察时指出:"苏州在传统与现代的结合上做得很好,不仅有历史文化传承,而且有高科技创新和高质量发展,代表未来的发展方向。"①从某种程度上看,苏州是人们读懂中国式现代化、读懂人文经济发展的一个实践样本。苏州集古建、园林、运河、古镇、昆曲、刺绣、年画、玉雕等丰富的传统文化艺术于一城,多年来一直站在全国城市发展的前列。这一成就既与苏州 2500 年的建城史所积累的文化底蕴有关,又与苏州在现代化建设中主动把传统文化与现代经济社会建设密切结合的发展方略有关。长期以来,苏州高度重视文化保护和利用,自觉让传统文化融入现代城市经济发展当中,塑造出一道亮丽的人文经济景象。平江路位于苏州老城东部的中心位置,这里聚集了苏州古老的街巷、民宅、店铺以及基于古街区的美食、文创、昆曲、评弹、年画和众多人文典故。早在1986 年,《苏州市城市总体规划》就把该街区列为重点保护对象。在 30 多年的发展过程中,平江路承载了苏州城市标识、人文景观、经济往来等众多使命,增强了苏州人的文化自豪感,也成为中外游客游览苏州的重要打卡地。在这里,传统街巷、传统民宅、传统店铺鳞次栉比,昆曲、评弹、刺绣、年画等典型的苏州传统艺术在这个集文化与商业于一体的商业街都以"活态"面貌出现。人们以闲适的心境游走于平江路,吃、住、行、游、购、娱皆可得到满足,呈现出典型的人文经济景象。苏州平江历史街区因其保护工作出色,获得了联合国教科文组织颁发的 2005 年度亚太地区文化遗产保护荣誉奖。联合国教科文组织评委会评价该街区的保护规划时指出:"该项目是城市复兴的一个范例,在历史风貌保护、社会结构维护、实施操作模式等方面的突出表现,证明了历史街区是可以走向永续发展的。"②

---

① 《习近平在江苏考察时强调　在推进中国式现代化中走在前做示范　谱写"强富美高"新江苏现代化建设新篇章》,《人民日报》2023 年 7 月 8 日。
② 嵇元:《联合国表彰苏州古城平江历史街区保护》,《扬子晚报》2006 年 6 月 6 日。

人文经济之所以可贵,是因其与文化相结合所呈现的可持续性,避免了社会唯经济唯利益的单向度发展。致力于城市文化政策研究和改进的塞尔维亚文化学者毕尔雅娜·米科夫认为:"为了实现可持续性,一种经济必须创造出其基本价值,同时还要考虑到在该特定经济环境下的文化价值。当这种经济与地方资源相匹配时,就会既具有合法性,又充满活力。文化主义在经济的可持续发展中发挥着重要作用,它创造了经济活动、增加了企业创业和就业机会,增强了城市的吸引力,并促进了旅游业的发展……以文化敏感性为目标的经济模式需要融入合作、配合、贸易和捐赠等实践环节。所有的经济模式都基于特定的文化价值。"①单向度发展是现代社会的通病,西方许多学者都对此有过批评,发达国家进入后现代社会后对其已有根本性反思。而在中国经济社会快速发展之际,以人文经济为切口,有意识地避免单向度发展,有利于物质文化和精神文化的平衡发展,有利于整个社会的高质量发展。

在人文经济中,文化是核心,经济是手段。无论是文化还是经济,人都是核心。因为人是文化的创造者,是经济活动的主体。人在创造文化的同时也创造了经济,人在开展经济活动的同时也创造了文化。没有一代又一代的创造者,文化的存在是难以想象的,经济活动的实施也是难以维系的。所以,人文经济的核心在于人。习近平同志指出:"'文化经济'的本质在于文化与经济的融合发展,说到底要突出一个'人'字。因此,我们在推进'文化经济'的发展中,要始终坚持以人为本。"②文化经济也就是人文经济。在人文经济活动中,人既是创造者,又是享有者。不违背人的意志而交易、为了人自身物质富足和精神完善而交易,这种交易是以人为本的交易,这种形式是唤醒人的创造力和精神能动性的经济形式。在现代社会给人带来焦虑和迷茫的困境下,中华传统艺术所营造的人文经济景象,让

---

① [塞尔]毕尔雅娜·米科夫:《文化、创新和经济简介》,载[塞尔]毕尔雅娜·米科夫、詹姆斯·E.多伊尔主编:《文化创意——经济增长新引擎》,蒋璐楠、郑璐译,中国人民大学出版社 2020 年版,第 1 页。

② 习近平:《之江新语》,浙江人民出版社 2007 年版,第 232 页。

国人找到了精神家园、心灵归宿。中华传统艺术当代传承的经济路径恰恰需要这种模式。

近代以来,在长期的古今之争、中西之争过程中,形成了从"全盘西化"到"中体西用",从"古为今用、洋为中用"到"守正创新"的基本脉络。今天,随着中国经济社会的快速发展和现代媒介、现代经济形态的兴起,中西并置、古今并置的局面已经形成,而这种并置其实是一种价值并置。在价值并置时代,中国社会如何选择前进的方向,已成为时代之问和未来之问。习近平总书记在庆祝中国共产党成立100周年大会上的重要讲话中提出的"两个结合"的重要思想,清晰而有力地回应了这个问题。把马克思主义基本原理同中国具体实际相结合、同中华优秀传统文化相结合,充分体现了当代中国在巨变时代的价值选择。中华优秀传统文化既是中华传统艺术的重要依托,又是中华传统文化的有机组成部分。从古代到现代,中华传统艺术不仅为世人提供精神食粮,也有效地融入经济领域,为中国人文经济的形成提供了有力支撑。而人文经济也让传统艺术沿着经济轨道融入当代中国人的日常生活,激发了中华传统艺术的活力,开拓了中华传统艺术得以传承和发展的有效途径。

参考文献

习近平:《决胜全面建成小康社会 夺取新时代中国特色社会主义伟大胜利——在中国共产党第十九次全国代表大会上的报告》,人民出版社2017年版。

习近平:《之江新语》,浙江人民出版社2007年版。

《毛泽东文集》第5卷,人民出版社1996年版。

徐羽中:《二十世纪上半叶中国唱片初探》,海风出版社2008年版。

《习近平在江苏考察时强调 在推进中国式现代化中走在前做示范 谱写"强富美高"新江苏现代化建设新篇章》,《人民日报》2023年7月8日。

嵇元：《联合国表彰苏州古城平江历史街区保护》，《扬子晚报》2006年6月6日。

［塞尔］毕尔雅娜·米科夫：《文化、创新和经济简介》，载［塞尔］毕尔雅娜·米科夫、詹姆斯·E.多伊尔主编：《文化创意——经济增长新引擎》，蒋璐樯、郑璐译，中国人民大学出版社2020年版。

新时代廉洁文化建设的成功经验及推进路径

洪向华 杨润聪*

习近平总书记在党的二十大报告中强调："加强新时代廉洁文化建设，教育引导广大党员、干部增强不想腐的自觉"[1]。廉洁文化建设是推进全面从严治党的重要法宝，是新时代推进党的建设新的伟大工程的重要支撑。踏上新的赶考之路，要教育引导广大党员、干部做好新时代廉洁文化建设的"领头雁"和"排头兵"，从理想信念上固本培元，提高党性觉悟，增强拒腐防变能力，在全社会营造以文化人、以文润德、以文养廉的浓厚氛围，促进廉洁政治建设，从而形成廉洁理念、廉洁典型，营造崇廉拒腐的良好风尚。

新时代廉洁文化建设的成功经验

廉洁文化根源于中华优秀传统文化、革命文化、社会主义先进文化中。"廉"的思想，是当代中国先进文化的价值取向。我们党百年来始终如一地坚持"廉洁"的思想追求，并且将其作为实践准则，新时代新征程要继承和发扬党的优良传统，坚守廉洁的优良作风。从人民至上的价值追求、发展廉洁政治文化、营造良善社会环境等方面深刻总结新时代廉洁文化建设的成

* 洪向华，中共中央党校（国家行政学院）科研部副主任、教授；杨润聪，中国地质大学（北京）马克思主义学院副教授。

① 习近平：《高举中国特色社会主义伟大旗帜　为全面建设社会主义现代化国家而团结奋斗——在中国共产党第二十次全国代表大会上的报告》，人民出版社 2022 年版，第 69 页。

就与经验，既是对新形势下廉洁文化建设面临严峻考验的有力回应，又凸显了廉洁文化建设对党自我革命、解决大党独有难题的重要价值。质言之，在总结经验中厚植廉洁文化建设的根基，能够有效提高我们党应对风险、迎接挑战、化险为夷的能力水平。

坚持人民至上的价值追求引领廉洁文化建设

习近平总书记指出："江山就是人民、人民就是江山，打江山、守江山，守的是人民的心。"①中国共产党始终将人民的利益作为一切行动的出发点和落脚点，形成了始终代表最广大人民群众利益而无特殊私利的廉洁文化。建设廉洁文化是坚持人民至上的实践彰显，坚定维护人民群众利益，自觉践行人民至上的价值理念，加强党的廉洁文化建设，筑牢党员干部廉洁从政意识，树立为民用权、公正用权、依法用权的权力观，把涵养廉洁文化的优良传统转变为长期执政的政治优势。

坚持将廉洁奉公作为自身的政治准则，持续营造风清气正的政治生态。在为人民谋幸福的过程中加强廉洁文化建设，在廉洁文化的滋养中夯实人民至上的价值理念。建设廉洁文化的发展动力和根本旨归是人民。"人民是历史的创造者，是真正的英雄。"②人民群众是建设廉洁文化的重要依靠力量，是最直接的参与者、最权威的评判者。一方面，作为廉洁文化的建设主体，充分发动人民群众力量，搭建重大决策群众参与平台，公开征集群众对廉洁文化建设的意见建议，梳理合理意见建议，及时转化为工作决策。另一方面，作为廉洁文化建设的受众对象，用群众听得懂的方言俚语，讲群众喜闻乐见的清廉故事，使人民群众建设廉洁政治的主体意识不断增强。在正确处理党与人民群众的关系上，增强党员、干部的事业心与责任感，将人民立场作为想问题、办事情的出发点，在回应人民群众的现实关切中彰显廉洁文化建设的人民性。

---

① 《习近平谈治国理政》第四卷，外文出版社 2022 年版，第 9 页。
② 《习近平谈治国理政》第四卷，外文出版社 2022 年版，第 8 页。

发展积极健康的党内政治文化引领廉洁文化建设

马克思主义政党的本质属性是先进性和纯洁性,如何保持党的先进性和纯洁性是马克思主义政党建设的永恒课题。党内优秀政治文化是中国当代先进文化,具有培育健康的政治意识、规范政治行为的作用。经过良好的党内政治文化熏陶和滋养,严肃认真的党内政治生活成为全党的自觉,推动廉洁文化建设往纵深发展,让全面从严治党具有坚实的文化基础和强有力的文化支撑。

廉洁文化作为党内政治文化的重要组成部分,对引领党内政治生活健康发展、形成良好政治生态至关重要。"观乎人文,以化成天下。"通过充分发挥党内政治文化启智润心、陶冶情操的价值导向作用,党员、干部要以日用而不觉的方式潜移默化地影响人心,在春风化雨中树立正确的廉洁从政观。同时,通过发挥党内政治文化的行为约束作用,让党员、干部将廉洁文化内化于心、外化于行,筑牢戒贪反腐的思想防线。进而发挥党内政治文化的环境净化作用,厚植清正廉洁土壤,营造廉政清风的政治生态。

营造风清气正的社会环境引领廉洁文化建设

党的十八大以来,党中央始终把营造清廉政治生态置于反腐倡廉工作的重要地位,涵养风清气正的社会环境是新时代党加强廉洁文化建设的价值导向。通过营造崇廉尚俭的社会风尚、反腐倡廉的社会氛围,实现了人与环境之间的良性互动,为党员、干部形成自觉抵制腐败的意识与行动创造条件。社会环境会对腐败产生巨大的影响,营造对腐败"人人喊打"的社会风气,摒弃"一人得道、鸡犬升天""官本位"等封建糟粕思想,有效遏制不良风气、压缩腐败滋长空间,为廉洁文化建设提供有力的环境保障。

风清气正的社会环境是保障公权力有效运行与监督的重要条件。公权力是在社会公众意志的基础上由国家机关行使的强制力量,但社会公众意志会随着社会环境的变化而变化。2022年初,中共中央办公厅印发了《关于加强新时代廉洁文化建设的意见》,旗帜鲜明地把廉洁自律准则强调的廉洁从政、廉洁用权、廉洁修身、廉洁齐家作为加强新时代廉洁文化建设的重要目的。权力是一把双刃剑，风清气正的社会环境以无形的力量对各级党组织和党员干部的公权力产生潜移默化的规约作用。同时，以克己奉公为主流价值观念的文化环境，对权力也起着有效的制约与监督作用，使党员、干部做到廉洁用权、廉洁修身。

新时代廉洁文化建设的问题审视

廉洁文化建设是一项夯基固本的系统工程，对于推动全面从严治党和反腐败斗争的深入开展具有深远意义。加强廉洁文化建设，能够发挥价值导向作用，教育引导广大党员干部认同清正廉洁的价值理念，培养忠诚干净担当的干部队伍，为实现中国式现代化、推进中华民族伟大复兴营造风清气正的社会氛围。新时代，廉洁文化建设任务依然具有长期性和复杂性，存在着思想认识不足、廉洁文化教育不到位、廉洁文化制度不健全等问题。

对廉洁文化的思想认识不足

解决思想认识问题，就是增强党员干部工作的内生动力。随着反腐工作的深入推进，廉洁文化作为一种独特的先进文化，在意识形态领域越来越显示出巨大的影响力和号召力。加强廉洁文化建设，是党自我革命的重要举措，进一步提高思想认识，才能提高政治自觉。

当前，部分党员干部对廉洁文化的认识存在误区，将廉洁文化视为口号或形式，对廉洁文化的内涵和价值理解不深，对廉洁文化建设的重视程度不够，认为这只是纪检监察部门或者宣传部门的事，与自己的工作关系不大。这种思想认识导致他们在廉洁文化建设中缺乏主动性和创造性，甚至出现推诿扯皮的现象。

对廉洁文化的内涵和外延理解不深。部分党员群众将廉洁文化简单地等同于"清廉正直"，认为只要不贪不腐就是廉洁，忽略了廉洁文化的丰富内涵和广泛外延，没有意识到廉洁文化还包括了诚实守信、勤俭节约、遵纪守法等方面的内容。在这种认识"不到位"的影响下,部分地区党员干部对于廉洁文化学习敷衍应付走过场,没有真正将其内化为行为准则,党组织的建设便会随之出现虚化、弱化以及边缘化问题。

思想认识上的不足导致行动上的滞后。对廉洁文化建设思想认识不足,导致部分党员干部在实践中难以认同廉洁价值、遵守廉洁规范,缺乏担当精神,不敢动真碰硬,导致履行职责主体缺失,进而造成部分党组织的组织力难以提升甚至被削弱。如果不能正确认识廉洁文化建设在日常工作中的重要性和指导性,就会导致廉洁文化在实践中难以落地生根,无法发挥其应有的作用。因此,要使广大党员干部深刻认识到廉洁文化的重要性,首先要解决思想认识问题,将其贯穿于日常工作和生活之中。

廉洁文化教育不到位

廉洁文化建设要从广大党员的思想道德和理想信念教育入手。教育是推动廉洁文化建设的重要手段。然而在实际工作中,廉洁文化教育的质量和效果仍有待提高。

教育内容单一,缺乏针对性和创新性。当前部分廉洁文化教育活动的内容过于泛化,教育内容空洞,存在流于形式的倾向,缺乏针对不同层次、不同领域的党员干部有针对性的教育方案,教育内容枯燥,方式方法单一,廉洁文化教育的载体创新不够。

教育方式过于传统,难以激发党员干部的参与热情。当前部分干部教育培训形式比较刻板单一,教育培训内容针对性不强,廉洁文化教育授课方式缺乏创新,传统的课堂讲授、报告会等形式,一般采用灌输式方法上课,使学员听起来单调乏味。同时培训的连贯性与阶梯性不足,未能实现分类别、分层次的培训,难以满足党员干部多样化的学习需求,也无法深入人心。

廉洁文化教育对象不够宽泛。一些地方和部门的廉洁文化教育主要将关键领域和重点岗位的党员干部作为廉洁教育的重要对象,不断增强其廉洁意识,但对于广大群众的教育力度不足。要充分重视社会团体、群众组织等群体的廉洁文化教育,形成全民树立廉洁意识的良好风尚。全民廉洁意识的培养是营造全社会共同维护风清气正氛围的关键，因此，拓宽廉洁文化教育的对象，加强对广大群众的廉洁教育，是当务之急。

廉洁文化建设制度不健全

廉洁文化建设的推进，离不开健全的制度保障。然而，当前我国廉洁文化制度建设存在一定程度的不足，制约了廉洁文化实际效能的转化。

廉洁文化教育机制不完善。在部分地区和单位，廉洁文化教育流于形式，缺乏针对性、实效性。教育内容单一，难以激发党员干部的学习兴趣；教育方式过于被动，无法形成积极主动的学习氛围。此外，教育制度的执行力度不足，导致廉洁文化教育难以深入人心。

廉洁文化评价机制不健全。科学的评价激励机制会调动党员干部工作的积极性，在部分领域，廉洁文化建设成果的评价标准不明确，缺乏有效的激励措施，导致党员干部对廉洁文化的重视程度不够。此外，评价机制的公正性、透明度有待提高，难免出现评价不公平、不公正的现象，难以以健全的评价机制激发党员干部积极参与廉洁文化建设的内生动力。

缺乏长效机制。廉洁文化建设需要持之以恒地推进，但目前我国在这方面的长效机制尚不完善，容易出现“一阵风”式的突击整治，导致廉洁文化建设的效果难以持久，使得廉洁文化在党员干部心中的地位不稳固，容易陷入“三天打鱼两天晒网”的困境，难以形成长效约束机制。

新时代加强廉洁文化建设的具体路径

作为一个 14 亿多人口大国的执政党，中国共产党面临的执政环境错综复杂，“四大考验”“四种危险”仍然长期存在。习近平总书记在二十届中央纪委三次全会上强调指出，“要加强新时代廉洁文化建设”①。立足勇于推进自我革命、保持党的先进性和纯洁性的长远发展高度，全党上下必须深入

---

① 《习近平在二十届中央纪委三次全会上发表重要讲话强调　深入推进党的自我革命　坚决打赢反腐败斗争攻坚战持久战》，《人民日报》2024 年 1 月 9 日。

学习习近平新时代中国特色社会主义思想，紧紧按照新时代全面从严治党的要求，不断加强廉洁文化建设。

加强党性修养和党性锻炼，提高党员干部思想觉悟

人无精神不立，国无精神不兴，党无精神不强。党性是党员干部立身、实干的基石。广大党员、干部要自觉运用习近平新时代中国特色社会主义思想改造主观世界，深刻领会这一重要思想关于坚定理想信念、加强党性锻炼等一系列要求，内化于心、外化于行，从而保持共产党人的高尚品格和廉洁操守。

加强理论学习，提高廉洁文化建设的自觉性、主动性。强化统筹协调，构建协同共进的工作态势。将廉洁文化建设纳入核心议程，进行全面规划和部署，同步推进实施，确保主要领导高度重视、分管领导具体执行、全体党员干部积极参与，形成上下级紧密衔接、逐级落实的责任体系，从而深入推进廉洁文化建设，确保取得实质成效。

把握新时代廉洁文化建设的丰富内涵。新时代廉洁文化彰显了中国共产党人恪守廉洁、抵制腐化的核心价值观，同时反映了广大民众对廉洁价值观、行为规范和文明风尚的向往与追求。新时代的廉洁文化建设以"廉洁"为核心，渗透于道德品质、家庭风气、为政理念、社会风俗等诸多方面，形成了一个紧密相连、相互影响的整体。

常态化开展廉洁文化教育，充分发挥廉洁教育基础性作用

"勤者，政之所要；廉者，政之本也。"廉洁文化是社会清正廉洁价值理念的集中体现，廉洁文化建设要覆盖经济社会发展的全过程各领域，抓好廉洁文化建设对象群体，提升廉洁文化教育成效。

增强教育内容形式的多样化和实效性。通过可感、可触的有形载体传播廉洁文化，才能更好发挥春风化雨、以文化人的作用。可利用特定时间节点、特色地点场景、特殊历史故事等将廉洁文化融入人们尤其是党员干部的日常生活中，形成日用而不觉的共同价值观念。与此同时，还要抓住网络传

播快的特点，采用人们喜闻乐见的方式，用身边典型例子等能够打动人心的方法，通过当代流行的传播媒体，如影视作品、短视频和公益广告等形式将廉洁文化的丰富内涵以可视、可听、可感的方式呈现出来，不断增强廉洁文化的影响力、吸引力和感染力。

扩大教育对象范围。重视社会团体、群众组织等群体的廉洁文化教育。廉洁文化教育不仅要进机关，还要开展进社区、进家庭、进学校等活动，拓宽廉洁文化教育的覆盖面，消除廉洁文化教育中的"薄弱点"和"盲点"，努力构建积极健康、清正廉洁的良好氛围。比如，廉洁文化教育进家庭，引导广大党员、干部坚定信仰信念信心，管好自己的社交圈、朋友圈等，以身作则管好配偶、子女，将"修身"与"齐家"融合起来，筑牢防线，做廉洁家风的传承者和守护者。

强化廉洁文化制度建设，构建防腐长效机制

习近平总书记强调："要加强反腐倡廉法规制度建设，把法规制度建设贯穿到反腐倡廉各个领域、落实到制约和监督权力各个方面，发挥法规制度的激励约束作用，推动形成不敢腐不能腐不想腐的有效机制。"①加强廉洁文化制度建设，是一项系统工程，需要全方位发力、多维度推进。

完善廉洁文化教育机制。利用红色资源开展普遍的廉洁文化教育，把握特殊性，增强其针对性、互动性、实效性。让廉洁文化走进机关、学校、企业等领域，根据受众层次，分类、因人、因地施教，运用广大党员、干部更加喜闻乐见的形式，推动"硬"教育和"软"文化有机融合。比如，采用现场教学、研讨交流等形式举办廉洁教育专题班，开展集体谈话和廉洁知识测试。与此同时，紧跟新媒体技术时代，制作廉洁文化教育短视频，真正做到将廉洁文化教育悄无声息融入党员、干部工作、生活的方方面面。

完善廉洁文化评价机制。习近平总书记在不同场合多次强调："成长

---

① 《习近平在中共中央政治局第二十四次集体学习时强调　加强反腐倡廉法规制度建设　让法规制度的力量充分释放》，《人民日报》2015 年 6 月 28 日。

为一个好干部,一靠自身努力,二靠组织培养。"①在工作中,以目标责任制考核为主线,细化考核内容,增强考核的针对性,根据考核对象的不同合理设置可比较的考核指标,还需时常近距离、有原则接触干部,多渠道了解干部,有依据进行考察,防止凭感觉下结论,完善考核评议制度、责任追究制度等,将廉洁作为干部的年度考核重要依据。

完善廉洁文化长效机制。监督是防患于未然、推动党内法规制度优势更好转化为治理效能的重要手段。既要强化党内监督,教育引导广大党员干部发展积极健康的党内廉洁文化,践行廉洁从政、用权的纪律规矩;又要强化社会监督,通过打造共享平台等多种方式,让广大群众更好地参与到廉洁文化建设的监督中来,增强公开透明性,进而完善廉洁文化长效机制。

参考文献

《习近平谈治国理政》第四卷,外文出版社 2022 年版。

《习近平谈治国理政》第一卷,外文出版社 2018 年版。

习近平:《高举中国特色社会主义伟大旗帜 为全面建设社会主义现代化国家而团结奋斗——在中国共产党第二十次全国代表大会上的报告》,人民出版社 2022 年版。

《习近平在二十届中央纪委三次全会上发表重要讲话强调 深入推进党的自我革命 坚决打赢反腐败斗争攻坚战持久战》,《人民日报》2024 年1 月 9 日。

《习近平在中共中央政治局第二十四次集体学习时强调 加强反腐倡廉法规制度建设 让法规制度的力量充分释放》,《人民日报》2015 年 6 月28 日。

---

① 《习近平谈治国理政》第一卷,外文出版社 2018 年版,第 416 页。

以先进文化引领新时代乡村综合体建设

黄　健*

习近平总书记在党的二十大报告中指出："加快建设农业强国,扎实推动乡村产业、人才、文化、生态、组织振兴。"这为新时代全面推进乡村振兴、加快农业农村现代化建设指引了方向。费孝通先生曾指出："从基层上看去,中国社会是乡土性的。"①搞好新时代的乡村振兴,要充分认识中国文化的内陆性农耕文明属性,把握乡村文化的乡土性质,在促进传统与现代的交融中,建设好新时代的乡村综合体,传承和弘扬中国文化优良传统,实现中华民族的伟大复兴。

乡村是中华文明、中国文化的重要载体和呈现形态。内陆性农耕文明属性的生活方式和生产方式,以及对于世界的认知及其思维方式,形成了乡村文化特定的价值观念和行为规范。在这个意义上可以说,乡村、乡镇、乡村文化、乡村文明,是中华文明、中国文化的重要内涵,是基因密码,是人文内核,是母体文化,涵育和培植了中华文明、中国文化的优秀因子,影响和规约着中国社会的发展。费孝通先生在《乡土中国》中对此作了详尽的分析和论述。然而,众所周知,现代化的发展进程,打破了乡村原有的自我供给、自我循坏的经济和社会发展状态,乡村文明和文化发展也在不同程度上遭遇冲击,并在一定程度上导致传统乡村文明和文化的失落及其社会秩序的

---

*　黄健,浙江大学文学院教授。

①　费孝通:《乡土中国》,北京出版社 2005 年版,第 1 页。

失范。根据乡村作为中国社会的基础性组织结构，以及具有类群性和关联性的地域文化特点，在新时代推动乡村振兴，搞好乡村综合体建设，应充分认识到乡村文明和文化在维系与推动中国社会发展中所具有的重要作用，要善于通过文化的引领，促进乡村社会和谐稳定，提升乡村发展的品质。

以文化审视乡村综合体建设态势

2017年，中共中央、国务院颁布了《中共中央　国务院关于深入推进农业供给侧结构性改革　加快培育农业农村发展新动能的若干意见》，我国乡村综合体建设开始进入一个新发展阶段。相关数据显示，不少地方政府根据文件提出的"支持有条件的乡村建设以农民合作社为主要载体，让农民充分参与和受益，集循环农业、创意农业、农事体验于一体的田园综合体，通过农业综合开发、农村综合改革转移支付等渠道开展试点示范"的精神，因地制宜地开始了乡村综合体建设，打造"田园综合体""风情乡村、乡镇"和"特色乡村、乡镇"等，开创了集现代农业、休闲旅游、田园社区为一体的、富有地域特色的乡村综合体建设高潮。

据笔者的走访调查，目前的乡村综合体建设大都侧重于以乡村旅游、休闲为导向，进行土地综合开发利用，并在此基础上附加一些多功能、多业态、多效益的项目开发，力图以发展乡村文旅，提升土地价值，聚焦目标市场，推动相关的衍生产业开发，特点是"小规模化""组团化"和"生态化"，采用宜聚则聚、宜散则散的做法，多以50户左右为小组团，总规模以100户至300户左右为宜，一般不超过500户进行组团布局。在其中，注重保护乡村自然生态，保留传统乡村的自然村落、原生态文化及其它的物化形态，使乡村的自然生态和人文风景相匹配。在建设中也多采用微化景观来营造乡村风貌，如微田园、微景观、微道路等，避免城市化的大草坪、大绿地做法，尽量留住原居民，保留乡村原有的生活方式和生活场景。

在这方面，浙江省打造的"特色小镇""风情小镇"等乡村综合体建设，值得借鉴。其特点是采用"以点带面"的做法，并不以单一的行政区镇，或产业园区来进行综合体建设，而是在突出"创新、协调、绿色、开放、共享"的发展理念中，结合数字经济发展态势，融合相关的创新、创业发展平台，着力打造新型的乡村综合体。如杭州的"特色小镇"建设，打造的就是"具有明确产业定位、文化内涵、旅游功能、社区特征融合叠加的发展载体"型的综合体，目标是建设"同业企业协同创新、合作共赢的企业社区和空间边界明确的创新创业平台"。像余杭区的"梦想小镇"建设，就强调要顺应"大众创业、万众创新"的时代浪潮和"互联网+"等数字经济的发展机遇，建设梦想小镇，打造以"众创空间"为新样板的特色小镇，培育数字经济新的生长点和增长点，建设世界级互联网创业高地。在坚持"有核无边"的空间布局和"资智融合"的建设与发展中，重点发展以"互联网创业"和"天使基金"为代表的数字经济两大产业门类，同时又注重文化产业、文旅休闲两大产业功能的叠加，形成目前的互联网村、天使村和创业集市等三个先导区块，先后共有众多建筑体建成投入使用，一支以"海归系""阿里系""浙大系""浙商系"为代表的创新、创业"新四军"不断集结，一个以"市场化、专业化、集成化、网络化"的"众创社区"型的新综合体开始建成，并发挥出积极的经济和社会效应。

纵观全国乡村综合体建设态势，各地都比较注重因地制宜地采取不同方式来大力开展建设活动。例如，在江苏省无锡市惠山区的阳山镇，开始建设的"无锡田园东方"乡村综合体就颇具规模和特色。又如，湖南省永州市道县的乡村综合体建设，选择极具地域特色的蒋莫村，以打造"湘南最美的隐居山庄"为目的，采用文旅开发方式进行新型"小城镇综合体"（也是新农村综合体）建设，也相当有特色。此外，还有一些省份也是非常注重结合当地的特色资源，邀请有文旅资质的产业集团来当地进行乡村综合体建设和产业开发。

通过上述案例分析，人们不难发现，现有不同类型的综合体建设，不论其名称有何不同，作为实体建设的乡村综合体都有一个共同点，就是比较注重其经济功能及其对当地经济社会发展的带动效应，特别是在文旅的杠杆作用下,多是再外加一些其他功能的附加建设,形成以经济发展为主导的综合体建设模式。当然,从当前社会发展上来看,结合不同区域发展的不同情况,探索不同类型的乡村综合体建设发展模式,是有必要的,也是可行的。但是,以可持续发展的价值理念来审视,也不难发现,如果乡村综合体只是单一地采用以经济发展为主导,最多只是把文化看作是融入其中的一种功能,这种发展理念和模式是存在一定弊端的,甚至是不可持续的。因为,文化是综合体建设的内核和指导思想,不应是单纯的融入、移植,更不是附加进去的,而应是综合体的灵魂。只有真正地培育出具有历史继承性和时代发展性的乡村文化,也即培育独特的新时代乡村综合体文化,方能使乡村振兴及其与此相关的乡村综合体建设保持可持续发展,使之持久地发挥出经济、社会和文化的多重效应。

以文化提升乡村综合体建设品质

目前,乡村文化建设虽然还受诸多因素的困扰,但深究其本源,主要还是传统文化、文明与现代文化、文明的碰撞所致,是传统社会与现代社会的乡村发展理念、模式和路径不同的冲突所致。社会学家威廉·奥格本在论述文化变迁和发展时,曾提出"文化堕距"(culture lag)理论,他认为在社会发展和文化变迁过程中,往往会出现一部分落后于其他部分而呈现出社会文化发展的滞后现象,而要消除这种现象,就必须要进行新的文化整合,以促进文化体系内的各部分、各分支机构和各种不同类型的元素,在功能上能够进行有机地融合与互补。换言之,也即要用先进文化消除落后文化的影响,引领社会组织结构进行自我更新和自我完善。因此,在新时代乡村综合体的建设中,如何通过文化引领搞好乡村文化建设,提升乡村振兴品质,找到与新时代发展相适应的建设模式、方法和路径,这是需要认真考虑的。

有别于城市综合体建设,乡村综合体建设不应是简单地拆违改建,而是要在尊重乡村原生态的基础上,在自然生态和人文生态和谐一致的文化理念引导下,强调以人居为主体,实行村区合一,以现代文明理念和方式开展乡村文化建设,走与城市共享发展的道路。据笔者实地走访调查发现,从现状上来看,一些经济发达区域的乡村综合体建设比较有成效,而一些经济欠发达区域的乡村综合体建设则相对滞后。同时,即便是一些经济发达区域的乡村综合体建设,也还存在一些比较突出的问题,尤其是在文化建设方面。目前,通常是采用建文化室、图书室,或文化礼堂,外加建一些体育健身设施,美化周边环境的做法。当然,就目前的建设状况而言,这也都是必要的。不过,通过实地考察发现,目前所建的乡村公共文化(包括体育)设施,还较多地存在形式大于内容的问题,真正发挥的作用还不够充分,这需要引起高度关注。

如何提升乡村综合体建设的功能、效应和品质?依据乡村文明和文化特点,笔者认为,应注重在文化的引领下,充分地认识乡村文化的特性,把握乡村文明的特质。众所周知,乡村文明和文化保存了序列较为完整的中华文化基因,体现了比较系统的中国文化谱系。对不论身居何地的华夏儿女来说,乡村文明和文化就是一种浓浓的乡愁,是维系中华民族的情感纽带和精神家园。在文化的层面上,特别是在乡村文化层面上,华夏儿女都可以找到文化的共同话语,形成共识,产生共鸣。"还乡,使故土成为亲近本源之处。"①的确,在新时代振兴乡村,以文化的引领建设乡村综合体,在这个意义上也可以说是对中华文明、中国文化精神的一种坚守和创新。具体地说,也就要使乡村作为中华文明之源,中国文化之"根"而被留住,并非只是简单地回到过去,简单地恢复原样原貌。文化是乡村的精髓所在,没有文化的乡村,所建设的乡村综合体也将是一具没有灵魂的躯壳。笔者注意到,近些年来,乡村文化建设再次引起全社会关注,许多文化人、艺术家、企业家等纷纷到乡村去,采用各种方式建设新型的乡村综合体,再造乡村原生态景观,再现乡村生活场景,提高了乡村发展品质,展现出新时代乡村文化的丰富多彩。

---

① [德]海德格尔:《人,诗意地安居》,郜元宝译,远东出版社1995年版,第90页。

据相关报道,北京元典美术馆曾举行了一场题为"乡建在中国:碧山 & 许村"的展览,通过大量文字和图片,介绍了我国一南一北两个艺术乡村综合体建设的精彩案例,凸显出用文化引领的理念,以艺术方式改造乡村,打造了新型乡村综合体的成功典范。

前者为碧山,是安徽省黟县碧阳镇的一个乡村,2013 年被列入第二批中国传统古村落名录。艺术家欧宁和左靖响应建设社会主义新农村的号召,发起了建设新型乡村综合体的"碧山计划"。他们注重发掘徽州丰富的自然资源、乡村建筑资源和历史人文资源,在碧山村创建"碧山共同体",选择让艺术家居驻乡村创作的方式,以实际行动参与乡村文化建设;后者为许村,是山西省晋中市和顺县松烟镇的一个乡村。2007 年,广东工业大学渠岩教授团队在此启动了"许村计划"。他广邀全国各地的艺术家,特别是画家来许村旅居、采风、作画,进行艺术创作,并由此打造出一个完整的美术产业链,形成了以艺术方式建设新型乡村综合体的"许村模式"。

上述采用艺术方式建设乡村综合体案例说明,以文化提升乡村综合体建设品质,是一个非常值得借鉴的思路和方式,其核心是要注重文化的恢复、传承、再造和创新,特别是对乡村文化传统进行创造性转化,赋予乡村以新的发展动力。尽管各地的情况不同,并不能简单地照搬,但以文化提升乡村综合体建设品质的思路,真正目的是让"乡愁"落在实处,展示人们对美好生活的向往,同时也展示出中华文明、中国文化和中国式现代化的无限魅力。

以文化推动乡村综合体创新发展

用文化理念推动新时代的乡村振兴,用文化引领搞好乡村综合体建设和创新发展,应走一条与城市共享发展之路。历史学家刘易斯·芒福德曾把城市比喻成一个"磁体——容器"[1],认为推动城市发展的真正动力是

---

① [美]刘易斯·芒福德:《城市发展史——起源、演变和前景》,宋俊岭、倪文彦译,中国建筑工业出版社 2005 年版,第 106 页。

"磁体"所聚集的人的精神力量,也即是文化的力量,它让城市成为一个"容器",有自身独特的空间场域,不仅为城市发展增添创造、创新的动力,同时也为城市及其所辐射的城市组团,特别是周边的城镇、乡村的发展带来新的活力,提供了源源不断的资源支持,特别是包括城市先进文化资源的支持,为乡村发展带来新观念和新思路。新时代的乡村综合体建设,应注重与城市共享资源、共享发展,要善于借用城市发展的现代理念,通过文化的引领和整合形成乡村综合体自身独特"磁体—容器"的文化功能,与城市发展相对应、对接,从而吸引和聚集不同类别的人群,特别是吸引和聚集城市人来乡村旅居、创业,形成认识乡村生活,体验乡村文化的共同理念,大家一起携手,共同建设美好家园。归纳起来,具体思路和方式方法主要有以下几点:

首先,要不断更新观念,明确指导思想,创新乡村综合体的管理体制,注重对乡村传统文化和文明因子的现代性、创造性和创新性的转化,确立尊重乡村历史和文化传统的认识观念,传承乡村优秀文化传统,不断增强乡村文化活力,要自始至终将文化引领贯穿在乡村综合体建设的各个环节,整体性和系统性地规划好乡村综合体建设,而不只是将文化单纯地看作是其中一项附加内容。在这个基础上,要注重改善乡村人口的构成,提升人口的文化素质,制定提升乡村生活质量的指标体系,注重在乡村空间布局和建筑景观中突出乡村人文风情和文化品格,优化乡村社会结构,强调制度化建设,完善文化基础设施,提供乡村公共文化产品,以构建完整性的乡村文化体系为着力点,按照一体化的要求统筹谋划,稳步推进乡村综合体的经济、社会、文化等各项事业的发展,制定与城市文化的互补性、共享性发展的规划,在充分尊重乡村文化特性的基础上,自觉地接受城市功能的辐射和城市文化的影响。

其次,要注重修复乡村文明和文化的生态系统,促进乡村社会的自然与人文的协调和谐发展,发掘乡村文明和文化与现代化发展相对应、相适应的元素,把乡村文化作为乡村综合体建设的重要内容和有机构成部分,形成与全社会文化共享发展的态势和格局。换言之,也即要把乡村综合体文化建设纳入现代化发展进程中来进行全盘考察和规划,注重把乡村的政治、社会、经济、文化和生态的建设纳入乡村振兴的统筹范围,形成乡村一体化发展思路,做到尊重传统,尊重历史,尊重文化,因地制宜,有的放矢,培育乡村发展的内生机制和新的成长点,形成与城市发展的共建共享合力,不断提升乡村生活质量和文化品质,增进人民群众的生活福祉,提高乡村现代文明程度,做到像鲁迅先生所说的那样:"外之既不后于世界之思潮,内之仍弗失固有之血脉"①,以使整个乡村综合体建设和发展始终都充满着中国优秀文化的活力。

再次,要注重将顶层设计与乡村发展的实际相结合,理顺乡村综合体的管理体制和工作机制,切实转变工作方式方法,建立一套系统有效的乡村综合体文明制度、文化活动效果评估指标和体系,制定一套合理的运营机制。实践证明,单一地靠传统乡村管理运行机制,是无法保证乡村综合体的可持续发展的,也不能真正地使乡村文明、文化得以在新时代再创辉煌。文明的延续,文化的发展,都有着自身的内在规律。传统振兴乡村的路子之所以出现一些"瓶颈"问题,可以说是在发展思路上缺乏新的认识、新的观念,采取单一的"帮、扶、送"的做法,其实都只能是"蜻蜓点水",甚至是"隔靴搔痒",不能真正解决发展中的难题。在新时代建设乡村综合体、注重文化引领和提升的目的,则是为了更好地促进乡村文明和乡村文化发展的有机更新,营造出浓厚的创新发展氛围,通过对不同类型的乡村综合体建设进行个性化设计,制订个性化改造方案,走出一条新的乡村振兴路子。目前,各地在注重发展乡村文化产业和文化休闲旅游的同时,更加注重与城市文化发展相对应、对接,由此形成良性的互动和互补,实行融合式发展,通过先进文化引导而不断提升乡村综合体建设品质,让党和国家的富农、富乡政策,不断释放出红利,并具有强大的"自我造血"机制。

最后,要结合建设社会主义新农村和打造"美丽乡村"的活动,建设有

---

① 鲁迅:《文化偏至论》,载《鲁迅全集》第 1 卷,人民文学出版社 2005 年版,第 57 页。

"乡韵""乡味""乡愁"的优秀农耕文化基因和特色的乡村综合体。在农耕生产方式、生活方式基础上生成的乡村文明和乡村文化,常常是通过丰富多彩的乡村民俗文化展现出来的。在这方面,要注重乡村民俗和风土人情的文化挖掘和人文提炼,取其精华,去其糟粕,打造"别样风采"和"独特韵味"的乡村人文精神,守住文化的"根"和"脉",使新时代的乡村综合体建设,既有社会主义新农村和"美丽乡村""美"的内涵,也更加具有深厚的中国文化的内涵和文明风采。

参考文献

费孝通:《乡土中国》,北京出版社 2005 年版。

鲁迅:《文化偏至论》,载《鲁迅全集》第 1 卷,人民文学出版社 2005 年版。

[德]海德格尔:《人,诗意地安居》,郜元宝译,远东出版社 1995 年版。

[美]刘易斯·芒福德:《城市发展史——起源、演变和前景》,宋俊岭、倪文彦译,中国建筑工业出版社 2005 年版。

中华优秀传统文化对当代国家治理的启迪

高小平*

党的二十大报告提出"把马克思主义基本原理同中国具体实际相结合、同中华优秀传统文化相结合"。在"第二个结合"视域下，深入研究中华优秀传统文化中的治理智慧，对于推进当代国家治理体系和治理能力现代化有重要和积极的作用。

中华优秀传统文化启迪人们深刻理解"中国之治"的内在逻辑

中华民族在几千年发展中创造了灿烂的文化遗产，积累了丰富的思想宝藏。历史具有鉴得失、知兴替、明事理的功能，学习历史能够正己正物、识己识人、知耻近勇。很多有作为的政治家善于在政治场域中创造性地学习历史。"鉴于往事，有资于治道。"学习历史能够提升人们认识世界和改造世界的能力，促进共同价值观的形成，推动社会发展进步。这个优良传统铸就了中华民族的文化自觉，将共有记忆转化为共同行动，将历史锻造为信仰和使命。

以史为鉴，让"史"成为现实政治和行政的逻辑体系，成为从古到今中国人独特的"历史观"。这一史鉴传统，在漫长的过程中经历了不断发展和沧桑巨变，凝练为一系列文化精髓，最有标识性的是开拓精神、忧患意识和

---

* 高小平，中国行政管理学会研究员，北京林业大学生态文明智库中心兼职研究员。

共富观念等,为国家的发展提供不竭的思想动力。

勇于开拓的精神是中华民族世代追求宏大理想的一种力量展现和执着坚持。《诗经》和《尚书》作为国学的开山之作,记载了上古时期中华民族开天辟地的思想足迹。《诗经》以实证性史料的方式和载体记录了西周初年至春秋中叶各方面的政治状况,从刚正不阿地批评朝政的民风,到善于纳谏的朝政,更多的是对社会弊端、腐败政治的讽贬,鞭策官府革故鼎新。《尚书》中收集汇编了大量商周以及之前的历史文件和追述上古事迹的重要史料,首篇《尧典》记载,尧帝发明了用"二女、五典、百揆、四门"四个维度,"三载考绩"的方法,考核管理者的人事制度,不仅为后来儒学提出"修身、齐家、治国、平天下"打下了基础,而且开创了中国古代社会的制度文明,为人类做出了贡献,《大英百科全书》称其为发生在公元前 2200 年的"世界考试制度的起源"[1]。《诗经》《尚书》中有很多体现勇于开拓的政治格言,如"周虽旧邦,其命维新""民之所欲,天必从之""允恭克让,光被四夷""百姓昭明,协和万邦",体现了古人强烈的开拓创新思想。

忧患意识是中华民族历经坎坷磨难而形成的生存智慧和精神特质。首先,忧患是建立在对未来的超前预见的基础上的。"凡事豫则立,不豫则废。言前定则不跲,事前定则不困,行前定则不疚,道前定则不穷。"(《中庸》)其次,忧患是对自身、他人乃至国家前途命运的深远关切。欧阳修的"忧劳可以兴国,逸豫可以亡身",范仲淹的"先天下之忧而忧,后天下之乐而乐",都是忧患意识的表达。再者,忧患意识又是底线思维的基础。怀忧患之心,才能将困难估计得更充分,才能安不忘危、存不忘亡、乐不忘忧,将风险预测的关口前移,把解决问题的措施想得更周到一些,做到有备无患、防患未然。同时,忧与患的目的是排除隐忧与明患。增强忧患意识,就是要善于谋求发展,不放过任何一次发展的机遇,化不利因素为可利用因素,认清有利条件和短板所在,守住底线,争取高线。

---

① 颜世富:《中国古代绩效管理思想研究》,《上海管理科学》2014 年第 6 期。

共富观念是中华民族追求民本、小康、公平、正义的政治理想和道德范式。中国古代强调民以食为天,形成了"食货为先"的典章制度体系。① 从这里引申出民本、民生、均贫富的思想。《易经》有"平施",《老子》有"自均",《庄子》有"天下平均",《论语》有"不患寡而患不均",这些论述对古代经济社会发展起到深远影响,激励人民通过艰苦探索,走上善进之路。共富的思想常常通过国家官僚、乡绅自治以及宗法家族三种组织层次得到延伸,在"家国同构"的超稳定政治结构中,推进政治地位规则、家庭社会收入分配和代际继承等调均性机制的建立,并通过法律制度使具有"共有"性质的家庭财产在代际分配中缩小家族成员财产差异,缓解古代社会基层资源分配中的失衡。② 1979 年,邓小平同志提出"小康"和"小康社会"的概念和构想,就是源自古人对殷实社会的向往。在全面建成小康社会的今天,我们仍然能从传统文化中汲取共同富裕的智慧。

清代龚自珍在《尊史》中指出:"出乎史,入乎道。欲知大道,必先为史。"继承史鉴传统,才能深刻理解"中国之治"在进取与守正、常忧与长治、效率与公平中的内在逻辑,克服历史虚无主义和精神困顿现象,焕发历史主动精神,激励以中国式现代化全面推进中华民族伟大复兴的勇气和信心。

中华优秀传统文化启迪人们在"中国之治"中凝聚改革智慧

中华优秀传统治理文化以《易》为开端和代表,强调在"变"与"不变"的辩证关系中,变是主导,认为必须重视从变的角度和事物关系上处理政治问题的方法与原则,③运用积极主动的变革、更化、维新,在变异中预测未

---

① 参见徐晓林:《中国古代行政学说史书目举要》,《公共管理与政策评论》2021 年第 4 期。

② 参见陈新明、高小平:《均平而非平均:中国古代治理思想中的共同富裕》,《东南学术》2023 年第 3 期。

③ 参见方克立:《要重视研究钱学森的中医哲学思想》,《中国哲学史》2018 年第 1 期。

来，降低不确定性，增强确定性，追求动态中的均衡，从而形成了独特的"辩证观"。

流传至今的《周易》包括《易经》和《易传》。这些著作大都不是一人所作，也非成书于一个朝代，而是"人更三圣，世历三古"的集体世界观，是千千万万中国人的智慧结晶。《易》的核心思想是"变"，强调因时因势、以变应变，在永恒的变易之中寻求现实适合的生产和生存方式。历代改革家都奉"易道""通变""自强"思想为圭臬，在实践中继承、运用和发扬光大优秀易治传统，在变中求稳、变中求进、变中求治。

"易道"是指自然和社会现象背后的规律和法则，是有别于"器物"的本质，社会变革不仅要有"坚船利炮"，更要有"高于"器"的"道"。如何把握"道"？古人告诉我们，一是要精于观察，"参天两地，观变于阴阳，发挥于刚柔，和顺于道德，穷理尽性"；二是要及时因应，"人之因应，非无作用也"，顺其自然，有所作为，"鼓之以雷霆，润之以风雨"；三是要善于适应，唯变所适，适者生存，适时变革。

"通变"是指对易道的践行。"通变之谓事"，通晓变化之理的目的是行动，就是要以变治变，不拘常规、适时调整策略，经过努力去处理好变革中的实际事务。首先，要砥行致远。"谋定而后动"，确定目标后要坚定前行，通过努力和奋斗，日积跬步，不断地取得变革成效，以此激励持续跟进，才能达到成功的目的。其次，要戒慎恐惧。"战战兢兢，如临深渊，如履薄冰"，就是要以未临而如临、未履而如履的状态，谨慎做事，稳扎稳打，一步一个脚印前行，不可急于求成，盲目冲动。再次，要先立后破。"成规未可墨守，新法斟酌行之"。在破陈规之前，先建立新的制度，这是大禹治水的经验——先在吕梁山开渠，后疏导汾河水入黄。大的制度创新一般都要以试点的方式先行一步，避免失误。同时，要研究"变革文化"，讲究"变革艺术"。刘勰在《文心雕龙》中专门有一章论述"通变"，"斯斟酌乎质文之间，而檃括乎雅俗之际，可与言通变矣。"他以写作中的继承与革新来比喻变革实践中守正与创新的关系，把握好事物的边界和力量的均衡。这些思想对于我们坚持把改革的力度、发展的速度和社会可承受的程度统一起来,在保持社会稳定中推进改革发展,通过改革发展促进社会稳定,具有参考价值。

"自强"是"易道""通变"思想在自我这一侧发出的变革呼唤。《周易》乾卦的《象传》提出"天行健,君子以自强不息"。这是要求人们效法宇宙运行不息,不断学习进步,持续改革。后人发挥这方面思想,进一步提出"苟日新,日日新,又日新"的思想,具体为"涤旧""亲民""新民"的创新意识。"日新"思想的基本内涵是强调变革的持续性。"新者,革其旧之谓也,言既自明其明德,又当推以及人,使之亦有以去其旧染之污也。""亲民"思想要求为政者要进德修业,提高道德水准和文明素质,做表率,身教重于言教,向民众学习,与他们打成一片。王阳明在《大学问》中提出:"明明德者,立其天地万物一体之体也;亲民者,达其天地万物一体之用也。故明明德必在于亲民,而亲民乃所以明其明德也。""新民"思想是与"亲民"思想并存的两种理解,强调研读经典、践行经典既是"道以自新",又是"治人之方",具有提升自己、惠及众人两个方面的作用。在《尚书·康诰》中有"作新民"的忠告,希望人人都关注创新、投身创新,唯有如此方能实现"政教日日益新",推进从道德修养到治国理政都不断进步,实现政令一新、山河一新的理想。

中华优秀传统文化启迪人们在"中国之治"中更加重视整体性和协同性

诊治传统是包括"治未病""治无患""治已病"三种理念的一种全面整体的思维方式,蕴含着古代治国理政的深邃道理,体现了预防为主、关口前移、常急兼顾等管理思想,在人类进入风险社会的今天,尤其具有现实意义。

"治未病",源于《黄帝内经》所说:"圣人不治已病治未病,不治已乱治未乱,此之谓也。夫病已成而后药之,乱已成而后治之,譬犹渴而穿井,斗而铸锥,不亦晚乎?"其核心思想是注重平常的强身健体,防止疾病的发生发展,不要等病入膏肓了才四处求医。"治未病"分三步:提前干预,未病先防;初发早治,既病防变;未愈勿急,瘥后防复。要做到"治未病",医者还告诚，须"尊则谦谦，谭而不治，是谓至治"。管理者地位虽高却很谦虚，常以理服人，而不采用压制的手段，这是最高境界的治理。这些思想对于今天加强风险治理、应急管理关口前移，以及治理"大城市病""官场帕金森现象"以及骄傲自满、不思进取等毛病，都有一定的启示。

"治无患"，是东汉名医华佗提出的。他说"良医治无病之病，故人常在生也；圣人治无患之患，故天下常太平也。"这一思想是将"治未病"向前引申，提出在常态社会中要居安思危，见微知著，防微杜渐，凡事要适度，过犹不及，不可操之"太过"，也不能滞后"不及"。治无患的关键是"应常不应卒"，做好日常工作和生活，就不至于事到临头手忙脚乱。古人不仅把治病与治国融合起来，而且还把治病与治文治学联系在一起，提供了多维度、交融性研究的学术先河，很有参考价值。

"治已病"是指得病之后的诊疗，相当于治理危机，是将"治未病"向后延伸。为增强人们对未病和已病之间联系的认知，著名医家扁鹊称，他在家中三兄弟里医术最差，因为他只会在病严重的时候进行治疗，而大哥能做到"未有形而除之"，二哥能做到"治病在毫毛"。古人认为，治病的重点是找到"痛点"，诊治法有数十种之多。例如，"不通则痛"，讲经络不通、气脉不通导致疼痛，隐喻政令不通、言路不通会产生严重后果。"不荣则痛"，讲人的气色不佳，表明身体之痛状，隐喻社会"痛点"治理。在古典医籍中，治痛是为了健康，健康是为了延年益寿，"寿"既包含对普通人自然年龄的衡量，更多关注的是圣人、帝王之寿，实际上是研究世代继承的统治权"社会年龄"。比如，《黄帝内经》认为，善于"视万物，分白黑，墙基高，立明堂，见事明主明，视听八达"则"寿长"；"道闭塞而不通，少信，多虑，见事不明，好颜，急心"则"不寿暴死"。先人研究社会危机，发现"寿"的高度，取决于顺民意的广度，提出："治民与自治，治彼与治此，治小与治大，治国与治家，未有逆而能治之也，夫唯顺而已矣""百姓人民皆欲顺其志也"。

中国诊治传统在顶层逻辑上是天人合一的宇宙观，即人与天地"相参""如一""合气"。这是建立在对人与自然"同源性""同步性"洞察之上的一种生命共同体反思。现代科学证明,人体就像一个小宇宙,甚至还有类似暗物质的存在。这种把天地人统一起来,把自然生态同人类文明联系起来的思想,构建了中国早期的生态哲学,对我们今天的生态文明建设也有很多启迪。

从传统治理文化中学习现代治理要善于扬弃

推进国家治理体系和治理能力现代化是全面深化改革的总目标,是一次深刻的革命。从中华优秀传统治理文化中汲取智慧,不是兴起复古风,而是"明于天人古今之数",通过总结经验教训,获取规律性的认识。

毛泽东同志历来对中国历史和传统文化的态度是扬弃,即一分为二,既尊重、又否定,既充分肯定其价值,又清醒看到其局限性。毛泽东同志认为:"这种尊重,是给历史以一定的科学的地位,是尊重历史的辩证法的发展,而不是颂古非今,不是赞扬任何封建的毒素。"因此,他提出:"清理古代文化的发展过程,剔除其封建性的糟粕,吸收其民主性的精华,是发展民族新文化提高民族自信心的必要条件;但是决不能无批判地兼收并蓄。"①取精剔糟,就是批判地继承传统文化的正确态度,既不要把孩子和洗澡水一起泼掉,也不要不加区别地全盘接受。

科学合理区分中华传统文化中的"精"与"糟",是"结合"的基础。判断的原则是实事求是,评价的标准是看其是否有利于推动生产力发展,是否有利于实现人民群众的根本利益,是否有利于形成先进文化形态,最根本的是看其是否经受住了长期社会实践的检验,是否有助于中国特色社会主义事业的发展。传统治理文化可分为四类。第一类是人民创造的文化,第二类是统治者处于上升发展时期的文化,第三类是统治者处于衰落保守时期的文化,第四类是从社会共同经历中创造出的抽象文化。在第一类中,精华较多。如《诗经》《汉赋》中的大多数治国理政思想,就充满了对公平正义、

---

① 《毛泽东选集》第2卷,人民出版社1991年版,第707—708页。

艰苦朴素的肯定,对奢华腐败否弃的积极态度,有着久远乃至永恒的意义。在第二类中,精华多于糟粕。例如,当封建地主阶级处于上升进步时期提出的“以和为贵”“先义后利”“载舟覆舟”“知行合一”“勤政廉政”等思想就属于精华。在第三类中,糟粕多于精华。如封建迷信、官本位、愚民政策等都属于典型的糟粕,而每个时代涌现的变革者提出的“世无一成不变之法”等思想属于精华,有积极意义。在第四类中,抽象文化是社会为表达传递价值观而设置文化传承印记形成影响力的传播形式。我国历史上长期主导和流行的一些涉及民族底蕴的综合性概念,如礼、义、廉、耻、忠、孝、仁、信,以及民本、大同等,具有抽象真理性、哲理性,可以用其“外壳”和部分内涵,慎用其本义,绝不能用其全部意思。

加强对我国古代政治学与行政哲学的研究,有助于将当代改革发展经验、政府治理范式和时代转型背景厚植于我国历史发展的脉络之中,有助于凝练中国话语体系建设,为现实世界提供叙事方式、理论支撑和智识依据。[①] 在迈向治理现代化的征程中,特别是在人工智能快速发展的今天,建立科学合理的价值评判机制,增强“第二个结合”的边界意识,尤为重要。

参考文献

《毛泽东选集》第 2 卷,人民出版社 1991 年版。

陈新明、高小平:《均平而非平均:中国古代治理思想中的共同富裕》,《东南学术》2023 年第 3 期。

方克立:《要重视研究钱学森的中医哲学思想》,《中国哲学史》2018 年第 1 期。

谭九生、赫郑飞:《中国行政哲学研究的回溯、描述及展望——以 2003 年至 2017 年间召开的十一届行政哲学研讨会为主题》,《中国行政管理》

[①] 参见谭九生、赫郑飞:《中国行政哲学研究的回溯、描述及展望——以 2003 年至 2017 年间召开的十一届行政哲学研讨会为主题》,《中国行政管理》2018 年第 5 期。

2018 年第 5 期。

徐晓林:《中国古代行政学说史书目举要》,《公共管理与政策评论》2021 年第 4 期。

颜世富:《中国古代绩效管理思想研究》,《上海管理科学》2014 年第 6 期。

三、开放包容:胸怀天下与国际传播

增强中华文明传播力影响力。坚守中华文化立场,提炼展示中华文明的精神标识和文化精髓,加快构建中国话语和中国叙事体系,讲好中国故事、传播好中国声音,展现可信、可爱、可敬的中国形象。加强国际传播能力建设,全面提升国际传播效能,形成同我国综合国力和国际地位相匹配的国际话语权。深化文明交流互鉴,推动中华文化更好走向世界。

　　　　　　——2022 年 10 月 16 日,习近平在中国共产党第二十次全国代表大会上的报告

胸怀天下:中华文化自信的鲜明特质

——深入学习领会习近平文化思想

任俊华*

中华民族伟大复兴中国梦,是经济腾飞之梦,也是文化复兴之梦。源远流长的中华文化是国家、民族生存发展最基本、最深沉、最持久的力量,中华文化复兴是更基础、更壮阔、更深厚的伟大复兴。习近平总书记指出:"中国有坚定的道路自信、理论自信、制度自信,其本质是建立在5000多年文明传承基础上的文化自信。"

2023年10月7日至8日,全国宣传思想文化工作会议召开,首次提出并阐述习近平文化思想。与2013年、2018年两次全国宣传思想工作会议相比,会议名称增加"文化"二字,从文化传承、发展创新的角度赋予全国宣传思想工作队伍思维更为开阔、格局更为宏大的中华文化传承复兴使命。会议指出:"习近平总书记在新时代文化建设方面的新思想新观点新论断,内涵十分丰富、论述极为深刻,是新时代党领导文化建设实践经验的理论总结,丰富和发展了马克思主义文化理论,构成了习近平新时代中国特色社会主义思想的文化篇,形成了习近平文化思想。"

坚持胸怀天下,作为党的百年奋斗十大历史经验之一,作为习近平新时代中国特色社会主义思想世界观和方法论的基本内容,也是习近平文化思

---

* 任俊华,中共中央党校(国家行政学院)哲学教研部战略哲学教研室主任、教授。

想的重要内容。必须阐释好、挖掘好、运用好胸怀天下的理论和实践内涵，为坚定中华文化自信提供鲜明的中国立场、观点和方法。

胸怀天下筑造中华文化自信的优秀基因

中国共产党胸怀天下历史经验和世界观方法论的形成，经历了漫长的历史积淀和实践积累。讲清楚胸怀天下的中华优秀传统文化根基和党的百年理论创新根基，才能为推动文化繁荣、建设文化强国、建设中华民族现代文明提供优秀的人文思想支撑，为充实当代中华文化宝库提供源源不断的智慧养分。

绵延不绝的五千年中华优秀传统文化、中国共产党带领中国人民创造的革命文化和社会主义先进文化、马克思主义中国化时代化的历史进程，积淀了深厚的胸怀天下优秀文化基因。习近平总书记指出："文化自信就来自我们的文化主体性。这一主体性是中国共产党带领中国人民在中国大地上建立起来的；是在创造性转化、创新性发展中华优秀传统文化，继承革命文化，发展社会主义先进文化的基础上，借鉴吸收人类一切优秀文明成果的基础上建立起来的；是通过把马克思主义基本原理同中国具体实际、同中华优秀传统文化相结合建立起来的。"中华文化何以自信？必须从文化主体性中寻找一脉传承的优秀基因。

坚持胸怀天下的中华优秀传统文化基因

中华优秀传统文化追求天下善治、天下大同的大理想、大胸怀。作为传统文化主体的儒学，从心起论，强调修己立德，通达至齐家、治国、平天下的社会实践。中国古代读书人必读的《大学》，列举了格物、致知、诚意、正心、修身、齐家、治国、平天下八个条目，次序有条不紊，心胸步步打开，到了平天下，就是使天下太平安宁，天下百姓得到善治。

儒学文化以推己及人的仁爱之心、明辨是非的正义之道为原则与人交往，孔子主张"己欲立而立人，己欲达而达人"（《论语·卫灵公》），"己所不欲勿施于人"（《论语·颜渊》），将心比心，真诚地与人友好往来。这一交往准则贯穿在个体的交往实践，处理家庭事务的齐家实践，治国安民实践，乃至国与国之间的邦交实践之中，展现了中华优秀传统文化深厚的仁爱心地和源远流长的友善基因。

中华优秀传统文化的"天下"观，蕴含着古代民本治理的核心理念。《礼记·礼运》篇中云："大道之行也，天下为公。"理想的大同世界是天下百姓都能过上衣食无忧的日子，青少年能够接受良好教育，青壮年有一份工作自食其力，老年人能够得到关怀安享晚年，社会风气良好，路不拾遗、夜不闭户。

坚持胸怀天下的马克思主义世界历史思想

马克思主义从现实的、发展的、实践的角度分析世界历史的演进进程，为坚持胸怀天下提供了深厚的理论铺垫——它不仅是一个理论命题，还是一个历史命题、实践命题。"天下"因为世界市场的形成联结成为一个密切交织的交往整体，全球大分工、大生产、大市场推动世界各国走向合作、开放与交融。

马克思主义世界历史思想从生产力和生产关系的矛盾运动出发，深刻揭示了人类社会历史的发展规律。18世纪以来，工业革命和商品经济的世界市场逐步成型，驱动着世界历史向着经济全球化方向迅速演进。马克思把世界历史从黑格尔的绝对精神的自我显现，拉到社会运动的事实中来："历史向世界历史的转变，不是'自我意识'、世界精神或者某个形而上学幽灵的某种纯粹的抽象行动，而是完全物质的、可以通过经验证明的行动"[1]。世界历史伴随着机器大工业的生产、生产力水平迅速提升、资本主义开创世界市场的推进。世界市场形成直接导致各国之间互相依赖程度加深，封闭自守的状态成为过去。从这个意义上，马克思主义世界历史的思想阐发了一个人类工业革命、科技革命塑造的新历史阶段，它是生产力和生

---

[1] 《马克思恩格斯选集》第1卷，人民出版社2012年版，第169页。

产关系变革后的新世界，各民族的生产方式日益完善，从封闭走向开放，全球性分工超越了以往的民族性分工，"各民族的原始封闭状态由于日益完善的生产方式、交往以及因交往而自然形成的不同民族之间的分工消灭得越是彻底，历史也就越是成为世界的历史"①。马克思主义世界历史思想中的"世界"，是全人类密切往来、商品经济的世界。在世界市场的驱动下，世界政治、经济、文化、科技等领域的整体化、一体化进程进入空前加速时期。

毛泽东思想坚持胸怀天下的战略眼光

毛泽东同志以放眼世界、指点江山的寰宇气魄，"敢教日月换新天"的雄心壮志，引领中华儿女取得了国家独立和民族解放，并将中国的革命事业纳入世界革命事业的视野之中，指出"中国应当对于人类有较大的贡献"②，"创造自己的文明和幸福，同时也促进世界的和平和自由"③。四海同胞，天下一家，在毛泽东同志看来，社会主义就是自己好的同时，也希望别人好："这种世界主义，就是四海同胞主义，就是愿意自己好也愿意别人好的主义，也就是所谓社会主义"④。

革命战争年代，毛泽东同志心系世界的永久和平，指出"所谓天下大事，就是解放、独立、民主、和平友好、人类进步"⑤。秉承着"太平世界，环球同此凉热"的世界和平理想，毛泽东同志坚决反对侵略战争，积极支持世界各个国家的和平运动和正义斗争。他指出："亚洲、非洲和拉丁美洲各国的民族独立解放运动，以及世界上一切国家的和平运动和正义斗争，我们都必须给以积极的支持"⑥，"已经获得革命胜利的人民，应该援助正在争取解放

---

① 《马克思恩格斯选集》第 1 卷，人民出版社 2012 年版，第 168 页。
② 《毛泽东文集》第 7 卷，人民出版社 1999 年版，第 157 页。
③ 《毛泽东文集》第 5 卷，人民出版社 1996 年版，第 344 页。
④ 《毛泽东书信选集》，人民出版社 1983 年版，第 3 页。
⑤ 《毛泽东文集》第 6 卷，人民出版社 1999 年版，第 484 页。
⑥ 中共中央文献研究室编：《建国以来重要文献选编》第 9 册，中央文献出版社 1994 年版，第 35 页。

的人民的斗争，这是我们的国际主义的义务"①。以毛泽东同志为代表的老一辈革命家勇于中流击水、浪遏飞舟，不畏艰险救本民族于危亡，也提振世界各民族追求独立与解放的信心。

邓小平理论坚持胸怀天下的开放格局

邓小平同志开创的中国特色社会主义理论体系，以胸怀天下的历史视野深刻洞察世界发展形势，提出了"和平与发展是当今世界的两大主题"的科学判断，在错综复杂的国际矛盾中抓住了主要矛盾，准确研判了时代特征和国际形势，这是中国制定发展道路、路线、方针、政策的前提依据。

邓小平同志将"坚持胸怀天下"转化为对外开放的基本国策，落实到中国改革开放的治理实践，积极推动中国市场融入世界市场的天下贸易之中，开创了中国经济建设新局面。邓小平同志认为"现在的世界是开放的世界"，中国要改变贫穷落后的面貌，通过跨越式发展加快推进现代化，对外开放是必由之路："中国在西方国家产业革命以后变得落后了，一个重要原因就是闭关自守。……三十几年的经验教训告诉我们，关起门来搞建设是不行的，发展不起来"。② 在全球联系日益密切、广度和深度纵深发展的时期，中国只有对外开放，才能充分学习吸收资本主义先进生产力以及一切有利于自身发展的成果，充分激发市场主体的创新创造活力。改革开放40多年来，中国经济发展取得了举世瞩目的成就，走出了一条中国特色的高水平对外开放之路。坚持胸怀天下顺应了历史发展的潮流，中华儿女将以更加开放、包容的胸怀走向世界、拥抱世界。

习近平新时代中国特色社会主义思想
坚持胸怀天下的人类命运共同体视域

在经济全球化的今天，各国人民在交通、信息、技术等工具载体上已经

---

① 中共中央文献研究室编：《毛泽东著作专题摘编》（上），中央文献出版社2003年版，第1154页。

② 《邓小平文选》第3卷，人民出版社1993年版，第64页。

进入了交流无碍阶段。在新航路开辟初期，由于技术水平有限，交通工具落后，世界各国想要沟通往来尚且处在"能不能"的技术瓶颈期。今日之全球，伴随着科技迅猛发展，互联网为全球沟通提供了信息平台，国际社会的交往已经处在了"想不想"的理念碰撞阶段，价值共识、利益共识越来越成为推进全球交往的关键核心因素。全球化的深度发展出现了一个悖论现象：一方面是科学技术推进全球交往越来越便捷，地球村民的距离感、空间感不断缩小；另一方面，国际社会的逆全球化思潮正在发酵，保护主义的负面效应日益显现，地球村民心与心之间的距离却并没有拉得更近。收入分配不平等、发展空间不平衡已经成为全球经济治理面临的最突出问题。习近平总书记站在全人类共同利益的立场，提出构建人类命运共同体的理念，为推动国际秩序朝着更加公正合理的方向发展贡献中国智慧和中国方案。

中华民族的文化自信根源于中华文化绵延传承的历史积累。习近平总书记说道："如果没有中华五千年文明，哪里有什么中国特色？如果不是中国特色，哪有我们今天这么成功的中国特色社会主义道路？"胸怀天下的历史文化基因塑造了中华文化的博大胸襟和浩然正气，为先进文化发展提供了深厚的历史滋养和思想养分。五千年的文化传承，是坚定中华文化自信的底气所在、根基所在。推进中华民族伟大复兴，要传承好坚持胸怀天下的优秀文化基因，让优秀基因在新时代新征程中茁壮成长、结出更加丰硕的果实。

胸怀天下开启中华文化自信的光明前景

坚定文化自信，树立对民族先进文化的自信心，首先要认识什么是先进文化。在当代社会，有先进的文化，也有落后腐朽的文化。先进文化具有多样性和历史性、科学性和实践性、时代性和前瞻性。先进文化反映和适应先进生产力的发展方向，代表和维护最广大人民群众的根本利益。社会主义先进文化指以马克思主义为指导，以培养"四有"公民为目标的面向现代化、面向世界、面向未来的、民族的科学的大众的中国特色社会主义文化。

坚定文化自信，既是对民族文化已经成型的丰硕历史成果的自信，又是对民族文化创造能力、自我革新能力的自信，必须从理论和实践两个维度，总结好历史经验，立足当下实践开拓创新，推进先进文化更好地走向未来。

中国共产党代表先进文化的前进方向，积极总结历史经验，开启中华民族文化自信的光明前景。一百多年来，中国共产党始终坚持理论自觉和历史自觉，塑造了中国共产党的理论创新禀赋和能力，习近平文化思想包含了中国历史的经验总结。习近平总书记在文化传承发展座谈会上指出："在新的起点上继续推动文化繁荣、建设文化强国、建设中华民族现代文明，是我们在新时代新的文化使命。……坚定文化自信，就是坚持走自己的路。坚定文化自信的首要任务，就是立足中华民族伟大历史实践和当代实践，用中国道理总结好中国经验，把中国经验提升为中国理论，既不盲从各种教条，也不照搬外国理论，实现精神上的独立自主。"①这段话深刻阐明了历史经验与理论之间的互动联系。立足中国经验，讲好中国故事，必须坚持胸怀天下，筑造中华民族文化自信的优秀基因，用理论指引当代中国特色社会主义伟大实践，为推动中华文化的时代创新注入源源不断的力量。

习近平总书记对宣传思想文化工作作出重要指示强调："着力加强国际传播能力建设、促进文明交流互鉴""不断提升国家文化软实力和中华文化影响力"。胸怀天下饱含了中华文化与世界文化交流互鉴的基本立场、观点和方法，彰显中华文化海纳百川、平等友善、包容宽厚的气象。党的二十大报告在"必须坚持胸怀天下"小节提出三方面内容："拓展世界眼光，深刻洞察人类发展进步潮流，积极回应各国人民普遍关切，为解决人类面临的共同问题作出贡献，以海纳百川的宽阔胸襟借鉴吸收人类一切优秀文明成果，推动建设更加美好的世界。"

时代大潮浩浩荡荡，顺之则昌，逆之则亡。加强国际传播能力建设，要

---

① 习近平：《在文化传承发展座谈会上的讲话》，人民出版社 2023 年版，第 10 页。

善于洞察天下历史走向、人类文明进步潮流走向，树立胸怀天下的大局观、文明观、时代观，在文化传播的进程中把准时代脉动，守正创新，做时代的弄潮儿。促进文明交流互鉴，要善于发现世界性问题，站在世界各国人民的立场和角度分析，助力解决人类面临的共同难题。中国共产党坚持胸怀天下的治国经验，站在民族性和世界性相融合的理论视野，给世界进步注入正能量，给文明互鉴添光彩。中国共产党推动建设的更加美好的世界，是持久和平、普遍安全、共同繁荣、开放包容、清洁美丽的世界，是为各国人民带来幸福生活的大同世界。必须坚持胸怀天下，打开全球视野，善于学习世界各民族的优秀文明成果，不断提升国家文化软实力和中华文化影响力，为建设更加美好的世界贡献中国智慧。

胸怀天下注入中华文化自信的创新力量

创新是一个民族的灵魂，是一个国家兴旺发达的不竭动力，也是中华文化在世界文化之林中挺立自信的不竭滋养源泉。习近平文化思想既有理论观点上的创新和突破，又有文化工作部署上的要求，明体达用，体用贯通。作为中国共产党百年奋斗历史经验之一的胸怀天下，既有理论之体，又付诸实践之用，是加强党对宣传思想文化工作的领导、建设具有强大凝聚力和引领力的社会主义意识形态的具体体现。习近平总书记强调"着力赓续中华文脉、推进中华优秀传统文化创造性转化和创新性发展，着力推动文化事业和文化产业繁荣发展""充分激发全民族文化创新创造活力"，为文化创新工作指明了方向。

从传统文化的天下观，到中国共产党坚持胸怀天下的理论创新进程，是积极赓续中华文脉、推动中华优秀传统文化创造性转化和创新性发展的有力成果之一。中华优秀传统文化的天下观，蕴含着古代治理的民本价值理念。在治理者和被治理者这对君民关系中，《尚书》将百姓比喻为"天"，提出"天视自我民视，天听自我民听"，强调治理者要心系百姓的冷暖安危。儒学思想一以贯之地提倡德治仁政，治国理政重在得民心，得民心者得天下。天下乃百姓之天下，其治理主体是最广大的百姓群体。孟子主张以仁政得民心，范仲淹写下"先天下之忧而忧，后天下之乐而乐"的忧国忧民之辞，顾炎武道出"天下兴亡，匹夫有责"的家国责任意识。中国共产党是为中国人民谋幸福、为中华民族谋复兴的党，也是为人类谋进步、为世界谋大同的党。中国共产党全心全意为人民服务、积极为中国人民排忧解难的同时，也坚持胸怀天下，推己及人，为世界人民谋进步，增进世界人民的普遍福祉。

必须坚持胸怀天下，建强文化主阵地，担当起文明交流使者，着力推动文化事业和文化产业繁荣发展。从文化传播内容上，立足国内放眼世界，开放包容，创造全国乃至世界有重大影响力的经典作品，实施高质量的重大文化工程，在建设中华民族现代文明进程中彰显更大力量。讲好中国故事，让世界认识中国，让中华文化走向世界。坚持"引进来"与"走出去"相结合，积极吸收人类优秀文明成果，用好海内外两个市场、两种资源，扩大中华文化的世界影响力。进一步拓展版权交易、文化交流、海外印务、进出口贸易等海外业务，积极推进图书、版权、产能、机构、资本走出去。在文化传播技术层面，坚持守正创新，勇于创造新技术、拥抱新技术，运用前沿技术。文化创意和科技创新"双轮驱动"，深化与全球一流科技公司的战略合作与交流，将5G、区块链、人工智能、大数据等新技术全面融入文化产业内容生产、传播、营销、服务等过程，推动文化产业与科技、传统媒体与新媒体深度融合，构建新型文化产业和文化事业服务体系。

坚持问题导向，在实践中推进思想理论创新，充分激发全民族文化创新创造活力。"习近平文化思想是一个不断展开的、开放式的思想体系，必将随着实践深入不断丰富发展。"面对世界百年未有之大变局加速推进、全球政治经济等领域涌现出的新形势新问题，中国共产党人坚持胸怀天下，提出构建人类命运共同体的理念，是深刻分析全球交往纵深发展的形势下形成的新时代世界观、天下观。处在市场、资金、资源、信息、人才都高度全球化的时代，每个民族、每个国家的前途命运都紧紧联系在一起，地球村民期盼和平的政治环境、发展的经济环境、文化平等交流互鉴的人文环境，中国倡导全球风雨同舟，荣辱与共，努力把我们生于斯、长于斯的这个星球建成一个和睦的大家庭，把世界各国人民对美好生活的向往变成现实。中国提出的人类命运共同体理念、全球文明倡议，在尊重文化差异的前提下，寻求不同文化背景的国家在国际事务中共同的合作利益、共享发展的权利、共同担起国际责任，形成共建美好世界的最大公约数。

胸怀天下彰显中华文化自信的时代价值

中华文化何以自信？中华文化自身拥有的时代性、革新性特征是关键原因之一。全国宣传思想文化工作会议上，习近平总书记指出："新时代新征程，世界百年未有之大变局加速演进，中华民族伟大复兴进入关键时期，战略机遇和风险挑战并存，宣传思想文化工作面临新形势新任务，必须要有新气象新作为。"

习近平总书记多次强调，领导干部要胸怀两个大局，一个是中华民族伟大复兴的战略全局，一个是世界百年未有之大变局。这是对"胸怀天下"的时代化阐释。把胸怀天下作为思维方法、领导方法、工作方法，是中国共产党引领中华民族伟大复兴号巨轮乘风破浪、胜利远航的不竭动力。

新时代中国共产党人坚持胸怀天下，具有鲜明的时代导向

坚持胸怀天下，是引领时代、把握时代的基础视野。2017 年底，习近平总书记作出"我们面对的是百年未有之大变局"重大论断，这是中国共产党人对时代潮流和国际大势的研判。2018 年 8 月 27 日，习近平总书记在推进"一带一路"建设工作 5 周年座谈会上强调："当今世界正处于大发展大变革大调整时期，我们要具备战略眼光，树立全球视野，既要有风险忧患意识，又要有历史机遇意识，努力在这场百年未有之大变局中把握航向。"不观世界之全局，难以谋中国之一域，只有把中国放进世界之大局，放进世界发展的时代潮流，才能更客观、准确、理性地分析中国的当下与未来，前瞻性

地做好战略谋划。

中国共产党人坚持胸怀天下,具有鲜明的时代导向。时代是中华民族伟大复兴的跳动脉搏,也是全人类共同发展的不息命脉。党的十九大报告指出:"中国共产党是为中国人民谋幸福的政党,也是为人类进步事业而奋斗的政党。中国共产党始终把为人类作出新的更大的贡献作为自己的使命。"历史发展的大势浩浩荡荡,中国共产党人始终站在历史正确的一边,站在全人类利益的高度,引领世界历史发展的趋势,传播国际正能量,推动构建人类文明新形态,为世界文明的永续发展贡献自己的力量。

新时代中国共产党人坚持胸怀天下,具有鲜明的价值导向

立场决定价值,中国共产党坚持胸怀天下,站在天下的立场、世界人民的立场,提出弘扬全人类共同价值。习近平总书记在党的二十大报告中指出:"我们真诚呼吁,世界各国弘扬和平、发展、公平、正义、民主、自由的全人类共同价值,促进各国人民相知相亲,尊重世界文明多样性,以文明交流超越文明隔阂、文明互鉴超越文明冲突、文明共存超越文明优越,共同应对各种全球性挑战。"万物并育而不相害,道并行而不悖。全人类共同价值是各国行天下之大道的光明方向,超越一国一域一族的视野,蕴含着全人类对美好生活的共同期许和向往,是世界各国人民的前途所在,为建设一个美好世界提供正确的理念指引。

全人类共同价值诠释了中国共产党胸怀怎样的天下、怎样胸怀天下的深邃智慧。中国共产党站在世界人民的立场,胸怀和平与发展的天下、公平与正义的天下、民主与自由的天下,坚定不移地推动国际社会走和平发展道路。和睦相处、合作共赢,世界繁荣才能持久,全球安全才有保障。习近平主席向"2021从都国际论坛"开幕式发表视频致辞强调:"中国共产党百年奋斗的一条重要历史经验就是坚持胸怀天下,始终关注人类前途命运。中国支持多边主义的决心不会改变,将坚定维护多边主义的核心价值和基本原则,坚持互利共赢,坚持求同存异,坚持公平正义,坚持合作发展,为人类文明进步贡献智慧和力量。"在国际政治的舞台上,中国共产党以共商、共建、共享推动构建新型国际关系,为建设一个持久和平的世界、普遍安全的世界、共同繁荣的世界贡献力量。

新时代中国共产党人坚持胸怀天下,具有鲜明的问题导向

作为敢于担当、负责任的世界大党,中国共产党具有强烈的全球问题意识。中国共产党人勇于直面问题,面对重大问题敢于担当、善于担当,这是贯穿在坚持胸怀天下世界观中的一条重要主线。

积极应对全球性问题,显示了中国共产党人关心世界前途和人类命运的政治担当。推进世界进步,需要全世界政治力量联合起来,团结起来,共同应对全球发展中出现的种种难题。2021 年 7 月 6 日,习近平总书记在中国共产党与世界政党领导人峰会上指出:"人类是一个整体,地球是一个家园。面对共同挑战,任何人任何国家都无法独善其身,人类只有和衷共济、和合共生这一条出路。政党作为推动人类进步的重要力量,要锚定正确的前进方向,担起为人民谋幸福、为人类谋进步的历史责任。""中国共产党将同各国政党一道,通过政党间协商合作促进国家间协调合作,在全球治理中更好发挥政党应有的作用。"

伴随着全球交往的日益密切,全球性问题表现出的多样性、全球性、复杂性前所未有。中国共产党不仅站在中国人民的立场想问题,也从世界各国人民普遍关切的问题出发,为解决人类面临的共同问题想方法、谋出路。面对"世界怎么了、我们怎么办"的"世界之问",给出了"构建人类命运共同体"的中国方案,彰显了中国共产党人的天下胸怀和大国担当。

参考文献

《马克思恩格斯选集》第 1 卷,人民出版社 2012 年版。

《毛泽东文集》第 5 卷,人民出版社 1996 年版。

《毛泽东文集》第 6 卷,人民出版社 1999 年版。

《毛泽东文集》第 7 卷,人民出版社 1999 年版。

《毛泽东书信选集》,人民出版社 1983 年版。

《邓小平文选》第 3 卷,人民出版社 1993 年版。

习近平:《在文化传承发展座谈会上的讲话》,人民出版社 2023 年版。

王泰平:《新中国外交 50 年》(中),北京出版社 1999 年版。

中共中央文献研究室编:《毛泽东著作专题摘编(上)》,中央文献出版社 2003 年版。

中共中央文献研究室编:《建国以来重要文献选编》第 9 册,中央文献出版社 1994 年版。

推动文明交流互鉴：中华文明的责任与使命

何　哲[*]

2023 年 3 月 15 日,习近平总书记在中国共产党与世界政党高层对话会上,面向世界首次提出全球文明倡议,包括共同倡导尊重世界文明多样性、共同倡导弘扬全人类共同价值、共同倡导重视文明传承和创新、共同倡导加强国际人文交流合作等内容。这是继全球发展倡议和全球安全倡议后,中国向世界提出的又一国际公共产品,为推动文明交流互鉴、促进人类文明进步指明了方向与路径。

当前全球格局正在处于一种非常微妙的阶段,各种暴力冲突和非暴力的恶性竞争正在全球多处发生并不断累加导致更大的危机。如今,摆在人类文明面前有两条明显不同的道路,一条是延续某种长期以来的恶性竞争的文明冲突观,用极度血腥的文明间暴力来解决长期积累的诸多文明发展压力;另一条路则是用文明之间的和谐合作、交流互鉴来化解文明之间的冲突,解决文明之间的矛盾,共同实现人类文明的跃升。在各国前途命运紧密相连的背景下,中国提出了文明交流互鉴、美美与共的不同文明相处之道,正如习近平总书记指出:"文明因交流而多彩,文明因互鉴而丰富。文明交流互鉴,是推动人类文明进步和世界和平发展的重要动力。"[①]"我们要共同

---

　*　何哲,中共中央党校(国家行政学院)公共管理教研部教授。

　①　习近平:《文明交流互鉴是推动人类文明进步和世界和平发展的重要动力》,《求是》2019 年第 9 期。

倡导尊重世界文明多样性，坚持文明平等、互鉴、对话、包容，以文明交流超越文明隔阂、文明互鉴超越文明冲突、文明包容超越文明优越。"①

充斥暴力冲突的人类文明演化旧模式

从整个人类文明发展演化的宏大历史来看，包括数十万年的智人史和数万年的现代人类演化史，可以发现一个重要规律，就是人类历史上长期处于极为残酷的内外部竞争之中，竞争中形成了文明演化的冲突范式。

从人类与自然的关系来看，由于人类长期较为落后的生产力，人类要不停地征伐自然才能获得生存发展的必要资源。而人与自然的这种紧张关系，直接决定了人类内部的文明对立，因为要竞争生存资源。

在人类文明演化史中，某些优势文明倾向于对其他文明进行征服和压榨。直到进入二十世纪后，人类还爆发了两次伤亡远超千万的世界大战。除了战争之外，人类文明内部的社会压迫也非常残酷。工业资本主义崛起后，西方一些人还以血腥残忍的奴隶贩卖作为资本的原始积累，正如马克思所言："资本来到世间，从头到脚，每个毛孔都滴着血和肮脏的东西。"西方一些人在观念上认为自身人种、文明优于其他民族和文明，可以把其他民族和文明当作可利用、可欺压的资源。进入到二十世纪晚期，以亨廷顿为代表的西方思想家提出了"文明冲突论"，认为全球文明可以划分为六七个大的版块，在过去是冲突的，未来也必然发生冲突，对于西方文明而言，东亚文明和伊斯兰文明是最大的威胁者。② 这些都揭示了人类文明旧模式的残酷竞争性，以及人类历史惯性形成的思维定式。而这些旧的模式和观念，也在不断制造当今文明之间新的内在紧张状态，从而加剧文明之间的冲突。

人类之所以会产生长期的竞争冲突，本质上有三个根本原因，一是生产

---

① 习近平：《携手同行现代化之路——在中国共产党与世界政党高层对话会上的主旨讲话》，人民出版社 2023 年版，第 8 页。

② 参见［美］塞缪尔·亨廷顿：《文明的冲突与世界秩序的重建》，周琪等译，新华出版社 1998 年版，第 102—123 页。

力长期不发达导致的资源匮乏。匮乏必然产生对生存空间和生存资源的争夺，从而也就必然产生排他性的暴力或者恶性竞争。二是惯性的、内在的排他性习俗和记忆。正因为人类长期以来旧的文明竞争与冲突模式形成的文明惯性，使得暴力、压迫与反压迫成为一些文明内在的思维定势。三是文明之间的猜疑。文明之间由于相互的隔离和长期以来形成的各自竞争惯性，即便双方都不想恶性竞争，但是由于信息沟通不畅形成各自的猜疑，从而进一步加剧敌意和敌对行动。以上三个原因，使得人类历史很长时间内充斥暴力和恶性竞争的旧文明模式。

人类文明必须转向和谐共存交流互鉴的新模式

今天，人类文明的发展已经到了不得不改变且必须根本改变的十字路口，人类必须要转向和谐共存、交流互鉴的新模式。这其中既有文明发展的冲突压力，也有来自技术变化和人类文明格局以及观念变化形成的新机遇。

从当前文明发展的压力而言，可以说，传统以暴力冲突、恶性竞争为代表的文明旧模式已经走到了尽头，毫无任何前途可言。[①] 一是人类面临的内部冲突足以毁灭整个人类文明。与传统的局部暴力不同，两次世界大战都显示出暴力的全球化和惨烈化。二战后，核武器的快速发展，更是使得人类具有了相互毁灭的能力。二战至今虽然无大战，但是大战的风险却丝毫没有减弱，在冷战期间，人类多次接近触发全球核大战。至冷战后，虽然文明冲突看似缓和，但多极化格局并未真正形成，随着核扩散的加剧，以及全球文明内部矛盾累积，各个区域局部战争不断爆发，全面战争的风险也在加剧。

二是来自环境压力和技术发展产生的共同文明危机。除了毁灭性暴力冲突危机之外，越来越严重的全球环境问题也造成了人类文明的整体危机，

---

① 参见何哲：《全球治理的困境与出路》，《南京社会科学》2021年第1期。

而环境问题的治理，迫切需要全人类的共同合作。实事求是地讲，人类确实已经容不下再一次如同工业资本主义早期那种大规模先污染后治理的模式，这需要发达国家和发展中国家共同创造一种新的可持续发展模式。而从技术角度看，当前生物技术、人工智能技术等在造福人类的同时，也实实在在形成了足以威胁全人类共同文明生存的新的严峻风险。而对这类技术的治理，也绝不是传统恶性竞争性文明模式能够解决的，相反，旧的文明模式一定会鼓励创造出比核威胁还要严峻的生物和人工智能威胁。

三是人类文明整体发展升级的停滞危机。即便以上的多种生存威胁不存在，单纯从发展的角度，旧的人类模式也无法完成人类文明的进一步升华。人类文明历经上万年，演化到今天，创造出了繁荣的物质文明，但人类普遍的幸福感并没有进一步提升。以发达国家为例，当代发达国家的自杀率、精神性疾病发病率已经达到了历史最高且继续攀升。这就意味着传统的文明模式已经达到了它能够产生的正向价值的顶端。人类文明的意义绝不仅是物质的占有，还要包括精神的安宁幸福、关系的和谐等多种高层次的需要。而这些，旧的文明模式都不能充分给予。

以上是从负面的角度来看。而从正面的角度出发，当前人类发展也出现了一些积极的因素，从而促使了全球新文明模式的形成。

首先，从全球化的角度看。人类自工业革命后，全球化的进程极大加快了，尤其是二战后的近几十年来，传统以自然隔离为基础的产业分工被极大地改变，绝大多数产业都形成了深刻覆盖全球、跨越不同国家文明的产业网络体系。这也就意味着，绝大多数终端制成品的生产，都要依赖全球各国的通力合作。因此，经济的深度嵌合使得文明间共同的经济利益远超过传统时代围绕狭隘生存空间和资源竞争的旧模式所能够产生的利益。除了经济的合作外，社会生活的全球化也进一步加深了文明之间的互信，大量的交换留学生、跨国工作经历，甚至大量的跨民族跨国别家庭的出现，都使得文明之间的融合被极大加深了。

其次，从技术角度看。近年来，网络、大数据、人工智能等一系列新兴信息技术,更进一步加快了全球文明之间的多元交互和相互理解。在今天的互联网上,可以非常轻松地看到其他大洲、其他国家中普通人的生活状态,了解他们的思想,分享他们的喜怒哀乐,甚至学习他们的语言。而更高效的人工智能翻译工具的出现,甚至可以跨越人类长期存在的语言文字障碍。在网络信息空间中,人们真正有可能跨越传统人类社会的文明隔阂,共同来工作、交流、学习、研发、生产、消费、娱乐。这就意味着,信息技术发展带来的相互连接,正在打破长期以来以地域空间作为自然隔离基础的文明隔离状态。传统人类社会因为相互猜疑、陌生、刻板印象引发的歧视、对立、敌对状态,会因为这种深度的共同理解而减弱。更重要的是,建立在网络体系之上的新的全球经济体系的生产能力变得更加强劲,物质资源越来越丰裕,人类已经基本摆脱了物质匮乏的旧时代。"仓廪实而知礼节",科技进步、生产力的发展也极大消除了传统人类社会为了争夺资源而恶性竞争的物质基础。

最后,从文化和思想观念角度看。近年来,伴随着全球进步运动的不断发展壮大,崇尚公平、正义、平等、和平、友爱,反对各种歧视和暴力的思潮已经在全球形成,加上全球互联网的激荡,日益成为世界范围的主流意识形态。因此,可以说,从全球各国人民的文化观念上,越来越多的人反对敌对、暴力、冲突、恶性竞争等旧的文明相处模式。人心思变、人心思善,成为全球各国人民的共同心声。

因此,无论从必要性还是当前人类社会发生的重要因素变化,改变传统人类文明的暴力性恶性竞争的旧模式,建立平等和平、交流互鉴的新模式,都成为一种历史和现实的共同迫切需求。

和谐互鉴、美美与共——中华文明的内在核心特质

作为人类历史上悠久且具有连续性信史记录的文明,中华文明具有很多非常美好的鲜明特质,其中一个重要方面是内在的良善、仁爱与和谐。这体现在自古以来中华文明形成的传统文化之中。

文化作为一个文明根本的思想意识维度，对文明的发展具有非常重要的、潜移默化的影响。文明的历程和特质形成文化，文化反过来进一步塑造文明。中华文明自早期起，就确立了以良善为基础、以仁爱为根本、以和谐为追求、以大同为理想的文化属性。

中华文化悠远流长，上自三皇五帝，至周礼大成，春秋起百家争鸣，又经秦汉一统后而定型，后又容纳其他文明传入的优秀文化，形成了以道儒释法墨为核心轴线的文化体系，无论是哪家哪派，都体现了中华文化的仁爱、良善性。

作为中华文化重要经典的《道德经》，在多处都倡导和平，反对战争，如"以道佐人主者，不以兵强天下""兵者，不祥之器""夫乐杀人者，则不可以得志于天下矣"；强调以道德仁善、民心所望治理天下，所谓"圣人无常心，以百姓心为心。善者，吾善之；不善者，吾亦善之，德善"。

儒家更是倡导和平仁爱。儒家自始至终推崇的根本道德就是仁，而仁就是爱人，如孔子所谓，"仁者，人也"，"仁者，爱人"。孟子又言"人性本善"，推崇仁义礼智信，强调行仁政，以仁爱治天下，"得民心者得天下"，反对争夺领土的不义战争，认为"争地以战，杀人盈野；争城以战，杀人盈城。此所谓率土地而食人肉，罪不容于死"（《孟子·离娄上》）。

法家虽然强调严明律法，但也是爱民的。法家通过强调君民上下都要遵循共同的法律，所谓"王子犯法与庶民同罪"，以法制恶，来遏制社会内斗和压迫，从而倡导良善，最终爱民，即"法者，所以爱民也"（《商君书·更法》）。

墨家尤其爱好和平。墨家的两大核心主张就是"兼爱""非攻"，认为"若使天下兼相爱，国与国不相攻，家与家不相乱，盗贼无有，君臣父子皆能孝慈，若此，则天下治"（《墨子·兼爱上》）。

甚至专门论述战争的兵家，本质上也是反战慎战的，即便要战，也是不得已才被迫发动正义战争。兵家认为"国虽大，好战必亡"（《司马法·仁本》），"亡国不可以复存，死者不可以复生。故明君慎之，良将警之，此安国全军之道也"(《孙子兵法》)。

至于中华文化所吸纳的释家，更是以平等慈悲为理念。佛教文化之所以能够顺利地融入中华文化，根本上是因为中华文化内在的和谐性和包容性，是中华文化选择了同样具有和谐良善本性的佛教文化，这亦体现了中华文明本身博大的和谐包容和内在的慈悲良善。

而从历史和政治实践来看，自古以来中华文化中对于帝王明睿、政治清明都有一个字来形容，那就是"文"，所谓"文者，德之总名也"(《国语·韦注》)。例如，在"政书之祖，史书之源"的《尚书》中，对于尧舜禹三代明君都用了"文"字，如评价尧帝："昔在帝尧，聪明文思，光宅天下"；评价舜帝："浚咨文明，温恭允塞"；评价禹帝："文命敷于四海"。这里"文"就意味着和谐、德化、良善。又如在谥法中，对帝王最高的评价也是"文"，如《逸周书·谥法解》曰："经纬天地曰文，道德博闻曰文，学勤好问曰文，慈惠爱民曰文，愍民惠礼曰文，锡民爵位曰文。"历代以"文"而谥的君主多极为明睿且爱民，如周文王、汉文帝、唐文帝(李世民)，显示出中华文明内在的和平性和良善性。

从对外交往来看，中华文明自古以来多是以羁縻、和亲、通商、传道等方式来实现对外交往交流。即便汉武帝北击匈奴、唐太宗征突厥，也是一种被外来侵略逼迫无奈的反击政策。而反击之后，很快又以招纳、交好的方式形成和平的关系，匈奴王子金日磾甚至能够成为汉武帝的心腹托孤之臣。唐太宗被各族誉为"天可汗"，从西域到东洋，使团络绎不绝，文化交流繁荣，所谓"九天阊阖开宫殿，万国衣冠拜冕旒"。外来文化传播进来，中华文化传播出去，如日本遣唐使，不但带走中华儒道释等文化，还仿效长安城对称格局建立平安京(京都)，并以长安和洛阳分别命名右区和左区；文成公主将汉地的文化、建筑、医学、农学等带入吐蕃，极大促进了文明的发展和传播。至于更远的西方也深受影响，例如李约瑟在《中国科学技术史》中列举了中国古代科技向西方传播的水力冶炼鼓风机等26项发明，极大促进了西方的技术进步；反过来，西方也向中国输入了4项技术。此外，在中国对外传播农耕技术的同时，辣椒、胡椒、番薯、玉米、西瓜等来自海外的农作物也传入中国，逐渐成为中餐常见的食材。这些都说明了中华文明本身博大的胸怀和致力于良善和谐、平等交流互鉴的特质。

从以上对中华文明特质的分析可以看出，中华文化本身所具有的内在良善性、和谐性、和平性，对于今日人类文明交流互鉴新模式的形成，具有积极意义。这种历史传承和文明属性，也赋予了当代中国更好促进全球文明新模式形成的历史责任。

共建文明百花园：中华文明的历史性责任与使命

进一步从现实出发，中华文明对于当前人类文明的转型也具有重要意义，必须承担起历史性责任和使命。从近年来一个重要的表述变化可以看出中国在这一过程中的积极担当，就是"世界文明百花园"的提出。

党的十八大以来，习近平总书记在许多场合强调文明交流互鉴。如2014年9月，习近平总书记在纪念孔子诞辰2565周年国际学术研讨会暨国际儒学联合会第五届会员大会开幕会上的讲话中指出："每一个国家和民族的文明都扎根于本国本民族的土壤之中，都有自己的本色、长处、优点。我们应该维护各国各民族文明多样性，加强相互交流、相互学习、相互借鉴，而不应该相互隔膜、相互排斥、相互取代，这样世界文明之园才能万紫千红、生机盎然。"①2023年3月，习近平总书记在中国共产党与世界政党高层对话会上的主旨讲话中指出："我们愿同国际社会一道，努力开创世界各国人文交流、文化交融、民心相通新局面，让世界文明百花园姹紫嫣红、生机盎然。"②而"百花园"与"丛林"的根本区别在于，园中百花各美其美、美美与共。从具体的责任与使命而言，进一步推动全球文明交流互鉴，作为世界上

---

① 习近平：《在纪念孔子诞辰2565周年国际学术研讨会暨国际儒学联合会第五届会员大会开幕会上的讲话》，人民出版社2014年版，第8页。

② 习近平：《携手同行现代化之路——在中国共产党与世界政党高层对话会上的主旨讲话》，人民出版社2023年版，第8—9页。

主要大国之一的中国，除了做好本身的示范作用外，需要在以下方面进一步发挥作用。

推动全球文明之间确立文明平等、相互尊重、交流互鉴的理念。人类文明内部长期冲突纷争的根源之一就在于没有根本上建立起文明之间平等交流的理念。某些科学技术、经济发展占优势的文明，总有一种优越感，认为自己文明高于其他文明，甚至把相对落后文明的人不当人看。所以近代以来，西方在世界范围内血腥扩张、肆意征伐。从人类文明的根源来看，人类各人种、民族之间没有生殖隔离，基因显示高度的同源性，因此，是完全同一的生物学种族。而从文明发展角度，各民族都在各自条件下发展出各自的文明。只不过因为种种原因，各种文明的科学技术、经济发展水平参差不齐，但这不能否认其作为平等的文明的尊严。中华文化内在的平等、和平、包容性，为全球人类进一步推动文明平等、交流互鉴理念的完善有着重要的精神启示。

推动全球各国之间经济、文化、科技交流与合作。人类社会的整体进步，离不开各个国家、民族和文明的共同努力。这需要更大程度地推动经济文化技术的共享交流和共同繁荣。从历史上来看，大范围的交流，对于各个国家民族和文明的繁荣都是有益的。然而长期以来，文明间的经济文化技术交流都受制于狭隘的经济利益或者地缘政治，缺乏更为深入的基于公正、仁爱、慈悲之心的互助机制。实际上人类文明本性中既有徇私的方面，更有积极利他的一面。人们也因为跨文化的和平交流而感到愉悦、幸福、满足，文明之间也因为有益的交流而繁荣起来。因此，当前迫切需要构建起更大范围的全球协作机制，来促进跨区域、跨文明的深度交流融合，让落后区域尽快发展起来，让全球人们都享受到整体文明进步之光。中国国内已经通过积极的跨区域合作和精准扶贫，解决了绝对贫困问题，这对于全球类似问题的解决具有重要的示范意义。

推动完善全球重大共同问题协调解决机制。当前人类文明整体面临着若干重大的共同问题，包括核控制、气候问题、新兴技术风险防范、可持续发展、贫困问题等。现有的解决机制虽然已经做了大量工作，但从可见的现实而言，还存在着协调力度不够、资源投入不够、积极性不够等问题。因此，有必要进一步推动完善关乎全球重大共同问题的协调解决机制。在这一过程中，必须既要发挥好全球市场、跨国公司、跨国公益组织的作用，更要积极发挥好各个国家政府的核心力量。作为世界主要大国之一的中国，要积极发挥好倡议和参与工作，有力推动全球重大问题协调机制的完善。

完善全球纠纷和冲突解决机制，促进全球和平。当前，全球安全问题日益成为对人类文明的整体威胁。全球和平事关人类整体的前途和命运，与各国经济社会发展以及全球人民的幸福安康都息息相关。近年来各种冲突频发，未来重大冲突的危险也在累积，现有的全球安全机制暴露出很多问题。深层次的原因在于西方主导的安全机制没有充分考虑到全球各国家、民族的根本利益。从文明进步的角度，需要更进一步调动全球所有国家、民族和各个文明板块的共同参与，在更大程度上以友好协商和公平公正的方式来化解全球安全危机。中华文明内在倡导良善、公正、和谐，积极促进友好协商、与邻为善的理念和实践做法，在全球安全机制的构建和完善上，具有重要的启示意义和示范价值。

结　语

当前人类面临着文明生存发展的重大危机和风险，迫切需要改变长期以来人类内部残酷暴力和恶性竞争的文明演化模式，构建基于和谐交流、平等互鉴的人类文明新模式。这既是化解人类危机的必然选择，也是人类文明进一步发展升华的必由之路。中华文明内在的良善性、和谐性、和平性、平等性、包容性等，成为人类文明交流中的积极因素，也决定了中华文明在人类文明由"丛林"转为"百花园"的进程中具有重要的历史责任。进一步发挥好中华文明在这一历史进程中的作用，我们要积极履行大国担当和责任，推动文明平等交流，共同化解重大问题，促进人类文明的整体升华。

参考文献

习近平:《携手同行现代化之路——在中国共产党与世界政党高层对话会上的主旨讲话》,人民出版社 2023 年版。

习近平:《在纪念孔子诞辰 2565 周年国际学术研讨会暨国际儒学联合会第五届会员大会开幕会上的讲话》,人民出版社 2014 年版。

习近平:《文明交流互鉴是推动人类文明进步和世界和平发展的重要动力》,《求是》2019 年第 9 期。

何哲:《全球治理的困境与出路》,《南京社会科学》2021 年第 1 期。

[美]塞缪尔·亨廷顿:《文明的冲突与世界秩序的重建》,周琪等译,新华出版社 1998 年版。

全球视域中的当代中国之学

唐 磊[*]

2023 年,习近平主席先后向第三届文明交流互鉴对话会暨首届世界汉学家大会、世界中国学大会·上海论坛致贺信,令汉学与中国学再度成为国内学术界的聚焦点。2021 年 8 月,著名学者郑永年于《在西方,中国研究濒临死亡》一文中,一方面确认了西方的中国研究依旧保持着话语霸权地位,另一方面也宣称"今天的西方中国研究充斥着意识形态、政治、道德价值等",因此毫无生机而"濒临死亡"。那么,在全球范围内,中国学尤其是当代中国研究呈现出何种景象,本文尝试对该问题做出初步的回答。

从中国研究的学术谱系看海外当代中国研究

2023 年 11 月 24 日,习近平主席向世界中国学大会·上海论坛致贺信指出:"中国学是历史中国之学,也是当代中国之学。"汉语语境中的中国学,一般特指外国研究中国的学问,但国内学术界围绕中国学与汉学概念内涵的讨论一直有分歧,近来更普遍的趋势是以中国学的概念来统摄外部世界认识中国历史和现状的学问。细致把握中国学或汉学的概念,则需要结合中国研究的学术谱系并回到不同国别区域的原始语境中去。

---

* 唐磊,中国社会科学院政治学研究所研究员,中国社会科学院国际中国学中心主任、教授、博导。

第一,从历史演进的角度看,西方汉学经历了从古典形态到现代形态的转换,参考系其实就是"科学"与否。18世纪初,科学的概念被相对稳定地作为"系统知识探求的标准名称",现代形态的汉学(Sinology)也在那时出现端倪:"1799年,弗朗索瓦·若弗莱(François Jauffret)发起组织的人类观察家协会打算从我们所说的社会学与人类学的角度来研究中国:气候、社会结构、饮食,尤其是文字,都应该严肃认真地一一加以研究。"[①]学术界习惯将1814年法兰西学院设立"汉语、鞑靼—满语语言与文学讲座"(雷慕沙为首任讲席)视为西方专业汉学的起点,这是从学科建制化角度所做的认定。不过,人们认可专业汉学产生于法国,更看重法国学者开始以"科学的方式"对中国进行研究而非一般的了解。[②]

第二,在全球视域下,不同区域形成具有各自地域文化特征的中国之学。在20世纪之前,主要在俄国和日本形成了有别于欧洲汉学传统的系统化的中国学问。俄国从1715年起向中国派出东正教使团,并基于此发展出传教士汉学与学院汉学。俄国喀山大学1807年便建立了东方系,比法兰西学院设立汉学讲席还早,但18世纪到19世纪俄罗斯汉学的发展离不开欧洲尤其是法国汉学的滋养。20世纪20年代以后,俄罗斯的中国研究在苏联的科研体制下得到进一步发展,例如,列宁格勒大学(即今圣彼得堡大学)在20世纪中叶据称有100名中国研究人员[③]。日本则是在19世纪受"西学"刺激而形成了有别于传统"国学""儒学"的近代"汉学",并在甲午中日战争、日俄战争后发展出具有强烈"文化优越意识"和"服务国策色彩"的所谓"东洋学"。

第三,在西方学术体系内部,19世纪以法国为中心的欧洲汉学到了20

---

① [法]艾田蒲:《中国之欧洲》(下),许钧、钱林森译,河南人民出版社1994年版,第385页。

② 参见[法]保罗·戴密微、秦时月:《法国汉学研究史概述》,《中国文化研究》1993年第2期。

③ 参见何培忠、石之瑜、[俄]季塔连科编:《当代俄罗斯中国学家访谈录(一)》,中国社会科学出版社2015年版,第83页。

世纪中叶发生了学术重心的转移和研究范式的变迁。大体而论,地域上重心从欧洲转向美国,范式上则是基于学科的现代社会科学与基于语文学(Philology)的欧洲东方学传统合流,形成了作为区域研究的"中国研究"(Chinese Studies)。西方学术界尤其北美的当代中国研究,主要发轫于这一传统。有趣的是,当代中国作为被研究对象自身的重大变化和围绕它的学术研究的范式转移几乎同时发生,如哈佛大学教授裴宜理(Elizabeth J.Perry)所说:"1949 年被当作'历史'与'政治学'的分界线。1949 年前发生的事情属于历史学家的研究范畴;政治学家(以及社会学家、经济学家等其他社会科学家)则负责关注 1949 年 10 月 1 日中华人民共和国成立之后的事情。"①

第四,汉学(Sinology)传统在第二次世界大战后的欧洲也为适应社会科学与当代中国带来的种种变化而进行自我调适,研究范围扩大到对当代中国的研究,并在方法上吸纳社会科学。第二次世界大战前,欧洲汉学界已经意识到改革的必要性。20 世纪上半叶活跃的法国汉学家葛兰言(Marcel Granet)、白乐日(Etienne Balazs)等已有意识地运用社会学、人类学的方法开展中国研究。第二次世界大战后,欧洲一些汉学传统悠久的名校,如德国的汉堡大学、柏林大学及荷兰的莱顿大学等,先后在汉学系下设置了当代中国研究的教席,但在北美,偏重研究古代中国及其历史文化的汉学往往被整合到以区域研究命名的东亚研究系。这种汉学新形态,被一些欧洲学者称为"现代汉学",以与古典或传统汉学形成区分;在澳大利亚、西班牙等地,也有学者提倡类似宗旨的"新汉学"。

总之,全球范围的中国学大致可以分出四大学术谱系,即欧洲中国学、北美中国学、俄罗斯中国学和日本中国学。尽管与欧洲汉学关系密切,但俄罗斯学者一般认为其汉学传统(包括当代中国研究)保持了不同于西方的独立性②。

---

① [美]裴宜理:《回望而以前行:引入早期的社会科学研究视角观察当代中国》,《社会科学》2015 年第 11 期。

② 参见[俄]弗·雅·波尔加科夫、张帅臣:《汉学在俄罗斯——俄罗斯科学院远东研究所副所长弗·雅·波尔加科夫访谈录》,《俄罗斯语言文学与文化研究》2018 年第 3 期。

与美国、俄罗斯与日本始终坚持将对当代中国的研究作为本国中国研究的重要内容不同，欧洲当代中国研究的发展明显落后于其他三国。荷兰中国学家彭柯（Frank N.Pieke）认为，荷兰汉学"没有转向研究中国曲折的现代化历程，而将重点置于中国辉煌历史所流传下来的高深的文化传统""汉学中当代中国的缺失是一个重大转折性事件，形塑了荷兰（以及其他许多欧洲大陆国家）中国研究的规模、形态和构成"①。不过，欧洲从事当代中国研究的汉学家不像美国同行们那样习惯将当代中国与历史中国割裂开来。按乔治·华盛顿大学教授沈大伟（David Shambaugh）的说法，美国只有小部分当代中国研究者尝试跨越所谓的"1949年鸿沟"②。

此外，还有一种可能的学术谱系由中国人在国际场域发表的中国研究成果所构成，或许可以称之为"华人中国学"。过去数十年中，中国人加入全球知识生产体系是改变中国研究全球图景的一支最重要力量。不过，外国人的中国研究在减少，也成为今时令外国中国学家担忧的现象。③

全球学术生产体系中的当代中国研究

除却中国自身不论，在全球学术生产体系中，美国保持对中国研究的霸主地位超过半个世纪。其中一个重要原因，也是美国中国学从发展初期便不同于欧洲汉学的一大特点，即高度组织化——"在美国之研究中国学术者，与欧洲尚异。欧洲由个人提倡，在美国则以学术机关提倡之"④。到20

---

① ［荷］彭柯：《荷兰的当代中国研究》，载［荷］伊维德（Wilt L.Idema）编：《荷兰的中国研究：过去、现在与未来》，耿勇、刘晶、侯喆译，上海社会科学院出版社2021年版，第177—211页。下文引彭柯论述均出自此文。

② David Shambaugh, "The Evolution of American Contemporary China Studies: Coming Full Circle?", *Journal of Contemporary China*, 2023, pp.1–18.下文引用沈大伟说法均出自该文。

③ 参见［日］毛里合子：《日本当代中国学研究的新范式》，《中央社会主义学院学报》2020年第2期。

④ 李孝迁编校：《近代中国域外汉学评论萃编》，上海古籍出版社2014年版，第57页。

世纪中期,这一特点因政府对区域研究的重视与投入而得到进一步强化。1946 年,美国社会科学研究理事会(SSRC)成立世界地区研究委员会(CWAR),致力推动覆盖世界主要国家和地区的区域国别研究。这种组织化学术的力量,使得美国的中国研究在二战后迅速发展并后来居上,同时由于当时区域研究为现实服务的强烈色彩,旧有的"汉学"概念内涵已不适应北美中国学的形势,于是美国学者提出以"中国研究"(Chinese Studies)取而代之。

美国高等教育和科研系统的中国研究者数量难以统计,可资参考的是,美国最大的亚洲研究学术团体亚洲研究协会(Association for Asian Studies)2021 年时拥有 5482 名个人会员和 8 家机构会员①,其中有一部分是非美国籍或非中国研究领域的学者,从事中国研究者涵盖了从事中国与当代中国的研究人员。另据沈大伟介绍,美国政府的 18 个情报机构拥有逾 2500 名全职员工的中国问题分析团队,银行、私募等金融服务机构也拥有相当多的中国专家,此外还有一大批主要关注当代中国的媒体记者。

俄罗斯的情况,2013 年《人民日报》驻俄罗斯记者陈效卫、张晓东等在《俄罗斯中国学,历久弥新》一文中指出,在各类机构中的俄罗斯中国研究学者约有 6000 人(由该国学者估算),其中国研究的组织化程度仅次于美国。在日本,成立于 1949 年的日本中国学会约有 1600 名成员,主要由从事当代中国研究的学者组成的"日本现代中国学会"(成立于 1951 年)有 700 余名成员。欧洲中国研究的力量因为涉及国别众多难有全局的统计数字,最大的中国研究组织、成立于 1975 年的欧洲汉学协会(European Association for Chinese Studies)有 1200 名左右会员。在四大学术谱系涵盖的地理区域外(大体相当于"全球南方"),那里中国研究的传统则相对薄弱,少数国家如印度、越南、巴西、乌克兰等,由于历史上人文经贸往来或受欧洲或受俄罗斯汉学传统辐射,在 1949 年前就有个别关于中国的教学和研究力量。其他

① 参见 AAS, Association for Asian Studies 2021 Annual Report, 2021, https://www.asian-studies.org/wp-content/uploads/2021-AAS-Annual-Report-R1.pdf.

绝大多数国家的中国研究都起步较晚,主要针对当代中国且服务本国现实需要。以阿根廷为例,"基本上没有证据表明阿根廷的国立大学在20世纪后半叶之前有从事东亚研究的兴趣,……直到21世纪初的十几年里,阿根廷的一些机构才开启中国研究并得到发展,这源自中国与拉美更加贴近的历史性双边关系,中国对于拉美来说既是贸易伙伴,又是主要的基建投资者、金融支持者和政治伙伴"①。

除了力量相对薄弱,组织化程度低是"全球南方"中国研究的普遍特点。在拉美地区,包括中国研究在内的整个东亚研究主要依靠游兵散勇式的个人。② 不过,欧洲的中国研究尤其学院派的汉学研究,也往往是单打独斗的局面,体制原因是欧洲大学为中国研究提供的教席很少,很难想象他们像哈佛大学那样有48个与广义的中国研究相关的职位。

中国研究在"全球南方"国家发展的根本动力,来自中国对该地区的影响力以及在世界舞台上重要性的迅速增长,换言之,现实需求推动了学术供给。例如,非洲学者承认,没有今天的中非关系,非洲就几乎不可能发展任何中国研究。③ "全球南方"国家中国研究的快速发展是相对于原本稀薄的基础的。金砖国家中的巴西被认为是拉美中国研究组织化程度最高的国家,创立于2018年的巴西中国研究网络(RBChina)现有约400名会员,除小部分中国研究学者外,研究者更广泛地来自外交官、国际关系学者、企业家和涉华报道记者。考虑到巴西的人口规模以及中国作为巴西最大贸易伙伴的影响力,巴西中国研究的专业力量仍十分薄弱。这样的判断几乎可以扩展到"全球南方"的国家与地区。

---

① [阿根廷]毕嘉宏、张婧亭:《阿根廷的中国研究:机构变迁与研究现状》,《拉丁美洲研究》2019年第4期。

② Yunuen Mandujano-Salazar, "East Asian studies in Latin America and its potential contributions for an improved inter-regional business understanding", *Telos: revista de Estudios Interdisciplinarios en Ciencias Sociales*, 2021, 23: 3, pp.710—727.

③ Sara van Hoeymissen, "China Studies in Africa", *Journal of African Cultural Studies*, 2021, 33: 2, pp.201—209.

与全球范围中国研究力量的南北不均衡相伴随的是,全球学术生产体系中西方尤其是美国仍然保持着较大影响力。即使是破除"西方中心主义"的声音,也主要来自于西方社会或主要发达国家。至少在中国学领域,最受重视的相关理论武器来自于美国后殖民理论家萨义德(Edward W. Said)、美国中国学家柯文(Paul A.Cohen)或日本汉学家沟口雄三等。在印度,绝大多数中国研究学者都不会中文,其中国研究很大程度依赖英文类学术成果,并且容易被西方研究模式"带节奏"①。在非洲,学者们认识到中国人与非洲人之间离实现"想象没有西方的彼此"还有比较长的路要走。即使属于西方的欧洲,其当代中国研究领域也主要受益格鲁—撒克逊传统而非自身汉学传统影响。不过,欧洲也开始有意识地扩大其学术传统的影响。例如,荷兰莱顿大学帮助非洲建立了自己的亚洲研究联合会(A-ASIA)。

当代中国研究知识图景的若干重要特征

在从空间格局结合历史线索对当代中国研究这一学术领域在全球范围内的发展状况进行整体勾勒后,我们也有必要就当下中国学知识生产图景的若干重要特征作一番梳理。

中国学的"热"与"冷"

都说中国学如今成为"时代显学",那国际场域里的中国学究竟有多热呢? 有学者对全球最大的文摘与索引数据库 Scopus 里超过 56 万篇社会科学研究文章(时间跨度从 1996 年至 2020 年)进行了分析,从中可以得出三个结论:第一,如今最受研究者关注的国家前三位分别是美国、英国和中国,涉及中国的研究成果占 7.1%;第二,过去 20 多年中,关于东亚和东南亚的研究相对其他区域有明显增长,中国可能是重要的推动因素;第三,涉及欧

---

① 李梓硕、苑基荣:《哪些因素导致印度"中国通"越来越少?》,《环球时报》2023 年 11 月 1 日。

洲和北美的研究虽然有所减少,但仍能关联到大约六成的样本。① 考虑到英语在学术语言里的绝对优势地位(超过 95% 的社会科学论文,超过 75% 的人文与艺术学科使用),②上述结论大体反映出了全球面貌。尽管以中国为对象的研究成果的数量仍与中国作为世界第二大经济体的地位和影响不相匹配,但中国研究已经开始成为国际社会科学的主流。如彭柯所说:"在不考虑与中国有关的因素的情况下,越来越难与权威人士谈论全球进程或一般性的学科问题。"

与"全球南方"中国热和中国研究热普遍升温的景象相对,近年来西方的中国研究有转冷的迹象。首先是学术的体制环境对中国研究不利。美国学术团体协会 2023 年发布《不确定时代的中国研究》的调研报告指出,在过去几年中,美国高等教育体系对从事非西方地区研究的学者的聘用和资助越来越少。无独有偶,英国在 2019 年至 2020 年能提供中国研究(Chinese studies)本科学位的教学系从 13 个减少到 9 个。其次,由于近年来西方国家与中国关系的变化,当地中国研究者面临的学术文化环境乃至学术基础设施环境也发生骤变,获取中国研究所需的资料和到中国进行实地研究都远较过去困难。最后,即使在新兴市场国家,由于服务国策的当代中国研究占据主流,这些地方的中国研究有可能是热闹却"冰冷"的。例如,在印度的中国研究中占主导地位的战略和安全视角,重点放在国际关系、外交政策和战略安全上。新加坡的当代中国研究始终与国家利益交织,未来也会持续向政策研究倾斜。③

---

① Andrés F Castro Torres, Diego Alburez-Gutierrez, "North and South: Naming practices and the hidden dimension of global disparities in knowledge production", *Proceedings of the National Academy of Sciences*, 2022, 119(10).

② 参见饶高琦、夏恩赏、李琪:《近 10 年国际学术论文中的语言选择和中文使用情况分析研究》,《语言文字应用》2020 年第 2 期。

③ C.P Yew, "The Evolution of Contemporary China Studies in Singapore: From the Regional Cold War to the Present", *Journal of Chinese Political Science*, 2017(22), pp.135-158.

中国研究的"内"与"外"

这里所说的"内"与"外",主要讨论的是学科内中国研究与跨学科中国研究两种不同范式之间的紧张与磨合。

一方面,汉学范式与区域研究范式之间的紧张关系。从欧洲学者的角度,传统汉学与现代汉学的区别主要在于所面对的时代背景,但作为方法基础的语文学是一贯的,即使当代中国研究,也要以熟练掌握现代汉语并能够细致处理现代汉语文献材料为基础。中国研究专家是以特定学科进行中国研究,他们可能是也可能不是汉学家,根据语文学标准而形成区分。在有"语文学"功底的汉学家们看来,不懂中文照样研究中国的专家们把中文材料单纯处理为资料性或数据性来源,忽视了概念语境、事实情境。沈大伟甚至指出,当代中国研究学者对 1949 年之前的中国以及人文学的知识匮乏已经构成该研究领域的严重缺陷。

另一方面,区域研究范式与社会科学范式之间的纷争。中国研究是应该坚持区域研究一贯的跨学科方法,还是更应该融合到学科研究中,是与作为学术领域的当代中国研究发展相伴随的争论。20 世纪 50 年代末,美国学科专家与区域研究专家的分歧就已经表面化。经过 20 世纪 60 年代社会科学与汉学关系的大讨论,至少在美国汉学与社会科学融合已经成为大势所趋。到了 20 世纪 90 年代后,随着冷战结束与经济全球化的发展,区域研究相对衰落,中国研究变得越发倚重学科内的发展。进入 21 世纪后,斯坦福大学教授魏昂德(Andrew G.Walder)认为,专门领域与学科之间长期存在的紧张关系已经大大缓解。[①] 学科专家们意识到,学科方法有助于他们对有限的研究对象进行更为深入的研究,但无论是从理论还是实务,都需要对中国有更加整体的把握。即便如此,在当代中国研究领域,学科研究与区域研究之间的紧张关系依然存在。特别是与跨学科实践更活跃的美国等发达

---

① Andrew G.Walder,"The Transformation of Contemporary China Studies, 1977-2002", in David L.Szanton,ed.,*The Politics of Knowledge：Area Studies and the Disciplines*, University of California Press,2002,pp.314-340.下引魏昂德说法均出自该文。

国家相比，在中国研究的新兴市场国家和地区，中国研究学者基本上都是在特定学科内谋得教职。

中国研究的"殊"与"共"

无论对中国研究采取何种范式、针对何种选题，都需要面对或者处理一个基本的问题，即中国是"特殊"的还是"普遍"的。社会科学的西方中心范式倾向于把主要发达国家的发展历程及相关的知识总结作为普遍标准。前面提到的对56万篇社会科学研究文章的统计分析，也反映出西方知识更具普遍性的偏执观念。与之相对，作为区域研究对象的"他者"及其文化，则是特殊的。

以中国研究为例，特殊性主要体现在两方面。一是审视中国式现代化道路的独特性，而最惯常的立场是一种不知不觉的"西方主义"——如魏昂德指出的，研究者们总是不自觉地将"在中国观察到的东西与教科书上刻板印象中的'西方'进行比较"。即使像艾森斯塔特（Shmuel N. Eisenstadt）这样鼓吹多元现代性的学者也认为，现代中国的中心问题是它面对现代的独特方式，即一方面"简单地"模仿西方或苏联模式，另一方面试图塑造鲜明的中国特色。[1] 这种特殊性预设也导致了中国研究的一种"西方中心主义"倾向，即把今天的中国同那个无法克服的过去联系起来，或者推导出无法实现或无法逃避的（积极/消极）未来。[2] 在20世纪后20年，美国中国学界如何汉理、欧博文等人曾一度认为抛弃"中国例外论"的时机已经到来，但近年来"中国例外论"的主张变得重新强劲。

中国研究被认为"特殊"的另一表现则是，社会科学对中国研究成果的关注与吸收依然欠缺，这种现象在较大程度上同学科研究和区域研究的紧张关系有关，即前者针对普遍，而后者面向特殊。一项针对2000—2010年

---

[1]　参见［美］魏斐德：《魏斐德讲述中国历史——中华文明的独特性与现代演进》，岳麓书社2022年版，第10页。

[2]　Fabio Lanza, "Always Already and Never Yet: Does China Even Have a Present?", *Modern Intellectual History*, 2023(20), pp.601-611.

美国各高校和文科学院 42 份比较政治学课程教学大纲的实证分析发现,即便当代中国政治研究最具影响力的著作也没有对比较政治学产生显著影响。① 区域研究不提供理论使方法论"拿来主义者"的形象未得到明显改观。在"全球南方"国家,对当代中国的研究尤其集中在理解中国发展的经验与文化模式上,学者们试图总结其成功的关键因素,但人们关于中国模式的共通性与可复制性远未形成共识。

全球史这类新的研究视角和风尚为挑战"中国特殊论"提供了新的动力和资源。有学者发掘全球史视角的价值在于,"有意识的摒弃'中心'意识和'我者'意识,以一种'鸟瞰者'的姿态观察多文明在互动中的历史,重视'他者'在'我者'历史发展中的作用"②。尽管如此,中国研究的普遍价值,更应该针对不同社会面临的共同问题,即如柯文说的,"中国必须解决的问题往往与其他文明体系、包括我们自己在内也必须解决的问题出奇的相似"③。

参考文献

何培忠、石之瑜、[俄]季塔连科编:《当代俄罗斯中国学家访谈录(一)》,中国社会科学出版社 2015 年版。

李孝迁编校:《近代中国域外汉学评论萃编》,上海古籍出版社 2014 年版。

李光宗、王永平:《中外文化交流史研究中的"全球史"转向》,《齐鲁学刊》2016 年第 1 期。

李梓硕、苑基荣:《哪些因素导致印度"中国通"越来越少?》,《环球时

---

① 参见[加拿大]玛丽-伊芙·瑞妮、臧雷振:《中国研究何以被边缘化——基于比较政治学的分析视角》,《国外社会科学》2014 年第 1 期。

② 李光宗、王永平:《中外文化交流史研究中的"全球史"转向》,《齐鲁学刊》2016 年第 1 期。

③ [美]陆德芙(Jennifer Rudolph)、[美]宋怡明(Michael Szonyi)编:《中国 36 问:对一个崛起大国的洞察》,余江、郑言译,香港城市大学出版社 2019 年版,第 247 页。

报》2023 年 11 月 1 日。

饶高琦、夏恩赏、李琪:《近 10 年国际学术论文中的语言选择和中文使用情况分析研究》,《语言文字应用》2020 年第 2 期。

[法]艾田蒲:《中国之欧洲》(下),许钧、钱林森译,河南人民出版社 1994 年版。

[美]陆德芙(Jennifer Rudolph)、[美]宋怡明(Michael Szonyi)编:《中国 36 问:对一个崛起大国的洞察》,余江、郑言译,香港城市大学出版社 2019 年版。

[荷]彭轲:《荷兰的当代中国研究》,载[荷]伊维德(Wilt L. Idema)编:《荷兰的中国研究:过去、现在与未来》,耿勇、刘晶、侯喆译,上海社会科学院出版社 2021 年版。

[美]魏斐德:《魏斐德讲述中国历史——中华文明的独特性与现代演进》,岳麓书社 2022 年版。

[阿根廷]毕嘉宏、张婧亭:《阿根廷的中国研究:机构变迁与研究现状》,《拉丁美洲研究》2019 年第 4 期。

[法]保罗·戴密微、秦时月:《法国汉学研究史概述》,《中国文化研究》1993 年第 2 期。

[俄]弗·雅·波尔加科夫、张帅臣:《汉学在俄罗斯——俄罗斯科学院远东研究所副所长弗·雅·波尔加科夫访谈录》,《俄罗斯语言文学与文化研究》2018 年第 3 期。

[日]毛里合子:《日本当代中国学研究的新范式》,《中央社会主义学院学报》2020 年第 2 期。

[加拿大]玛丽-伊芙·瑞妮、臧雷振:《中国研究何以被边缘化——基于比较政治学的分析视角》,《国外社会科学》2014 年第 1 期。

[美]裴宜理:《回望而以前行:引入早期的社会科学研究视角观察当代中国》,《社会科学》2015 年第 11 期。

AAS, Association for Asian Studies 2021 Annual Report, 2021, https://

www. asianstudies. org/wp − content/uploads/2021 − AAS − Annual − Report − R1.pdf.

Andrés F Castro Torres, Diego Alburez − Gutierrez, "North and South: Naming practices and the hidden dimension of global disparities in knowledge production", *Proceedings of the National Academy of Sciences*, 2022, 119(10).

Andrew G. Walder, "The Transformation of Contemporary China Studies, 1977−2002", in David L. Szanton, ed., *The Politics of Knowledge: Area Studies and the Disciplines*, University of California Press, 2002.

C. P Yew, "The Evolution of Contemporary China Studies in Singapore: From the Regional Cold War to the Present", *Journal of Chinese Political Science*, 2017(22).

David Shambaugh, "The Evolution of American Contemporary China Studies: Coming Full Circle?", *Journal of Contemporary China*, 2023.

Fabio Lanza, "Always Already and Never Yet: Does China Even Have a Present?", *Modern Intellectual History*, 2023(20).

Sara van Hoeymissen, "China Studies in Africa", *Journal of African Cultural Studies*, 2021, 33:2.

Yunuen Mandujano−Salazar, "East Asian studies in Latin America and its potential contributions for an improved inter−regional business understanding", *Telos: revista de Estudios Interdisciplinarios en Ciencias Sociales*, 2021, 23:3.

从汉学到世界中国学：历史沿革与学术积淀

顾　钧*

在汉语传统中，"汉学"指汉代的学问，区别于注重义理的"宋学"，以强调训诂、考据、版本为主要特点。随着历史的发展，汉宋之学不仅指两个不同朝代的学问，也标示了两种不同的学术路径。清代学者标举汉学，如江藩著有《国朝汉学师承记》，详细记述了"汉学"在清代兴起的原因、过程和主要学者的成就。19世纪西方学术界开始使用"汉学"（Sinology）来指称对中国语言、历史、文明的研究，为了和汉代之学相区别，有时也在"汉学"前面加上"海外"或"国际"等字样。

1814年，法兰西学院正式设立了汉学教席，这在法国以及西方汉学发展史上都有着重要意义。从此，汉学开始成为一个专门学科，进入全新发展时期。

汉学的历史沿革：世界对中国理解、研究的不断深化

专业汉学建立之前对于中国文化的研究可以称之为业余汉学或者前汉学，前汉学可大致分为游记汉学和传教士汉学两个时期。

早在希腊罗马的文献中就有关于中国的记录，但较为简略模糊。在地理大发现之前，有关中国影响最大的作品是《马可·波罗游记》。该书完成

---

*　顾钧，北京外国语大学国际中国文化研究院教授、博导。

于 1298 年，共分 4 卷，比较详细地记叙了元朝时期中国的政治、经济、社会、科技等状况，大大拓展了西方人的世界观念，也直接催生了近代地理大发现。该书使原本笼统的中国形象清晰起来，是西方认识中国历程中的标杆性著作。《马可·波罗游记》之后陆续有《鄂多立克东游录》《马黎诺里游记》《曼德维尔游记》等著作，其中写于 14 世纪中叶的《曼德维尔游记》最为风行，至 1500 年时，该书已被从英文译成了欧洲的主要文字，其影响仅亚于《马可·波罗游记》。

大航海以后，大批西方人来到东方，中国和西方在精神和思想上首次相遇。此时来中国的传教士开始向西方介绍中国，留下了数量可观的作品，成为汉学发展的奠基石。

传教士汉学的代表人物利玛窦（Matteo Ricci），被公认为西方汉学之父，其代表作《中国札记》除了介绍天主教进入中国的历史之外，主要内容是对中国的全面介绍。该书第一卷几乎就是一部涵盖中国方方面面的小型百科全书，也是一份让欧洲人全面了解中国的国情报告。利玛窦利用亲身经历和从中国文献中获得的知识来介绍中国，从国名的由来谈到地理位置和疆域（第二章），从富饶的物产谈到工商业和手工业的发展（第三、四章），从人文、自然科学谈到科举考试（第五章），从行政机构谈到赋税、军事、法律等制度（第六章），从风俗习惯谈到礼仪和宗教信仰（第七、八、九、十章）。利玛窦在该书开卷首先阐明了其作品的真实性："我们在中国已经生活了差不多三十年，并曾游历过它最重要的一些省份。而且我们和这个国家的贵族、高官以及最杰出的学者们友好交往。我们会说这个国家本土的语言，亲自从事研究过他们的习俗和法律。并且最后而又最为重要的是，我们还专心致意日以继夜地攻读过他们的文献。"（第一章）在利玛窦看来，这些优势是以往那些描写中国的作家们无法比拟的，因为他们"目击实录的事情有限，多是道听途说而已"（第一章）。利玛窦通晓汉语和中国典籍，这使《中国札记》的深度远远超过以往任何一部游记汉学作品。

值得注意的是，利玛窦是以一名学者的身份来讲述中国的，所以往往带着自己的观点。他不仅发表评论，还常常把中国和西方进行比较。例如，在介绍完中国的行政机构之后，他驳斥了一些西方人认为强大的中国会不断扩张领土、侵略别国的论点："虽然他们有装备精良的陆军和海军，很容易征服邻近的国家，但从他们的皇帝到平民却从未想过要发动侵略战争。他们很满足于自己已有的东西，没有征服的野心。"（第六章）由此不难窥见利玛窦对中国的了解和欣赏。

随着天主教传教士的到来，中国典籍的西译历程也开始了。最早的一位翻译家是罗明坚（Michel Ruggier），他的《大学》拉丁文译本于 1593 年在罗马出版，由此开启了《四书》和儒家思想在西方的传播。利玛窦和罗明坚都是意大利人，当时活跃在中国的还有他们的同胞殷铎泽（Prosper Intorcetta）、马国贤（Matteo Ripa）、卫匡国（Martino Martini）等人。其中特别值得一提的是卫匡国，他是第一个用科学方法测绘并刊印中国地图的西方人，1655年在阿姆斯特丹首次出版的《中国新地图集》是他在中国地理研究方面的代表作，他也因此被誉为"中国地理学之父"。

在利玛窦、罗明坚之后，大批天主教传教士来华，他们继续从事研究中国文化、翻译典籍的事业。早期领风气之先的是意大利人、葡萄牙人和西班牙人，法国人后来居上，逐渐成为传教士汉学的主力。1685 年洪若翰（Jean de Fontaney）、张诚（Jean Gerbillon）、白晋（Joachim Bouvet）、李明（Louis Le Comte）和刘应（Claude de Visdelou）受法王路易十四派遣前往中国，来华后受到康熙的礼遇。白晋和张诚还担任了康熙的老师，教授他数学、天文，深得器重。1697 年白晋回法国后，根据康熙的要求招募了一批法国传教士来到中国，其中马若瑟（Joseph de Premare）、雷孝恩（Jean Regis）、巴多明（Dominique Parremin）、宋君荣（Antoine Gaubil）、钱德明（Jean Amiot）、冯秉正（Joseph de Mailla）、韩国英（Pierre Cibot）等后来都成为在汉学方面卓有成就的专家。他们传回欧洲的有关中国的报道受到了热烈的欢迎，引发了"中国热"。

18 世纪法国出版了多部影响深远的汉学著作，其中最著名的是杜赫德

(Jean Du Halde)主编的《中华帝国全志》。该书实际上是将17世纪以来法国来华传教士的报告、书信加以编辑整理而成,1735年出版后很快成为当时欧洲人认识中国的一部大全式手册,并在几十年之内先后被译成了英文、德文、俄文等多种文字。

　　法国的"中国热"影响面大,持续时间长,在18世纪中期达到高潮:从对一般中国工艺品的感性认识,到对中国书简报告的阅读,再到对中国文化的评判,借助异国文化因素来进行自我反思,由此推动"中国热"进入到一个深刻的思想对话阶段。18世纪诸多文人学者都受到中国文化的影响,不管是伏尔泰和孟德斯鸠这样的学术大家,还是贝尔坦(Henri Bertin)这样的朝廷高官,当时法国知识分子阶层对中国均抱有浓厚的兴趣。在贯穿18世纪的这种追逐中国文化的风尚中,汉学也开始享受到得天独厚的发展机遇。现代意义上的汉学在法国诞生是有其历史必然性的。

　　1814年12月,年仅27岁的雷慕沙(Abel Rémusa)成为历史上首位汉学教授。他广泛而深入地研究中国哲学、宗教、医学,特别是在汉语语言文学方面成就卓著。1822年,雷慕沙出版了代表作《汉文启蒙》,被认为是对汉语进行逻辑综合和构建的第一次尝试,也是按照中国语言的智慧来编写的第一部语法书,具有长久不衰的学术价值。雷慕沙于1826年翻译出版了清代小说《玉娇梨》,1827年很快被转译为英文,在欧洲广为流传,对歌德提出"世界文学"的理念产生了直接影响。

　　紧随法国之后将汉学提升到专业层次的是俄国和英国。1837年,喀山大学在俄国率先设立了汉语教研室,西维洛夫成为俄国历史上第一位汉学教授。英国也在同一年设立了首个汉学教席,地点在伦敦的大学学院,首任教授是著名的传教士汉学家吉德(Samuel Kidd),伦敦的第二个汉学教席于1845年在国王学院设立。1877年,耶鲁大学聘请曾在中国生活工作四十多年的卫三畏(Samuel Williams)出任该校首任中文教授,汉学从此进入美国高等学府。此后欧美大学纷纷设立中文教席,汉学逐渐向专业方向转换。

　　从19世纪初到第二次世界大战结束的一个半世纪当中,法国一直引领着汉学的发展，雷慕沙之后汉学人才辈出，如儒莲（Stanislas Julien）、巴赞（Antoine Bazin）、毕欧（Edouard Biot）、德理文（De Saint-Denys）、哥士耆（Alexandre Kleczhowski）、德韦理亚（Gabriel Devéria）、微席叶（Arnold Vissière）等。其中儒莲成就最为突出，仅在翻译方面就先后推出了《孟子》《大唐西域记》《西厢记》等质量上乘的典范之作，被视为19世纪中叶欧洲汉学界无可争辩的大师，汉学界的最高奖项"儒莲奖"正是以他的名字命名。

20世纪上半叶法国汉学达到鼎盛，沙畹（Édouard Chavannes）和他的几位得意弟子——马伯乐（Henri Maspero）、葛兰言（Marcel Granet）、高本汉（Bernhard Karlgren）叱咤风云，而伯希和（Paul Pelliot）更是独领风骚，有人将这段时期的西方汉学概括为"沙畹—伯希和时代"。

第二次世界大战后，随着伯希和等一代大师的谢世，汉学中心开始向美国转移，随之而来的是研究范式的重大变化，即从传统汉学向现代中国学转变。首先是太平洋关系学会的建立起到了扭转风气的作用，在个人方面，费正清（John Fairbank）发挥了重要影响。

太平洋关系学会于1925年建立。该学会最初是由夏威夷关心太平洋地区社会经济问题的商界、教育界、宗教界人士发起成立的区域性团体。后经扩充，吸收了来自世界不同地区的专家、学者、政府官员，并且得到美国政府和一些财团的支持，发展成为一个国际性的学术团体，总部迁至纽约，在美国、中国、日本等国均设有分会。出于对第二次世界大战前错综复杂的远东局势的关注，太平洋关系学会的研究重心始终放在远东问题上，对中国的研究更是重中之重，例如人口分布、农业技术、工业化、民族运动、国际关系、商业和投资等。太平洋关系学会还积极联系基金会，资助学者深入中国进行实地考察，这是和传统汉学非常不同的取向。法国的不少汉学大师，如雷慕沙、儒莲等，终生都没有来过中国，他们更关心作为古老文明的中国，对文物典籍感兴趣。由于太平洋关系学会的出现，传统意义上的汉学开始走出厚古薄今的研究壁垒，转向侧重现实问题和国际关系等新领域，从而揭开了

"中国学"的序幕。费正清逐渐成为这一研究模式的代言人。

费正清 1929 年从哈佛大学毕业后前往牛津大学攻读博士学位,从此开始了对中国的研究。他把中国海关问题定为博士论文的题目,从而确立了从外交史和制度史入手、以近代中国为课题的研究方向。这一取向异于对中国古代历史文化进行文献考证的传统汉学,是一种新的尝试。1936 年,费正清获得牛津大学博士学位并回哈佛执教。在此后的四十多年中,他以哈佛为基地,将新的中国学模式推广到全美,乃至全世界。具有鲜明美国特色的中国学有如下几个特点:一是关注近现代中国,服务于现实需要;二是在语言技能之外更强调学术训练,特别是各种社会科学方法(政治学、经济学、社会学、人类学等)的训练;三是在学科分工的基础上强调跨学科研究。其中第二点最为关键,费正清曾将之简单归纳为"传统汉学与社会科学的结合"。结合之后的中国学不再单纯局限于中文系(东亚系),而是进入各个学科。到 1964 年时,哈佛大学开设中国课程的有东亚系、历史系、社会学系、政治学系、人类学系、法律系、美术系、音乐系,其他如耶鲁大学、芝加哥大学、哥伦比亚大学等也与之相似。

1955 年哈佛大学东亚研究中心(后改为费正清中国研究中心)的建立可以作为中国学新模式正式建立的标志。但中国学的确立并不代表传统汉学的退场,哈佛燕京学社的存在及其广泛学术影响就是一个明证。哈佛燕京学社 1928 年建立后,曾计划请法国汉学家伯希和来担任社长,后来伯希和推荐了自己的学生——俄裔法籍汉学家叶理绥(Serge Elisséeff),这非常好地说明了 20 世纪前半期欧洲汉学对于美国的影响。所以就 20 世纪来说,美国的中国学和汉学是并存的,只是前者占据主导地位。

以法国为代表的汉学主要研究古代中国,侧重人文学术;以美国为代表的中国学更关注近现代中国,侧重社会科学。两者分别对应了中国历史发展的不同时期,用费正清的话来说就是"伟大的传统"和"现代的转型"。21世纪以来,随着中国的快速发展,海外对中国的关注和研究与日俱增。如何向世界讲述一个真实的中国? 如何为中国的和平发展营造一个良好的国际环境？在这一背景下，2004年，世界中国学论坛应运而生，这一论坛旨在为海内外研究中国的专家提供交流平台，为国际社会深入了解中国创造条件。

在世界百年未有之大变局加速演进的时代背景下，"世界中国学"的提出具有重大的理论意义和实践意义。以往无论是汉学还是中国学，中国的文化、文献典籍等是主要研究对象；而现在，研究中国就是研究世界的最前沿和未来。世界对中国研究的不断深化，也折射和代表了人们对于世界、人类、文明理解的不断深化。

从汉学到中国学再到世界中国学，学术积淀日益深厚

任何学术都必然经历从无到有、从小到大的过程，围绕中国的研究也是如此。以美国为例，1963年，全美国仅有33人获得中国学博士学位，而至20世纪末，服务于美国大学、政府、新闻界、企业界的各类中国研究专家已逾万人。19世纪时，美国没有一家专门研究中国的学术团体，汉学在美国东方学会（1842年建立）、美国历史学会（1884年建立）中所占比例均十分有限；而目前，仅哈佛大学就有十多个与中国学有关的机构。从明末清初到21世纪的今天，从汉学到中国学，再到世界中国学，学术积淀越来越深厚。

其一，中文藏书。中国研究最基础、最重要的物质条件是汉语文献的收藏。1869年美国政府经由其驻华使节将相当数量的西文书籍和植物种子送给清政府，作为答谢，清政府回赠了约1000册的中文经籍和科学书籍。这批中文书籍运抵美国后被国会图书馆收藏，成为这个美国最大的图书馆最早的一批中文藏书。在德国，柏林图书馆和慕尼黑图书馆19世纪初期即开始收藏中文书籍，但数量很少。1829年汉学家内曼（Karl Neumann）到达广州，几年内收集了约12000册中文书籍和手抄本，之后他将6000多册运回德国，其中3500册送给了慕尼黑图书馆，其余的由柏林图书馆收藏。由于内曼是受过严格汉学训练的学者，他所挑选的书籍大都是对中国历史、哲学、宗教、语言研究非常有用的典籍类、辞典类的基础性著作，为德国汉学后来在这些方面的发展奠定了坚实的基础。

法国一直是汉学的引领者,法国国家图书馆也是世界上汉学典籍馆藏最为丰富的图书馆之一。据官方统计,目前汉学典籍数量约计15万册。最早的收藏可以追溯到1697年,这一年法国传教士白晋返回巴黎时,向法王路易十四呈递了康熙赠送的49册共312卷中文书籍,包括《礼记》《本草纲目》《大清律》等。此后法国传教士不遗余力地收集各种汉籍,并源源不断地寄回或带回法国,到1720年时法国国家图书馆已有中文藏书1000多册,到1742年时超过4000册。19世纪,随着法国专业汉学的兴起和发展,汉籍以更大的规模进入国家图书馆,三类文献构成了这一时期馆藏的主要内容:以四书五经为代表的中国经典著作的译本;对中国政治、经济和外交进行全面介绍的综合性著作;以游记、航海日记和商团报告为主的纪实性作品。19世纪法国国家图书馆有三次较为大规模的图书购买和收藏记录,其中最重要的是1840年从中国一次性购买了115种3669册书籍。20世纪是法国汉学文献收藏的黄金时期,主要是通过在华的汉学家将大批典籍、手稿,特别是敦煌写本、壁画运送回法国,大大丰富了法国的汉学资源,也为法国之后的汉学研究,尤其是敦煌学的发展提供了扎实的文献基础。进入20世纪以后,法国国家图书馆针对汉学典籍逐渐制定了一套完整的购买和收藏制度,走在了西方各国的前列。

其二,学术期刊。1832年,美国来华传教士裨治文(Elijah Bridgman)在广州创办了《中国丛报》,这是西方第一份完全以中国为研究对象的英文期刊,每月一期,20年间刊登了共计1378篇文章,涉及范围包括中国地理、历史、法律、博物、贸易、语言等方面,成为19世纪上半叶中国研究最重要的载体。1851年《中国丛报》停刊后,英美在华人士又陆续创办了《教务杂志》《皇家亚洲文会北华支会会刊》《中国评论》《新中国评论》《中国科学美术杂志》等。这些刊物虽然在20世纪50年代以前陆续停刊,但都留下了非常宝贵的学术资源。

第二次世界大战后,特别是20世纪60年代以后,西方创办了比以往更多的中国研究刊物。英语学界以现当代中国为对象的刊物就有50多种,目前仍在运行的有 41 种,其中美国 25 种,英国 10 种,澳大利亚、新加坡各 2 种,荷兰、印度各 1 种。这些刊物涵盖现当代中国的政治、经济、社会、宗教、卫生等多个领域。政治方面如美国的《中国政治学刊》,创办于 1995 年并发行至今,一年四期。该刊在整个政治科学领域发表有关中国政治的理论、政策和实证研究文章,并从比较的角度着眼于中国的国内政治和外交政策。经济方面如英国的《中国经济》,是 1967 年创办的英文双月刊,由泰勒弗朗西斯出版社出版发行。1967 年到 1996 年,它曾名为《中国经济研究》,1997 年第 1 期更名为《中国经济》并沿用至今。该刊发表世界各地学者就中国经济的最新变化撰写的原创性成果,聚焦于中国当前经济发展状况以及与贸易、银行和金融相关的问题,也时常翻译中国官方的经济政策文件。

除了专业性期刊外,还有多种综合性期刊,其中 2 种影响广泛。一份是英国的《中国季刊》,1960 年创办并由剑桥大学出版社发行至今。另外一份是澳大利亚的《中国研究》,1979 年创刊,美国芝加哥大学出版社发行,为半年刊。该刊 1979 年至 1995 年曾名为《澳大利亚中国事务杂志》,1995 年更名为《中国研究》。这两份刊物面向现当代中国,内容涵盖政治、经济、文学、艺术、历史、医疗、体育、土木工程等方面。

从 41 种期刊主题的数量统计来看,各个国家的中国学虽然有地域特色,但总体上都呈现出从人文学科向社会学科转移、从单一学科到跨学科的综合研究的倾向,同时也体现出为所在国政治、经济服务的特点。

其三,典籍翻译。前文提到,罗明坚是最早将中国典籍翻译成西文的人,但影响不大。真正开始发生影响始于 1687 年柏应理(Philippe Couplet)在巴黎出版的《中国哲学家孔子》一书,该书包括《大学》《中庸》和《论语》的拉丁译文。由于拉丁文在当时是欧洲知识界的学术语言,因此这部书的影响绝不仅仅局限于法国和比利时。德国启蒙思想家和唯理主义者莱布尼茨在同年年底便读到了这本拉丁文译著,并据此认为中国已接近了"理性化国家"这一理念。在柏应理之后,一代代汉学家不断努力将中国典籍向海外传播。

19 世纪的汉学史上出现了三位翻译大家,分别是英国的理雅各(James Legge)、德国的卫礼贤(Richard Wilhelm)和法国的顾赛芬(Séraphin Couvreur)。理雅各第一个系统地翻译介绍了中国儒家、道家的经典作品,包括《易经》《诗经》《尚书》《春秋》《左传》《公羊传》《谷梁传》《礼记》《孝经》《论语》《孟子》《道德经》《庄子》等。这些作品不仅包括严谨简洁的译文,还包括长篇的序言和详实的注释。这一系列译著开创了近代汉学的新纪元,为国际汉学界提供了非常珍贵的研究材料,促进了中国文化走向世界。理雅各因此于 1875 年获得汉学最高荣誉"儒莲奖"。顾赛芬则在法语世界独领风骚,他的译作包括《诗经》《书经》《左传》《仪礼》《礼记》《四书》等。通常他在翻译中无意加入个人解释和评论,而是努力忠实于当时中国官方推崇的程朱理学派观点。他准确优雅、无可挑剔的法文使译文可靠无误,具有很高的学术价值,因此直到 20 世纪 50 年代仍有机会再版。

和理雅各、顾赛芬一样,卫礼贤用德语翻译了大量经典,其中用力最勤的是《易经》,出版后迅速使中国的"群经之首"进入了德国主流思想界,影响到黑塞、荣格这样的大作家和心理学家。1950 年卫礼贤德译文在英国和美国推出了英文转译本,荣格专门为此书写了前言。之后它又被转译为荷兰语、意大利语、法语、西班牙语、葡萄牙语等,成为有史以来最具影响力的《易经》译本。

20 世纪以来,随着甲骨、竹简、帛书等文献的出土和学术研究的深入,学界对于中国典籍的理解不断深化,同时新一代读者也需要新的语言的译本,因此汉籍的翻译量有增无减,且水平也在不断提升。在所有汉籍中,《道德经》是被翻译最多的,目前已经拥有 28 种西方语言的译文,版本达 1100 余种,其中英文达到 182 种,主要是在 20 世纪以后完成的。1868 年湛约翰(John Chalmers)的译本在伦敦出版,成为《道德经》英译之滥觞。此后《道德经》在英语世界出现过 3 次大的翻译高潮:第一次为 1868 至 1905 年,在这短短 30 多年里,有 14 个英译本面世;此后是从 1943 至 1963 年,20 年里每隔一年就有一种新译本出版;1973 年长沙马王堆汉墓出土帛书《道德经》后，海外随之掀起老子研究热，第三次翻译高潮因此产生，一直延续到21世纪初，其中2003年出版的艾文贺（Philip Ivanhoe）英译本最引人注目。该译本准确性与可读性兼备，被海外高校普遍用作教材，受到英语读者的广泛好评，成为刘殿爵（D.C.Lau）1963年《道德经》英译本（收入企鹅经典丛书）之后的又一经典。

与19世纪一样，20世纪同样产生了多位中国典籍翻译大家，其中尤以华兹生（Burton Watson）成就最为突出。他于1956年凭借有关司马迁的研究论文获得哥伦比亚大学博士学位，其后将主要精力投入翻译，在哲学方面他翻译了庄子、墨子、荀子、韩非子等先秦诸子的作品，在历史方面他翻译了《史记》《左传》等著作，在文学方面他翻译了杜甫、苏轼、陆游等人的诗歌，其翻译内容广泛、质量上乘。

其四，学术著作。相比于翻译，著作成果就更多了。中国国家图书馆是收藏中国研究图书最多的图书馆，最新数据显示，该馆收藏海外汉学、中国学著作语种近百个，数量达15万种。1849年，卫三畏编写了英语世界第一份汉学书目——《关于中国的著述》，共403种，其中翻译作品50种，编著作品353种。从那时的300多种发展到今天的15万种，近两百年间海外中国研究的发展速度和规模由此不难看出。

这里只以中国文学为例予以说明。早在1735年出版的《中华帝国全志》中就收入了元杂剧《赵氏孤儿》以及部分《诗经》和《今古奇观》的译文，开启了西方的中国文学译介和研究。经过一百多年的积淀，1901年英国汉学家翟理斯（Herbert Giles）出版了英语世界第一部《中国文学史》，一年后德国汉学家格罗贝（Wilhelm Grube）推出了他编写的《中国文学史》，这两部著作都先于1904年中国人林传甲、黄人最早编写的《中国文学史》。翟理斯吸收了欧洲文化传统与19世纪以法国为代表的文学史研究学风，尝试以史学意识来梳理中国文学的脉络，为中国文学构建了一个通史的概观。他将中国文学的发展分为以下八个时期：春秋战国、汉朝、三国至隋朝、唐朝、宋朝、元朝、明朝、清朝，并对每个时期做了比较详细的论述。例如在唐朝部分,他以诗歌为重点,先对声律做了一些介绍,然后逐一论及陈子昂、李白、杜甫、白居易、司空图等著名诗人,并翻译了不少他们的诗作。他也关注到了散文,围绕韩愈、柳宗元等人的古文运动做了一番介绍。另外值得注意的是,翟理斯对一向不入中国文学大雅之堂的小说、戏曲给予了高度重视。例如,他在清朝部分重点评述了《聊斋志异》和《红楼梦》,对于《红楼梦》的介绍比较完整地复述了 120 回本的主要内容。尽管有些粗糙且有不少疏漏,这本《中国文学史》也第一次向西方读者全面展示了中国文学的概貌,近年来两次被翻译成中文出版(首都师范大学出版社 2017 年版;华文出版社 2020 年版)。

翟理斯之后,英语世界又出版了多种中国文学史。例如 2010 年问世的《剑桥中国文学史》,不仅在西方学界受到了广泛关注,被翻译成中文(三联书店 2013 年版)后对国内学界也产生了一定影响。特别是其中有关"抒情传统""文化唐朝""文本流动"的分析和论述,打开了中国文学研究的新空间。

2023 年 11 月 24 日,习近平主席向世界中国学大会·上海论坛致贺信指出:"中国学是历史中国之学,也是当代中国之学。中华文明源远流长,在同世界其他文明的交流互鉴中丰富发展,赋予中国式现代化以深厚底蕴。溯历史的源头才能理解现实的世界,循文化的根基才能辨识当今的中国,有文明的互鉴才能实现共同的进步。"如果说以往的汉学和中国学都是以海外学者为主体,那么今天的世界中国学更应秉持兼容并蓄、开放包容的态度,推动中外学者积极对话与交流,在文明互鉴的大格局中不断推进世界中国学的繁荣发展。

参考文献

辛红娟:《〈道德经〉在英语世界:文本行旅与世界想像》,上海译文出版社 2008 年版。

张西平主编:《西方汉学十六讲》,外语教学与研究出版社 2011 年版。

〔美〕费正清：《费正清对华回忆录》，陆惠勤等译，知识出版社1991年版。

〔意〕利玛窦、〔比〕金尼阁：《利玛窦中国札记》（上册），何高济等译，中华书局1983年版。

从西学东渐到文明互鉴
百年变局中的中国与世界

董欣洁*

作为世界历史上唯一没有中断并独立发展至今的原生文明,中华文明具有自我发展、回应挑战、开创新局的文化主体性与旺盛生命力。中华民族的文明历程不仅与人类社会形态演化的纵向发展同步前行,而且通过中外文明交流互鉴,极大地推动了人类社会各种群体联系日益紧密的横向发展。在世界百年未有之大变局加速演变的今天,考察中国与世界的相互关系,就会看到这不仅体现了中华文明作为原生文明的自立之道,而且展现出人类文明进步事业对摆脱贫困、消除压迫的不懈追求,更加能够说明人类社会纵向发展与横向发展的辩证统一和未来趋向。从近代资本主义全球扩张特别是 19 世纪中叶中国被卷入世界体系之后的西学东渐,到新时代蓬勃开展的全球文明交流互鉴,一方面意味着人类历史关键节点的转换,另一方面也彰显出人类文明新形态和人类命运共同体的重要价值,是人类文明事业的重要新进展。

---

  * 董欣洁,中国社会科学院大学教授,中国社会科学院历史理论研究所、史学理论研究中心研究员。

中华文明作为原生文明的自立之道

习近平总书记在 2023 年 6 月 2 日文化传承发展座谈会上指出："中华优秀传统文化有很多重要元素，比如，天下为公、天下大同的社会理想，民为邦本、为政以德的治理思想，九州共贯、多元一体的大一统传统，修齐治平、兴亡有责的家国情怀，厚德载物、明德弘道的精神追求，富民厚生、义利兼顾的经济伦理，天人合一、万物并育的生态理念，实事求是、知行合一的哲学思想，执两用中、守中致和的思维方法，讲信修睦、亲仁善邻的交往之道等，共同塑造出中华文明的突出特性。""中华文明具有突出的连续性""从根本上决定了中华民族必然走自己的路"。中国文化源远流长，中华文明博大精深。中华文明的五个突出特性，即连续性、创新性、统一性、包容性、和平性，正是中华文明作为原生文明的自立之道。

在众多重要元素之中，格物致知、实事求是是中华优秀传统文化的精神内核之一，同时也是中华文明在认识世界的过程中把握自身与世界关系的重要原则和方法。穷物之理即为格。中华文明讲求在穷物之理的过程中使自身与世界合为一体，实现自身与他人、与万物的和谐共处，实现个体的内在精神自由，实现个体与世界相互促进的协调发展。这个不断实践和升华的过程，即"天地与我并生，而万物与我为一"，"道行之而成"，"道通为一"，即"内圣外王"之道（《庄子》），这也成为中国古代修身为政的最高理想。即使存在"暗而不明，郁而不发"的时候，即使"天下之人各为其所欲焉以自为方""道术将为天下裂"（《庄子》），也有无数学人接续努力，形成了中国五千年来学术史上唯物论的优良传统。

文明互鉴是推动人类文明进步和世界和平发展的重要动力。中华文明与其他文明的交流互鉴构成了中国与世界开放互动的交往图景。其中，中华文明与古代印度佛教和 16 世纪以后欧洲（西方）文明的交流是人类社会两次大规模的、持续时间较长的文明互动，具有深远的历史影响。中国先进知识分子逐渐形成了"翻译—会通—超胜"①的文明互鉴思想。在这两次大规模的跨文化互动之中,中国先秦的本土思想资源,即包括孔孟学说和老庄学说在内的诸子百家思想,是中国学人格义、吸收、会通、融合外来文明成果并创造新的文明成果的历史根基。事实上,以中华文明为基本义理,创造性吸收转化外来文明成果,产生新成果新话语新义理,立己达人,是中华文明作为世界历史上连续发展至今的原生文明展现出来的基本形态之一。这个过程同时也是中华文明五个突出特性不断彰显的过程,是中华民族不断为世界和平发展作出积极贡献的过程。

在文明互动过程中,为有助于翻译和会通,中国古代知识分子发展出格义的方法。所谓格义,正如国学大师汤用彤指出的:"大凡世界各民族之思想,各自辟途径。……而此族文化输入彼邦,最初均抵牾不相入。及交通稍久,了解渐深,于是恍然于二族思想固有相同处,因乃以本国之义理,拟配外来思想。此晋初所以有格义方法之兴起。"②格义是晋代僧人竺法雅创立的一种阐述讲授佛教义理的方法,即运用为中土士人易于理解的儒道思想、名词和概念去比附解释佛经中的事项、教义和概念等内容,"以经中事数,拟配外书,为生解之例,谓之格义",即以中国原有之观念比配于佛教观念,进行比较分析。③ 中国现代历史学家、古典文学研究家陈寅恪也指出:"格义之为物,其名虽罕见于旧籍,其实则盛行于后世";"以其为我民族与他民族二种不同思想初次之混合品,在吾国哲学史上尤不可不纪"。陈寅恪还认为格义之说"成为傅会中西之学说","后世所有融通儒释之理论,皆其支流演变之余也"④。

这种"以本国之义理,拟配外来思想""傅会中西"的格义方法,成为中

---

① 黎难秋编:《中华翻译家代表性译文库·徐光启卷》,浙江大学出版社 2023 年版,第 26 页。

② 汤用彤:《汉魏两晋南北朝佛教史》,上海人民出版社 2015 年版,第 164—165 页。

③ 参见释慧皎:《高僧传》(上册),朱恒夫、王学钧、赵益注译,陕西人民出版社 2009 年版,第 87、203 页。

④ 陈寅恪:《陈寅恪集·金明馆丛稿初编》,三联书店 2001 年版,第 173、185 页。

华文明在长期的发展过程中,与其他文明接触后形成的一种先期的会通形态。古印度佛教传入中国后,魏晋时人便以格义的方法来解释佛经。儒释道三家学说的互鉴会通日益深化,形成了具有中国特色的佛教文化和佛教理论,演化出包括"性、相、台、贤、禅、净、律、密八大宗派"在内的许多派别,这次大规模的文化互动成为封建小农经济条件下文明互鉴的典范。这也说明,文明互鉴是人类社会实践成果的交流互鉴,其意义在于通过相互切磋、学习和比较,辨其同异,进而形成新的认识和新的成果。

在明末(16世纪末)耶稣会士入华特别是1840年鸦片战争以后的西学东渐之中,中国先进知识分子也用格义的方法来了解西学。明末科学家徐光启则于1631年更进一步提出"欲求超胜,必须会通;会通之前,先须翻译"的系统思路(即前述"翻译—会通—超胜")。正如复旦大学教授李天纲指出,徐光启早期研习《周髀算经》《九章算术》,意图接续汉学之"勾股",结识利玛窦之后,得知希腊亦有"几何"之学;他主张融通"汉学"和"希腊学",创为明代中国之"新学",实为时代先驱。① 明代官员彭惟成在为1612年初刻的《泰西水法》撰写的"圣德来远序"中谈道:"今西洋儒彦觐我文明而来,……吾辈相与邂逅,缅惟畴昔,博物洽闻,吹藜天禄,固已知其所知者,并于西洋儒彦获知其所未知焉。吾未知西洋之所知,犹之乎西洋未知吾之所知也。"②其时中国学人在文明互鉴方面这样坦荡开放的胸襟见识,实令后人钦佩。

西学东渐中的中西互解

16世纪末到18世纪末,中欧文明能够开展较为平等的交流。不过,当时天主教耶稣会士的入华,却无法达到佛教入华时交流互鉴的历史高度。

---

① 参见黎难秋编:《中华翻译家代表性译文库·徐光启卷》,浙江大学出版社2023年版,第109页。

② 黎难秋编:《中华翻译家代表性译文库·徐光启卷》,浙江大学出版社2023年版,第133页。

何兆武、何高济早已指出："作为来中国的第一个西学代表人"，"利玛窦自己儒冠儒服，尽量使自己中国化"，"尽量利用（或者说附会）中国传统的文化"（联合儒家反对佛道，又援引先儒反对后儒），但他不但没有能用另一种（中世纪天主教神学的）思想体系来改变或者取代中国传统的思想体系，而且就其对中国思想的影响规模和持久性而言，也远不能望魏晋以来的佛教思想影响的项背，直到 19 世纪中叶基督教传教士才重新拾起三百年前耶稣会传教士的余绪，而又重新开始；包括利玛窦在内的欧洲海外传教活动的物质动力，是新航路开辟以后西欧殖民国家进行的海外扩张，而基于这个势力之上的一切上层建筑活动归根到底都是不可能违背这一物质势力的利益或者超出它所能许可的范围之外的。① 这个判断可谓一语中的。法国学者梅谦立认为，传教士南怀仁的"理学"变成了一种绝对真理来判断中国文化思想的得失，而这样的哲学对话很难有进步，因为它完全忽略考虑话语本身的必要条件，南怀仁介绍的具有普遍性的"理"，无法构成一种跨越文化的思想桥梁，相反拉开一种无法弥补的距离。②

　　这种强烈的自我中心意识对欧洲或西方学人来说，实际上不利于他们深入把握与中国这样连续发展数千年的原生文明互鉴的历史良机。美国学者埃德温·J.范克利提出，18 世纪欧洲学者越来越关注将中国和亚洲其他地区纳入他们的世界历史观，这并不意味着 18 世纪的普遍史学家写出了成功的人类通史，大多数 17 世纪和 18 世纪的普遍史中包含的关于中国的信息通常是描述性的，而不是历史性的，而且很少与世界历史的其他部分有效地结合在一起。③ 尽管如此，中华文明对欧洲的影响仍然是深远的。亚历山大·斯塔特曼针对欧洲启蒙运动被视为现代时期的开端、以科学为标志

---

　　① 参见［意］利玛窦、［比］金尼阁：《利玛窦中国札记》，何高济、王遵仲、李申译，何兆武校，中华书局 1983 年版，"中译者序言"。

　　② 参见中山大学西学东渐文献馆主编：《西学东渐研究》（第 1 辑），商务印书馆 2008 年版，第 60 页。

　　③ Edwin J.van Kley，"Europe's 'Discovery' of China and the Writing of World History"，*The American Historical Review*，Volume 76，Issue 2，April 1971，p.384.

和保证的进步理念经常被视为西方对启蒙运动加以继承的传统观点,指出当时欧洲的许多辩论都涉及对中国知识传统的专注、持续和变革性的参与,中国科学塑造了欧洲启蒙运动的标志性遗产即西方的进步理念。①

随着 19 世纪上半叶亚洲特别是中国与西欧北美地区的力量对比发生转折,西方列强的帝国主义殖民扩张明显加速。"欧洲中心论"或"西方中心论"所指称的那种盲目地把欧洲或西方置于世界(历史)的中心、无视甚至否定其他地区文明价值的自我中心意识迅速膨胀。在帝国主义坚船利炮的现实威胁和"救亡图存"的时代背景下,以西方资本主义理论和话语重新解释中国历史与学术理论的现象大量出现。有学者指出,西学东渐是"把中国文化传统启蒙到西方的现代化轨道上去"②。殖民列强的资本主义文明虽然强势,但中国先进知识分子从未放弃过中华文明的主体性和本土文化立场。不断学习、不断实践并不断超越,是中国先进知识分子在西学东渐当中的常态。

所谓西学东渐,实际上是中西互解。因此,西学东渐的过程也是中学西渐的过程。1840 年以后的中国,面对世界各国各种思潮的涌入,特别是 1917 年俄国十月革命之后,中国先进分子明确提出:"必需以民族利益民众利益为考验,除此以外,一切就都是诡辩。"对这个阶段文明互鉴思想的考察,有助于理解中华文明在帝国主义殖民扩张过程中迈向现代进程的艰难探索和积极成果。本文试举几例分析这个历史阶段文明互鉴思想的新内容。

曾任清朝驻日本使馆参赞、驻美国旧金山总领事等职的黄遵宪(1848—1905),在 1887 年成书的《日本国志》中分析了其时涌入的西学。黄遵宪认为:"余考泰西之学,墨翟之学也。'尚同、兼爱,明鬼事天',即耶

---

① Alexander Statman, *A Global Enlightenment: Western Progress and Chinese Science*, Chicago and London: The University of Chicago Press, 2023, Introduction, pp.1-2.

② 中山大学西学东渐文献馆主编:《西学东渐研究》(第 1 辑),商务印书馆 2008 年版,第 45 页。

稣十诫所谓'敬事天主,爱人如己'";"其用法类乎申韩,其设官类乎《周礼》,其行政类乎《管子》者,十盖七八",因此,"西人之学,未有能出吾书之范围者也"。如果说这些分析还在格义的层面,但黄遵宪不仅看到现象的同异,还能够努力归纳内中的脉络,指出"盖一国而古今不同风犹如此,况东西殊域,其俗岂得无异? 然其源流变迁大概从同,斯亦奇矣"。而且,黄遵宪进一步指出向西方学习新技术的必要性,"恶其异类而并弃之,反以通其艺为辱,效其法为耻,何其隘也! 夫弓矢不可敌大炮,桨橹不可敌轮舶,恶西法者亦当知之"。更重要的是,黄遵宪既能看到西方列强在科技上的长处,也能看到西方的对外暴力掠夺交往与中国的对外和平交往截然不同。他指出:"中国之论兵,谓如疾之用医药,药不可以常服,所谓不得已而用兵也。泰西之论兵,谓如人之有手足,无手足不可以为人,所谓兵不可一日不备也。余尝旷观欧洲近日之事,益叹古先哲王以穷兵黩武为戒,其用意至为深远。"特别是针对西人的"治外法权"之毒已经遍及亚细亚的现象,黄遵宪指出:"欧西之人皆知治外法权为天下不均不平之政,故立约之始犹不敢遽施之我","至于今而横恣之状有不忍言者",他鲜明地提出"夫天下万国,无论强弱,无论小大,苟为自主,则践我之土即应守我之令"①。"践我之土即应守我之令",这是对文明交流互鉴发生的平等、相互尊重前提的原则性主张。

被中国近代思想家梁启超赞为"于西学中学皆为我国第一流人物"的严复(1854—1921),于1896年对"文明""草昧"概念的传承与新解值得关注。"文明"一词,在传统文化中颇有深意。其中,"天下文明"者,意指阳气在田,始生万物,故天下有文章而光明。与文明对应并表示在文明发展阶段之前的概念则是"草昧",即造物之始,始于冥昧,故曰"草昧"②。这组范畴

---

① 黄遵宪著,吴振清等点校整理:《日本国志》(上卷),天津人民出版社2005年版,第176页;《日本国志》(下卷),天津人民出版社2005年版,第533、801、802、913页。

② 《十三经注疏》整理委员会整理:《十三经注疏·周易正义》,北京大学出版社1999年版,第20、34页。

意指文明（状态、阶段）经由初始时期的草昧（状态、阶段）而来。《资治通鉴》中便有"资睿智之性，敷文明之治"一言。到 17 世纪初，中文的"文明"一词已经具有作为实体的含义。前述的彭惟成 1612 年撰写的"今西洋儒彦觐我文明而来"，正可作为例证。根据完稿于 1826 年的《皇朝经世文编》中所载，清代直谏名臣孙嘉淦（1683—1753）在《南游记》中写道："天地之化，阴阳而已。独阴不生，独阳不成。……文明发生，独此震旦之区而已。"①这也是文明作为一种实体含义的明显例证。严复借翻译《天演论》立言，一方面继续用文明和草昧的范畴来解释社会进步历程，另一方面也受到西学的文明/野蛮观念的影响，运用了"野蛮"一词。他指出："大抵未有文字之先，草昧敦庞，多为游猎之世。游，故散而无大群；猎，则戕杀而鲜食，凡此皆无化之民也。迨文字既兴，斯为文明之世。文者言其条理也，明者异于草昧也。出草昧，入条理，非有化者不能"，"其治弥深，其术之所加弥广"。他仍然从草昧的传统含义来解释野蛮，即"生民之事，其始皆敦庞僿野，如土番猺獠，名为野蛮"。在救亡图存的时代背景下，严复的核心思想是"须知中国不灭，旧法可损益，必不可叛"。②

梁启超（1873—1929）在 1896 年分析如何界定文明与野蛮。他认为，"然则文明野番之界无定者也，以比较而成耳。今泰西诸国之自命为文明者，庸讵知数百年后，不见为野番之尤哉？然而文明野番之界虽无定，其所以为文明之根原则有定。有定者何？其法律愈繁备而愈公者，则愈文明；愈简陋而愈私者，则愈野番而已"。这就是说，一个文明的社会必然是一个法治社会，法治越完备公允，则社会越文明。他始终坚持文化主体性，多次强调中国作为文明之古国，在促进文明交流进而光大文明方面的作用。梁启超在 1902 年指出："吾中国不受外学则已，苟既受之，则必能尽吸其所长以自营养，而且变其质，神其用，别造成一种我国之新文明。"他写道："自唐以

---

① 魏源撰：《魏源全集》（第 13 册），岳麓书社 2004 年版，第 275 页。
② 徐雪英编：《中华翻译家代表性译文库·严复卷》，浙江大学出版社 2020 年版，第 71、103、97、395 页。

后,印度无佛学,其传皆在中国。……佛教之不灭,皆中国诸贤之功也。……他日合先秦、希腊、印度及近世欧美之四种文明而统一之、光大之者,其必在我中国人矣。"从这些论断可以看出梁启超对中华文明的信念与时代洞见。①

中国民主革命的伟大先驱孙中山先生(1866—1925),重视探讨文明的交流与作用。他在1904年提出,"一旦我们革新中国的伟大目标得以完成,不但在我们的美丽的国家将会出现新纪元的曙光,整个人类也将得以共享更为光明的前景。普遍和平必将随中国的新生接踵而至";而且,孙中山先生用传统文化解释社会主义,认为"社会主义者,人道主义也。人道主义,主张博爱、平等、自由,社会主义之真髓,亦不外此三者,实为人类之福音。我国古代若尧、舜之博施济众,孔丘尚仁,墨翟兼爱,有近似博爱也者,然皆狭义之博爱,其爱不能普及于人人。社会主义之博爱,广义之博爱也。社会主义为人类谋幸福,普遍普及,地尽五洲"②。

近代以后,中华民族发展史上开天辟地的大事变,就是中国共产党的诞生。正如1943年中共中央指出:"中国共产党从创立时起,即在中国近代史上第一次明确地为中国人民指出了反帝国主义和反封建的道路","中国共产党人是我们民族一切文化、思想、道德的最优秀传统的继承者,把这一切优秀传统看成和自己血肉相连的东西,而且将继续加以发扬光大。中国共产党近年来所进行的反主观主义、反宗派主义、反党八股的整风运动就是要使得马克思列宁主义这一革命科学更进一步地和中国革命实践、中国历史、中国文化深相结合起来"③。中国共产党团结带领全国各族人民取得了新民主主义革命的伟大胜利,这是重大的世界历史性事件。苏联历史学家耶·马·茹科夫指出,这表明亚洲各国人民和全人类的进步力量在不断增

---

① 参见梁启超著,吴松等点校:《饮冰室文集点校》(第1集),云南教育出版社2001年版,第78、258、264、265页。

② 魏新柏选编:《孙中山著作选编》(上),中华书局2011年版,第97、195页。

③ 中共中央文献研究室、中央档案馆编:《建党以来重要文献选编》第20册,中央文献出版社2011年版,第317—319页。

长,这种力量积极地反对帝国主义,卓有成效地抵抗帝国主义的扩张政策,并使资本主义剥削和殖民压迫的范围不断缩小;这是俄国十月革命以后现代史上最伟大的事件,它标志着帝国主义的一次最惨重的失败,并在亚洲各国人民历史上写下新的光辉一章。①

中国与世界关系发展的新形态

经过百年奋斗,中国共产党带领中华民族迎来了从站起来、富起来到强起来的伟大飞跃。党的二十大报告指出:"以中国式现代化全面推进中华民族伟大复兴。"中国式现代化是人口规模巨大、全体人民共同富裕、物质文明和精神文明相协调、人与自然和谐共生、走和平发展道路的现代化,既基于自身国情、又借鉴各国经验,既传承历史文化、又融合现代文明,既造福中国人民、又促进世界共同发展。中国始终把自身命运同各国人民的命运紧紧联系在一起,努力以中国式现代化新成就为世界发展提供新机遇,为人类社会现代化理论和实践创新作出新贡献。中国式现代化不走资本主义殖民掠夺的老路,不走国强必霸的歪路,走的是和平发展的人间正道,致力于维护国际公平正义,促进世界和平稳定;致力于推动文明交流互鉴,促进人类文明进步。中国式现代化作为全新的人类文明形态,代表人类文明进步的发展方向。其与全球其他文明相互借鉴,必将极大丰富世界文明百花园,积极推动构建人类命运共同体,实现人类永续发展。这是中国与世界关系发展的新形态,是中华文明推动世界现代化和人类文明进步事业的新贡献。

在道德观方面,对待人与人交往、国与国交往,中华文明始终倡导以和为贵、亲仁善邻、互利互惠。中华文明"翻译—会通—超胜"的文明互鉴思想,在党领导人民百余年的奋斗过程中不断升华。习近平总书记指出:"只

---

① 参见[苏]耶·马·茹科夫主编:《远东国际关系史(1840—1949)·前言》,世界知识出版社1959年版,第2—3页。

有把马克思主义基本原理同中国具体实际相结合、同中华优秀传统文化相结合,坚持运用辩证唯物主义和历史唯物主义,才能正确回答时代和实践提出的重大问题,才能始终保持马克思主义的蓬勃生机和旺盛活力。""两个结合"是推进马克思主义中国化时代化的根本途径,马克思主义是我们的魂脉,中华优秀传统文化是我们的根脉。马克思主义的阶级斗争理论、社会形态理论、政治经济学理论、剩余价值理论等,能动地与中华优秀传统文化融合。这就使得中华优秀传统文化成为现代的,即促使中华民族实现了高效的社会组织动员和社会生活结构的持续优化,科学运用社会发展规律,激发出最广大人民的创新活力。马克思主义不仅成为中国的,而且通过推进中国式现代化不断获得丰富时代内涵,焕发出强烈的现实感召力。习近平主席在 2023 年 3 月出席中国共产党与世界政党高层对话会并发表主旨讲话时指出:"我们要共同倡导尊重世界文明多样性,坚持文明平等、互鉴、对话、包容,以文明交流超越文明隔阂、文明互鉴超越文明冲突、文明包容超越文明优越。"这向世界展现了中华文明作为原生文明的雄厚发展动能和人类文明事业的光辉前景。

当今世界,人类文明的交往实践蓬勃开展,互联互通互利的一体化联系日益紧密。有数据表明,2022 年中国与东盟双边贸易总值达 9753.4 亿美元,已经超过了 2022 年欧盟与美国的货物贸易总值 8677 亿欧元,2020 年起东盟连续 3 年保持中国最大贸易伙伴地位。另据中国商务部数据显示,2023 年中非贸易额达到历史峰值 2821 亿美元,中国已连续 15 年保持非洲最大贸易伙伴地位。而且,2022 年中拉贸易总额达 4857.9 亿美元,中国继续保持拉美地区第二大贸易伙伴国地位。世界各国人文交流、文化交融、民心相通的新局面方兴未艾。"欧洲中心论"或"西方中心论"已经成为西方某种惯性的意识形态想象。有学者归纳指出,"欧洲中心论"的批评者如萨米尔·阿明、贡德·弗兰克和爱德华·萨义德等人,都认为西方社会科学围绕着理解西方工业资本主义和民主的"独特"兴起而构建,因此根据其他民族和文明相对于西方所缺乏的东西来将其概念化,并将其转变为缺乏文化多样性和历史的无差别"他者"。① 前述分析的价值在于揭示了西方从文化上压制其他文明的具体思路，但仍然受制于资本主义的历史束缚，还不能辩证地解释人类文明的演化趋势。

人类文明新形态和人类命运共同体的发展，为阐明人类文明的进步趋势提供了研究基础和具体条件。文明演化的核心问题始终是如何使其成果不断再生产，如何使人本身存续并获得平等权利和自由发展。人类历史上出现过的众多生产中心，都是人类文明阶段性和多样性的展现，而它们又共同构成了社会形态演进的连续性和人类历史的统一性。这说明文明互鉴的意义在于人类不同群体社会实践成果的相互启发、切磋与借鉴，使"不同社会制度、不同意识形态、不同历史文化、不同发展水平的国家在国际事务中利益共生、权利共享、责任共担，形成共建美好世界的最大公约数"。人类文明新形态和人类命运共同体的发展，是人类文明事业的重要进展，承载着和平、发展、公平、正义、民主、自由的全人类共同价值，是新的历史条件下马克思主义"人的解放"的生动体现。正如马克思和恩格斯在《德意志意识形态》中指出，"每一个单个人的解放的程度是与历史完全转变为世界历史的程度一致的"，这就意味着"受自己的生产力和与之相适应的交往的一定发展"所制约的"现实的、从事活动的人们"，在人类文明新形态和人类命运共同体不断发展的前提下，将能够持续地"摆脱种种民族局限和地域局限而同整个世界的生产（也同精神的生产）发生实际联系，才能获得利用全球的这种全面的生产（人们的创造）的能力"②。毫无疑问，这种状况标志着人类社会发展潜能前所未有的深度释放。

参考文献

《马克思恩格斯选集》第 1 卷，人民出版社 1995 年版。

---

① R.J.Barry Jones, ed., *Routledge Encyclopedia of International Political Economy*, Volume 1, London and New York: Routledge, 2001, p.464.
② 《马克思恩格斯选集》第 1 卷，人民出版社 1995 年版，第 72、89 页。

陈寅恪：《陈寅恪集·金明馆丛稿初编》，三联书店 2001 年版。

黄遵宪著，吴振清等点校整理：《日本国志》（上、下卷），天津人民出版社 2005 年版。

中共中央文献研究室、中央档案馆编：《建党以来重要文献选编》第 20 册，中央文献出版社 2011 年版。

黎难秋编：《中华翻译家代表性译文库·徐光启卷》，浙江大学出版社 2023 年版。

梁启超著，吴松等点校：《饮冰室文集点校》（第 1 集），云南教育出版社 2001 年版。

释慧皎：《高僧传》（上册），朱恒夫、王学钧、赵益注译，陕西人民出版社 2009 年版。

《十三经注疏》整理委员会整理：《十三经注疏·周易正义》，北京大学出版社 1999 年版。

汤用彤：《汉魏两晋南北朝佛教史》，上海人民出版社 2015 年版。

魏新柏选编：《孙中山著作选编》（上），中华书局 2011 年版。

魏源撰：《魏源全集》（第 13 册），岳麓书社 2004 年版。

徐雪英编：《中华翻译家代表性译文库·严复卷》，浙江大学出版社 2020 年版。

中山大学西学东渐文献馆主编：《西学东渐研究》（第 1 辑），商务印书馆 2008 年版。

［意］利玛窦、［比］金尼阁：《利玛窦中国札记》，何高济、王遵仲、李申译，何兆武校，中华书局 1983 年版。

［苏］耶·马·茹科夫主编：《远东国际关系史（1840—1949）·前言》，世界知识出版社 1959 年版。

Alexander Statman, *A Global Enlightenment: Western Progress and Chinese Science*, Chicago and London: The University of Chicago Press, 2023, Introduction.

Edwin J. van Kley, "Europe's ' Discovery ' of China and the Writing of

World History", *The American Historical Review*, Volume 76, Issue 2, April 1971.

R.J. Barry Jones, ed., *Routledge Encyclopedia of International Political Economy*, Volume 1, London and New York：Routledge, 2001.

"一带一路"上的敦煌文化及其时代底蕴

欧阳雪梅[*]

季羡林先生指出:"敦煌文化的灿烂,正是世界各族文化精粹的融合,也是中华文明几千年源远流长不断融会贯通的典范。"丝绸之路起始于中国,跨越沙漠,扬帆万里,是连接亚洲、非洲和欧洲的商业贸易路线,也是东西方之间的文化交流与文明互鉴之路。敦煌作为丝绸之路的重要节点城市,中华文明在此同来自古印度、古希腊、古波斯等国家和地区的思想、宗教、艺术、文化汇聚交融,形成了集建筑艺术、彩塑艺术、壁画艺术、佛教文化于一身的敦煌文化,具有珍贵的历史、艺术和科技价值,历史底蕴雄浑厚重,文化内涵博大精深,艺术形象美轮美奂,是宗教文化与民族艺术的集中呈现,是古丝绸之路沿线国家与地区民族友好、多元文化交融发展的历史印记。

敦煌文化是各种文明长期交流融汇的结晶

敦者,大也;煌者,盛也。敦煌地处河西走廊西端,西邻西域。丝绸之路开通后,敦煌成为进出汉王朝和西域的重要关口,向东可通往首都长安、洛阳,继续东延,可到朝鲜半岛和日本列岛;向西经过西域,可到中亚诸国、南亚印度、西亚波斯,乃至地中海的古埃及和古希腊。作为西部门户,为开发

---

* 欧阳雪梅,中国社会科学院当代中国研究所研究员。

— 233 —

边疆,汉王朝从内地向敦煌和河西走廊移民,内地居民带来了中原的农耕和水利灌溉技术,改变了原来的游牧经济,传入了以儒家思想为主的汉文化。汉唐时期,位于古丝绸之路上"咽喉之地"的敦煌,在往来丝路的驼铃声中,不仅实现商业文化与农耕文化、游牧文化的融合,成为东西方贸易的中转站,也是中西文化的荟萃之地,产生了融通中外特色的灿烂文化。自东汉开始,东来中国传播佛教的高僧,景教、摩尼教、祆教的传教者,以及从中国出发、西行求法的佛教高僧,他们大都要经过敦煌进出。丝绸之路上东西文化持续千年的交流,孕育出敦煌文化的硕果。

莫高窟是洞窟建筑、彩塑和壁画组合成的综合艺术,三者交相辉映。洞窟因功能不同而有不同的建筑形制,有修行者坐禅修行的禅窟、供修行者入窟绕塔观像礼佛的塔庙窟、供修行者礼佛听法的场所殿堂窟。彩塑是接受膜拜的佛像及其弟子。布满壁面的壁画,题材内容丰富,有尊像画、释迦牟尼故事画(包括本生故事、佛传故事、因缘故事)、中国传说神仙画、经变画、佛教史迹画、供养人画像、装饰图案等,形象地表现了佛教的思想理义和丰富细致的内容。莫高窟是我国现存规模最大的佛教石窟遗址,也是"世界现存规模最大、延续时间最长、内容最丰富、保存最完整的艺术宝库,是世界文明长河中的一颗璀璨明珠"。

多元文明的荟萃交融在敦煌石窟和敦煌文献中均得到充分体现。敦煌壁画呈现了当时各时代丰富的经济生活、社会生活、精神生活。比如,农业的农耕、播种、收割,牧业的狩猎、捕鸟,手工业的打铁、酿酒,商业的肉铺、酒肆、旅店,军事的战争场景,乐舞艺术,婚姻嫁娶,民俗风情等,堪称墙壁上的博物馆、百科全书式的壁画。又如,第 323 窟北壁的壁画描绘的张骞出使西域的故事;敦煌西魏第 249 窟窟顶壁画中的波斯风格的狩猎图;第 285 窟壁画上,源于印度与中国、佛教与道教的不同形象共处一室、姿态各异、分外和谐,体现了和合共生的场景;第 404 窟壁画中的翼马联珠纹起源于波斯萨珊王朝,后经丝绸之路传入中国,成为隋代壁画中的常见纹饰。壁画中的狮子和大象等形象是受印度和西域的影响。名叫青金石的蓝色矿物颜料,产于阿富汗,出现在一千多年前的莫高窟壁画中,体现商品可以通过古丝绸之路顺畅往来。莫高窟壁画和彩塑记录了不同文明交流、交融、互鉴,敦煌文化在交流中多彩、于互鉴中丰富的历程。

藏经洞出土文献达五万多件,目前可知有明确纪年者上起西晋永兴二年(公元305年),下至北宋咸平五年(公元1002年),以多种文字的写本为主,还有少量印本,融汇了本土多民族文化,又吸收了来自世界各地文化的养分,蕴藏着世界千年文明景观。文献中,一是宗教典籍。很多是失传的佛教典籍,如禅宗第六代传人慧能所讲的《六祖坛经》。还有数百件中国土生土长的道教典籍,如著名的哲学著作《老子道德经》等。还有外来的宗教文献,如用汉文书写的来自波斯的景教文献《三威蒙度赞》、摩尼教的《摩尼光佛教法仪略》等。二是儒家经典。如《周易》《论语》(述而篇)等。三是历史地理文献。如敦煌地方志《沙州都督府图经》,记载了敦煌县河流、水渠、道路、学校、祠庙、名胜古迹等,是研究唐代敦煌地理的重要资料。四是科技文献。如天文有唐代的《全天星图》,从十二月开始,按照每月太阳位置的所在,分十二段,把赤道带附近的星星画下来,共记载1348颗星;医学有唐代针灸治疗的专著《灸法图》;印刷有唐代公元868年雕版刻本《金刚般若波罗蜜经》。五是文学典籍。如唐代抄写的我国最早的诗歌总集《诗经》、南朝前文学作品总集《文选》;还有许多通俗文学写本,如变文、讲经文。五代写本《大目犍连变文》讲的是佛陀弟子目犍连通过虔诚修行救出在地狱受苦的母亲的故事。藏经洞通俗文学写本的发现为中国文学史研究提供了极其重要的资料。六是官私文书。即各种官方和私家文书,如《张君义勋告》,是唐代官府授予张君义等263名立功战士勋官的任命书,等等。七是非汉文文献。如中亚粟特文《善恶因果经》、西域回鹘文写的佛经祈祷文、吐蕃国吐蕃文《吐蕃赞普世系谱》、印度梵文悉昙字《般若心经》,还有西域于阗文、突厥文,古希伯来文等。八是绢画和刺绣,如绢画引路菩萨、刺绣凉州瑞像等。这些文献充分展示了敦煌地区活跃的佛教文化和百家争鸣、并存的良好文化氛围,宗教之外的其他文献内容极为丰富,涉及政治、经济、军事、地理、民族、语言、文学、教育、天文、历法、算学、医学、科技、美术、音乐、舞蹈、体育等，几乎包含了中古时期社会文化的各个方面，而且大部分是失传的写本，具有重要的历史文化价值，"堪称中华文明及与西方文明的文化交流背景下中国中古时期的百科全书"。

敦煌文化展示了中华民族的文化胸怀与文化自信

敦煌文化反映了自汉代以来中华文明两千多年的历史长河中，以中华文明为根基，不断吸纳着来自古代印度文明、希腊文明、波斯文明和中亚地区诸多民族的文化元素所形成的多元一体的文化，造就了多元丰富的"世界的敦煌"，体现了中华文明的开放性。历史和现实充分证明，文明越包容，就越能得到认同和维护，就越会绵延不断。敦煌文化展现了中华民族的文化精神、文化胸怀和文化自信，在广泛学习外来文化时并没有被"胡化""西化"，而是不断与时俱进、创新发展，使自己的文化更加充实、更加丰富，显示出中华文化的强大生命力。

三国之后的六朝到唐代，正是中国绘画艺术从发展走向辉煌的重要阶段，也是名家辈出的时代。十六国和北朝前期，即公元6世纪之前，壁画有西域和本土两种人物画风格。现存最早的北凉和北魏前期石窟既有犍陀罗艺术风格，又具有东方中原的艺术特征。此时的佛传故事、本生故事、因缘故事画和交脚弥勒像常见于犍陀罗艺术、龟兹早期石窟，人物造型朴拙，裸身少衣，表现人物立体感的凹凸画法和以土红色为主的暖色调风格，明显受到了以克孜尔石窟为主体的龟兹石窟的影响。北凉第275窟、北魏第254窟等壁画中，描绘人物通常沿人体轮廓线用重色晕染，中央部位则较淡，体现出立体感。这一技法与印度阿旃陀石窟第2窟、第17窟等窟中的壁画人物完全一致，说明是来自印度的画法。到了北魏晚期及至西魏，敦煌莫高窟出现了面貌清瘦、褒衣博带、眉目开朗、秀骨清像的人物形象，出现了东王公、西王母、伏羲、女娲等中国本土的传统神仙题材，在壁画中还出现了印度教神祇形象和受希腊、西亚、中亚、印度混合影响的日天、月天形象。敦煌第

103 窟东壁维摩诘经变中,以劲健的线描,略施淡彩,勾勒出一个气宇轩昂、雄辩滔滔的维摩诘形象。北朝后期,人物画风格进一步本土化,出现了另一种新的中原风格,如莫高窟第 285 窟北壁绘画的菩萨,人物面貌清瘦、眉目开朗,嫣然含笑,身穿宽袍大袖衣服,举止潇洒飘逸,用本土平面涂色的晕染法,展现立体感,是著名的东晋顾恺之、南朝刘宋陆探微的"顾得其神""陆得其骨"绘画风格的表现。第 158 窟南、北壁表现涅槃经变中的弟子及各国王子,人物神态生动,线描流畅而遒劲,色彩相对简淡,正是吴道子一派的人物画风格。第 39 窟、172 窟、321 窟、320 窟等众多洞窟中的壁画飞天形象,表现飞天轻盈的体态,流畅而飘举的衣饰飘带,也体现着"吴带当风"的气韵。

　　敦煌文化体现了"各美其美、美美与共"、兼收并蓄的开放胸怀。佛教、道教、摩尼教、景教等多种宗教信仰共生共存。比如,佛的形象千姿百态。有的脸部棱角分明,高鼻清瘦,身着厚厚的偏袒右肩袈裟,这是来自希腊的犍陀罗风格;有的圆脸微胖,薄薄的袈裟紧贴身体,这是来自印度的马图拉风格。西域的菩萨与中原的菩萨,佛教的飞天和道教的飞仙,中国古老传说中的神怪与印度的诸天,在这里共聚一窟。摩尼宝珠、力士、飞天与伏羲、女娲、东王公、西王母、朱雀、乌获、雷公等,在壁画里济济一堂。佛境与仙境、宗教与世俗、中华审美精神与多元艺术风格交织在一起。敦煌石窟几乎每窟皆有乐舞形象,壁壁尽是曼妙舞姿。并且,图像与相关敦煌文献互为印证,为中国古代音乐舞蹈的发展提供了生动翔实的资料。其所表现的音乐内容,展示了一个从早期对印度、西域风格的模仿,到隋唐以后中国民族音乐逐步形成的历史过程。

敦煌文化遗产的保护与属于世界的敦煌学

　　16 世纪中叶,随着陆上丝绸之路衰落,嘉峪关封关,莫高窟长期无人管理,敦煌文化寥落。1900 年莫高窟藏经洞被发现,时值国运衰微,敦煌文献、文物被列强掳掠,流散于英国、法国、俄国、印度、日本等十余个国家的三十多个博物馆、图书馆。同时，藏经洞中的大量文献和艺术品精华也震惊了世界，客观上开启了海外学者对敦煌文献和石窟艺术的研究，敦煌学成为一门国际性的学问。20 世纪 30 年代，英国、法国以及日本等国，相继成立了相关的研究机构，而中国敦煌石窟的保护、敦煌艺术的研究全赖民间有识之士的勉力维持。罗振玉、向达等学者进行了历史学和考古学的研究，1931 年，贺昌群的《敦煌佛教艺术的系统》是中国学者关于敦煌石窟艺术的第一篇专论。1944 年国立敦煌艺术研究所成立，才结束了敦煌石窟近 400 年无人管理、任凭损毁、屡遭破坏偷盗的历史。新中国成立以来，党和国家高度重视、大力支持敦煌文化的保护传承工作，敦煌文化迎来了春天。以常书鸿、段文杰、樊锦诗等学者为代表的一代代莫高窟人，历经了"看守式保护""抢救性保护"到"科学性保护"，在极其艰苦的物质生活条件下，秉承"坚守大漠、甘于奉献、勇于担当、开拓进取"的莫高精神，孜孜不息、奋楫笃行，建设了世界文化遗产保护的典范和敦煌学研究高地，绘就千年敦煌新画卷。

1979 年敦煌石窟开始对外开放。为了妥善解决文物保护和旅游开发之间的矛盾，实现敦煌石窟的永久保存与永续利用，20 世纪 80 年代末，时任敦煌研究院常务副院长的樊锦诗提出"数字敦煌"构想，将先进科学技术与文物保护理念对接。研究院制定了《敦煌莫高窟保护总体规划》，并推动《甘肃敦煌莫高窟保护条例》专项法规于 2003 年颁布。文物保护科技创新深入文物防、保、研、管、用等五大需求领域全过程全链条。2020 年，中国文物领域的首座"多场耦合实验室"正式投运，可以模拟自然环境对壁画、土遗址的影响，从而进行预防性保护。2022 年 12 月 8 日，敦煌研究院与腾讯公司联合打造的"数字敦煌开放素材库"上线，这是全球首个基于区块链的数字文化遗产开放共享平台。6500 余份来自敦煌莫高窟等石窟遗址及敦煌藏经洞文献的高清数字资源档案，向全球用户开放，访问用户已遍布全球 78 个国家。研究院初步探索出流失海外敦煌文物数字化回归的国际合作模式，为法国、俄罗斯、印度、日本、美国等国家所藏敦煌文物的数字化回归提供参考。

传承和弘扬丝路精神,敦煌文化研究服务共建"一带一路"

中华文化以海纳百川、开放包容的广阔胸襟,不断吸收借鉴域外优秀文化成果,造就了独具特色的敦煌文化和丝路精神。"把莫高窟保护好,把敦煌文化传承好,是中华民族为世界文明进步应负的责任。"研究和弘扬敦煌文化,既要深入挖掘敦煌文化和历史遗存背后蕴含的哲学思想、人文精神、价值理念、道德规范等,推动中华优秀传统文化创造性转化、创新性发展,揭示蕴含其中的中华民族的文化精神、文化胸怀和文化自信,为新时代坚持和发展中国特色社会主义提供精神支撑,也要积极推动敦煌文化服务"一带一路"建设,为建设中华民族现代文明作出应有的贡献。

近年来,越来越多的国家希望利用地区旅游、文化和创意产业(包括非物质文化遗产资产)的优势,促进经济社会发展。敦煌 IP 授权中心拥有 50 余件注册商标、100 多项版权以及飞天、美神、药神、九色鹿(敦煌瑞兽)等 18 个敦煌国漫形象,建成了敦煌莫高窟(数字)艺术馆和丝绸之路世界文化遗产(敦煌)设计基地,运营敦煌国潮时尚秀场,推出敦煌 IP 授权全生态链系统,为文化遗产赋能提供示范作用。敦煌文博会把敦煌打造成中西文化融合发展的平台,助力"一带一路"共建国家的合作共赢。

敦煌文化属于中国,但敦煌学是属于世界的。莫高窟和藏经洞,是一座博大精深、兼收并蓄、绚丽多彩、独具特色,又取之不尽、用之不竭的世界文化艺术宝库,对传承弘扬中华优秀传统文化和开放包容、互学互鉴的丝路精神,彰显中华民族博采众长的文化自信,具有重要意义。作为世界文化遗产的敦煌莫高窟以及由此派生的敦煌学如何用创新增添文明发展动力、激活文明进步的源头活水,不断创造出跨越时空、富有永恒魅力的文明成果,使中华文明始终在兼收并蓄中历久弥新,这是历史赋予我们新的前沿课题。敦煌学是互鉴学、交流学,应架起中国与世界文明互鉴的桥梁。英国、法国、俄罗斯、日本、德国、美国、印度等十多个国家的学者都在从事敦煌学研究,敦煌学是国际汉学中的显学,要加强学术交流、合作对话、互学互鉴,共同推动敦煌学研究发展。数字化是当今国际发展合作的趋势，敦煌文化始终保持开放共享姿态，从"数字敦煌"资源库向全球开放数字资源，到"敦煌诗巾"等通过数字化创意吸引大众参与，再到"数字敦煌开放素材库"，"数字藏经洞"作为首个超时空参与式博物馆，推进敦煌数字资源的全球共享。借助多姿多彩、文明互鉴的敦煌艺术与丰富详尽的文献和数据，展示我国敦煌文物保护和敦煌学研究的成果，努力掌握敦煌学研究的话语权，让敦煌文化成为世界了解古代中国、认识现代中国、把握未来中国的一个途径，也引导支持各国学者讲好敦煌故事、中华文明发展规律的故事。

敦煌文化的形成及保护传承体现的是古往今来中华文明与世界文明交流互鉴、共同繁荣的故事。在新的历史起点上，我们传承发展敦煌文化要继续秉持开放包容的理念，进一步拓展文明交流互鉴的广度和深度，开展形式多样的文化交流活动，为弘扬全人类共同价值、丰富世界文明百花园注入思想和文化力量。

参考文献

习近平：《在敦煌研究院座谈时的讲话》，《求是》2020 年第 3 期。

丁晓宏等：《数字敦煌开放素材库　助力文物资源全民共享》，《中国文物报》2023 年 11 月 17 日。

樊锦诗：《保护传承敦煌文化　增强中华文化自信》，《求是》2020 年第 4 期。

樊锦诗：《敦煌莫高窟及其现代文化角色》，《光明日报》2023 年 9 月 26 日。

推进"一带一路"建设工作领导小组办公室：《坚定不移推进共建"一带一路"高质量发展走深走实的愿景与行动——共建"一带一路"未来十年发展展望》，2023 年 11 月 24 日，见 https://www.gov.cn/yaowen/liebiao/202311/content_6916832.htm。

提升中华文化在中亚青年群体中的传播力

庄玉琳[*]

中华文化具有独特的魅力和风采,推动中华文化走向繁荣、走向世界,是实现中华民族伟大复兴的必要支撑。增强中华文化在中亚国家传播力,不仅是沟通古今、复兴丝路文明的重要举措,更是联通中西、促进文明交往互鉴的关键抓手。青年肩负着国家和民族的希望,是构建人类命运共同体的主力军。在中亚青年群体中加强中华文化传播力度,有助于为世界更深入地了解中国打下坚实基础,为创造人类文明新形态作出积极贡献。

提升中华文化在中亚青年群体中传播力的重要性

为沟通合作向纵深发展打下坚实基础。无论是古老的"丝绸之路",还是如今的"丝绸之路经济带",无论是追溯历史渊源,还是立足现实需求,中国同中亚之间的友好合作都是建立在文化交流的基础之上的。中国同中亚在文化交流之中了解彼此、相互交融、共同成长,发展成为同舟共济、睦邻友好的好邻居、好伙伴、好朋友、好兄弟。为建设社会主义文化强国,推进文化自信自强,要充分发挥文化的魅力以及粘合剂作用,持续加深中国—中亚人文交流互融互通,加强双方文化互学互鉴。通过全面、立体地展示中国形象,持续提升中华文化在中亚地区的认同度和影响力,不断提升中国在国际

---
* 庄玉琳,中国石油大学(北京)俄罗斯中亚研究中心研究员。

的知名度和话语权。通过中华文化在中亚青年群体中的全方位传播，让中亚五国乃至世界各国更加深入地感知中国、理解中国、接受中国、认同中国，为未来中国同中亚乃至世界各国之间更深远、更广泛的交流合作打下坚实基础。

为勾画共同价值同心圆注入强大动能。党的二十大报告呼吁世界各国"弘扬和平、发展、公平、正义、民主、自由的全人类共同价值，促进各国人民相知相亲，尊重世界文明多样性，以文明交流超越文明隔阂、文明互鉴超越文明冲突、文明共存超越文明优越，共同应对各种全球性挑战"。中国同中亚之间的友好关系历史悠久、基础牢靠、合作深厚、往来紧密。中华文化在中亚青年群体中广泛传播，有助于形成中国—中亚价值观的最大公约数，为打造以合作共赢为核心的新型国际关系注入强大的精神动力。中国、中亚青年群体在文化互学互鉴的过程中，求同存异、平等交流，携手打造中国—中亚命运共同体，是缓解世界多重危机、拉近各国发展距离、推动世界经济复苏的良好示范样本，也是中国式现代化走和平发展道路最有说服力的实践行动。

为携手并进书写辉煌未来汇聚青年力量。2023 年 5 月，国家主席习近平在给中国石油大学（北京）的中亚留学生的复信中强调："中国同中亚国家的友好关系需要一代又一代有志、有为青年传承和发扬"，应"积极投身中国同中亚国家友好事业，弘扬丝路精神，讲好中国故事、中亚故事，当好友谊使者和合作桥梁，为构建更加紧密的中国—中亚命运共同体作出自己的贡献"。中国—中亚良好关系的构建过程中，青年既是见证者，也是传播者；既是建设者，也是受益者。在中亚青年群体中持续提升中华文化的传播力，有助于打开中亚青年新思路，推动中国—中亚在多个领域协同合作、共同发展，助力中亚青年以中国智慧和中国方案为中亚国家的现代化建设和可持续发展贡献力量，让"丝绸之路经济带"在新时代焕发出旺盛活力和蓬勃生机。中国—中亚青年携手并进，加强交流，共同绘制人类命运共同体的美好蓝图。

共建"一带一路"为中国—中亚文化交流奠定坚实基础

"一带一路"倡议提出 10 年多以来,中国同中亚国家的关系进入了新阶段。中国—中亚建立常态化的高层互访机制,中国政府同中亚各国政府之间的交流合作日趋常态化。以中欧班列为首的经贸活动带动中亚各国在工业、农业、能源、电子产品、日用品、数字科技产品、新能源产品等方面开展频繁贸易往来,不断激发各国贸易交往潜力,提升贸易质量和效率,带动经济腾飞。2022 年,中国与中亚双边贸易额比 30 多年前建交之初时增长了150 多倍,达到了创历史新高的 702 亿美元,是"一带一路"中国—中亚共同繁荣发展的一项重要成果。在经济贸易持续深化和高速发展的过程中,文化交流也随之加深加强,中国与中亚人民的距离更近、友谊更深,中国与中亚青年间的往来交流也更为密切。

在"一带一路"倡议下,中国同中亚国家本着"和平合作、开放包容、互学互鉴、互利共赢"的丝路精神,在文化遗产保护、教育交流、卫生合作、旅游开发、艺术品鉴等多个方面开启多元互动的文化交流模式,共同绘制了新时代文化交流的崭新篇章。中亚 13 所孔子学院招生热度持续上升,中亚青年学汉语、讲中文已成为当地的新时尚。鲁班工坊落户中亚开拓了当地青年的中国视野,专业化的职业技能培训在提升中亚青年知识技能水平的同时,也充分弘扬了中国智慧。同时,中亚青年赴华留学规模也日渐壮大。在完成学业后,部分中亚青年选择留在中国继续发展,部分返回本国积极传播中国故事与中国文化。此外,一些中国热播的影视、流行歌曲等艺术作品也被引入中亚国家,这些作品在中亚国家引起热烈反响的同时,丰富了文化多元交流的新形态。

中华文化在中亚青年群体中传播面临的现实挑战

中国与中亚山水相连,哈萨克斯坦、吉尔吉斯斯坦、塔吉克斯坦与中国新疆接壤，地理距离本是双方经贸合作、文化交流的主要优势，但高耸入云的帕米尔高原、天山山脉、阿尔泰山脉形成的巨大天然屏障对中国—中亚造成了一定的自然地理制约。中国西部地区广袤辽阔，中亚五国首都中，距离中国历史文化名城、丝路起点西安最近的为哈萨克斯坦的首都阿斯塔纳，直线距离达 3070 公里；最远的为土库曼斯坦首都阿什巴哈德，直线距离达 4489 公里。较远的陆路距离为文化传播带来一定的先天劣势。

中亚五国与中国的语言文字存在较大差异。语言文字上的阻碍可能会为文化传播造成负面影响。根据语言谱系分类法，中亚五国中，哈萨克斯坦、吉尔吉斯斯坦、乌兹别克斯坦、土库曼斯坦四国民众主要使用的语言属于阿尔泰语系突厥语族。另外一国塔吉克斯坦民众主要使用的塔吉克语属于印欧语系印度—伊朗语族伊朗语支。中亚五国的语言文字均与中国的汉语存在较大差别。中亚五国民众除掌握本国语言外，主要掌握的外语为俄语，而中国民众主要掌握的外语普遍为英语。语言文字上的先天差异会明显地阻碍中华文化在中亚五国之内的传播。

就历史发展而言，中华文化的形成与中亚文化的形成具有较大差异。此外，中亚地区现有民族种类已超过 100 个，且中亚各国的民族组成均具有多样性的特点，各国少则 80 多个民族，多则 140 多个民族，复杂的民族组成也产生了中亚各国独特、多元的文化。历史发展背景差异以及中亚国家民族的多样性特点导致中国同中亚之间存在较大的文化背景差异，为中华文化在中亚地区的传播造成一定的影响。

提升中华文化在中亚青年群体中传播力的有效路径

面对诸多挑战与机遇，应准确把握时代脉搏，在提炼和传承中华文化思想精华的同时，持续推动中华文化在中亚青年群体中广泛传播。

第一，持续加强基础设施建设，绘制文化传播的钢铁生命线。中亚五国地处内陆，铺设便捷的陆路交通网络既是中国和中亚经贸互通的重要基础，也是中华文化在中亚传播的重要基石。中国—中亚公路、铁路网络的规划与铺设既可以缩短远距离地理地貌的时空交流距离,实现中国与中亚地区之间文化交流的高效链接,也可以促进中国—中亚青年在文化方面进一步凝聚共识,深化中国—中亚的互通互信。

以乌鲁木齐国际港区、喀什经济开发区、霍尔果斯经济开发区为代表的"一港""两区"及"五大中心"及口岸经济带等中国国内枢纽的基础设施的规划和建设,以及以中欧班列、中亚班列为代表的国际交通枢纽的建设和完善,构成了中华文化在中亚地区广泛传播的强大生命线。交通网络途经沿线的各个城市和枢纽都是中华文化在中亚传播的重要节点,共同绘制了中华文化在中亚传播的钢铁生命线。

第二,持续提升中华文化感召力,展现令人向往的独特魅力。中华文化传承发展历史悠久,尤其是进入新时代后逐渐走向繁荣昌盛,散发着独特的魅力,是中华民族屹立世界民族之林的重要"精神密码"。传播中华文化最重要的一环就是要充分挖掘其深刻内涵及独特魅力,丰富对中华文化的全面和立体解读,激发中华文化的吸引力、召唤力、感染力、凝聚力,使中华文化的传播逐渐演变为潮流型、自主型行为。

传播中华文化,要坚持"请进来""走出去"原则。要持续开展"丝绸之路国际博览会""民族音乐会展演""环球丝路行""中国—中亚文化艺术年""美食节""旅游年"等中国—中亚青年群体的文化交流活动,邀请更多的中亚青年走近中华文化,打破文化交流边界,实现文化互学互通。此外,要持续在中亚国家建设中国文化中心,以"春节""端午""中秋"等中华传统节日为契机,举办中华文化艺术节,展示中华文化产品,打造品牌项目,塑造中华文化更加具象和立体的形象。

第三,积极深化高等教育交流合作,搭建中国—中亚青年全方位交流平台。教育具有基础性、根本性作用。通过在中国和中亚国家之间积极开展高等教育合作,有助于为两方青年群体搭建活跃、高端、多元的沟通合作平台,可以极大地提高文化交流的效率和质量。中亚来华留学生数量近年来大幅上升,加强在华留学的中亚留学生与中国青年学生的文化交流,可以帮助其更深入、更全面地了解中华文化,深化对中华文化的价值认同。在华留学的中亚青年归国后将成为中华文化在中亚国家传播的最有说服力的群体。同时也要支持更多中亚国家高校加入"丝绸之路大学联盟",鼓励中国青年学子赴中亚国家留学交流,积极融入中亚青年群体,传播弘扬中华文化。此外,要利用好实践育人大课堂,通过开展"一带一路"中国—中亚大学生暑期社会实践专项行动等,带动更多中国和中亚青年开展社会调研、实地走访,拓展各类社会资源为中华文化传播注入青春力量。

参考文献

习近平:《高举中国特色社会主义伟大旗帜　为全面建设社会主义现代化国家而团结奋斗——在中国共产党第二十次全国代表大会上的报告》,《人民日报》2022 年 10 月 26 日。

《习近平复信中国石油大学(北京)的中亚留学生》,《人民日报》2023年 5 月 16 日。

冯金凤:《直播电商给中华文化传播带来的机遇和挑战》,《中国文化报》2023 年 4 月 4 日。

"走进去"与"走出去"：
儒释道思想国际传播战略研究

陈先红*

习近平总书记在党的二十大报告中指出："增强中华文明传播力影响力。坚守中华文化立场,提炼展示中华文明的精神标识和文化精髓,加快构建中国话语和中国叙事体系,讲好中国故事、传播好中国声音,展现可信、可爱、可敬的中国形象。加强国际传播能力建设,全面提升国际传播效能,形成同我国综合国力和国际地位相匹配的国际话语权。深化文明交流互鉴,推动中华文化更好走向世界。"①讲好儒释道思想故事既是坚守中华文化立场、深化中华文明探源工程,也是中华优秀传统文化创新传承工程,更是推动中华文化更好走出去、提升中华文化国际传播效能工程。儒释道思想故事不仅是具有文化感召力和话语说服力的中国好故事,更是真正意义上具有价值共享力、舆论引导力、传播影响力的世界好故事。百年变局和世纪疫情交织叠加的新格局,要求我们必须从中华儒释道思想文化的源头之处,加快构建中国故事与中国话语的互文机制和叙事体系,用中华儒释道思想故

＊ 陈先红,华中科技大学新闻与信息传播学院教授、博导,中国故事创意传播研究院院长,中国新闻史学会副会长,中国新闻史学会公共关系分会会长。

① 习近平:《高举中国特色社会主义伟大旗帜 为全面建设社会主义现代化国家而团结奋斗——在中国共产党第二十次全国代表大会上的报告》,《人民日报》2022年10月26日。

事不断推进中华文化自信自强，不断提升中华文化国际传播效能，不断提升中国文化软实力和中华文化影响力。

儒释道思想国际传播的战略意义

大约从东晋开始到隋唐时期，中华文化逐渐形成了以儒家入世思想为主体、以道家出世思想与佛家慈悲思想为补充的文化体系，这一基本格局一直延续到 19 世纪末 20 世纪初，历时 1600 年左右，①对今天中国人的文化基因、知识构成、生活方式、价值观念、精神底色都产生了十分深远的影响。中国传统文化究其实质是儒释道文化，儒释道思想是人类文明交流互鉴的产物。梁启超认为，汉朝以前，中国是"中国之中国"，可以理解为诸子百家的融合，是中国内部的文化融合；唐宋时代，中国是"亚洲之中国"，是儒释道的融合；明清以来，中国是"世界之中国"，是与欧美文明的融合。② 从文明互动视角来看，儒释道思想不仅是"日月交辉，大放光明"的中华文明的根基和命脉，也是"经天纬地，照临四方"的人类文明交流互鉴的产物。

儒释道天人合一思想是中华文明的根基和命脉。中华文明是以"天下人之天下"的儒家思想、"以天下观天下"的道家思想融合了"普渡众生，悲悯天下"的佛教思想，由此建构世界永久和平和优先保障万民普遍利益的高级文明形态。③ 中国自古以来就有"天下国"之说，"天"反映了中国人的自然观，"天下"反映了中国人的"世界观"，"天下大同"反映了中国人的国家观，"天人协调"反映了中国人的价值观。季羡林认为，中国文化过去最伟大的贡献，在于对"天""人"关系的研究，④中国人喜欢把"天"与"人"配合着讲。所谓天人合一就是天命与人生合二为一。比如《周易大传》的天

---

① 参见楼宇烈：《中国文化中的儒释道》，《中华文化论坛》1994 年第 3 期。

② 参见梁启超：《论中国与欧洲国体异同》，载《饮冰室合集（典藏版）·文集之四》，中华书局 2015 年版。

③ 参见赵汀阳：《天下体系：世界制度哲学导论》，中国人民大学出版社 2011 年版，前言。

④ 参见季羡林：《季羡林谈东西方文化》，当代中国出版社 2015 年版，第 46—47 页。

人协调说，"有天地，然后有万物；有万物，然后有男女；有男女，然后有夫妇"，肯定了人是自然界的产物，是自然界的一部分，人在其中调整和引导自然，"观乎天文，以察时变。观乎人文，以化成天下"，其意为天文与人文并不互相对立而是互相关照。且人在其中可以进一步发挥如《中庸》的"与天地参"、孟子的"亲亲而仁民，仁民而爱物"、董仲舒的"天人之际，合而为一"的主观能动性，实现所谓"人能弘道，非道弘人"（《论语·卫灵公》）。从宋代张载的"一物而两体""三才而两之"、程颐的"天、地、人，只一道也"、程颢的"人与天地一物也"等思想，到道家主张"人法地，地法天，天法道，道法自然"（《庄子·齐物论》曰："天地与我并生，而万物与我为一"）、佛教奉行"众生平等""依正不二"，等等，这些儒释道思想都反映了人道即天道，人类道德原则和自然规律相一致，人生的最高理想就是天人协调，等等，①它们共同构成了中华文明共同体的思想基础，也成为中国提出"中国式现代化"和"人类命运共同体"的文化基因和缘起。

如果说中华儒释道思想是中华文化对人类历史的最大贡献，②"中国式现代化"和"人类命运共同体"思想则是中国对人类未来发展的重要贡献。一方面，中国式现代化是马克思主义基本原理同中国具体实际和中华优秀传统文化相结合的产物，中国式现代化体现了人与自我、人与人、人与自然、人与社会以及国家与国家之间各种关系的天人合一，比如人与人关系的"共同富裕"，人与自我关系的"物质文明与精神文明相协调"、人与社会关系的"全过程人民民主"、人与自然关系的"和谐共生"以及国与国关系的"和平发展"，都蕴含着深厚的儒释道思想底蕴。另一方面，人类命运共同体理念是超越国家、民族和宗教之间隔阂纷争和冲突的中国传统"天下"智慧的现实运用，儒释道天人合一思想能够为各种文化相互补充、各民族和平

---

① 参见张岱年：《中国哲学中"天人合一"思想的剖析》，《北京大学学报（哲学社会科学版）》1985 年第 1 期。

② 参见张岱年：《中国哲学中"天人合一"思想的剖析》，《北京大学学报（哲学社会科学版）》1985 年第 1 期。

并存、人与自然和谐共生、"四海一家""协和万邦""天下大同"提供有益的借鉴和参考,为 21 世纪人类社会的未来发展提供中国特色的宇宙观、世界观和国家观。

儒释道和合思想是人类文明交流互鉴的基础叙事。党的二十大报告吹响了以中国式现代化全面推进中华民族伟大复兴的时代号角。习近平总书记真诚呼吁世界各国弘扬和平、发展、公平、正义、民主、自由的全人类共同价值,促进各国人民相知相亲,尊重世界文明多样性,以文明交流超越文明隔阂、文明互鉴超越文明冲突、文明共存超越文明优越,共同应对各种全球性挑战。国际舆论认为,中国提出的人类命运共同体理念、"一带一路"倡议、全球发展倡议等增强了中国软实力,逐渐转变了当今中国在世界舞台的角色,即从"中国制造"的物质产品供应商转变为提出"天下体系"的文化思想与生活方式主要影响者。赵汀阳在《天下体系》一书中指出,"古人深谋远见,早有天下之论,堪称完美世界制度之先声,进可经营世界而成天下,退可保守中华于乱世,固不可不思"①。文明交流互鉴是推动人类文明进步和世界和平发展的重要动力。习近平总书记提出了人类文明多样、平等、包容的交流观,交流、互鉴、共存的方法论,并对中华文明的时空定位与内涵进行阐释,"文明只有姹紫嫣红之别,但绝无高低优劣之分"。习近平总书记关于人类文明交流互鉴的理念植根于中华儒释道文明的历史实践,因应了世界文明交流互鉴的现实需求。正如萨义德所言:"我们无需关注人为的文明冲突,而需关注不同文明的慢慢融合,这些文化是重叠的、交融的和共存的。"②比如,有研究运用计算民俗学探讨了数百个越南民间故事受儒释道价值观启发的行为模式,发现儒释道三者存在共存、趋同甚至统一的"文化可加性"现象。③ 以中华儒释道思想为基础的"和合理念",是新时代人类

① 赵汀阳:《天下体系:世界制度哲学导论》,中国人民大学出版社 2011 年版,前言。
② [美]爱德华·W.萨义德:《东方学》,王宇根译,生活·读书·新知三联书店 2019 年版,序言。
③ Q.H.,Vuong,et al.,"Cultural Additivity:Behavioural Insights from the Interaction of Confucianism,Buddhism and Taoism in Folktales",*Palgrave Communications*,2018(4),p.143.

交流互鉴、包容共存的基本思想和底本叙事。

从中国文化传统来看，和合思想与中国儒释道思想都有渊源，①且是儒释道思想的产物。从儒家思想来看，"和"与"中"是中国儒家思想的核心理念，主要解决人与人之间的关系问题，包括国族、君臣、父子、夫妇、兄弟、朋友等人伦关系。儒家"中和"思想的基本特征有三②：一是"执两用中"，强调思维与行动上的对立统一的辩证法；二是"权变与时中"，强调具体情况具体分析，因时因地制宜；三是贯通"道"的体用，认为"中和"是宇宙人生的最高准则，从而将孔子的"执中求和"从方法论上升为本体论。

从道家思想看，道家的"道论"本质和表现就是"中"与"和"。《老子》言："万物负阴而抱阳，冲气以为和。"《文子·上德》言："和居中央。"由此可见，道家思想是将"中"与"和"放置在宇宙论的高度进行审视的，其中"中"作为本体的象征性表达，"和"则被理解为"道"的功用和状态，二者虽未连接为一个固定的词语，却具有密切的联系，可以概括为"中体和用"的思维理路。③

从佛家思想看，佛教自汉代传入中国，初依附于汉之道术，后依附于玄学，基本上都是运用中国传统的儒家思想来进行解释和传播。④ 两晋南北朝时，道教兴起，虽有"佛先"还是"道先"的隋唐两代"论衡"之争，但结果多以崇佛或崇道的君主决定"道佛"孰先孰后，并将其纳入占统治地位的儒家思想之中，故唐高祖李渊谓"三教虽异，善归一揆"，"（佛、道）二经所说，如合符契，道则佛也，佛则道也"（南朝梁·萧子显：《南齐书》卷五十四），慧远弟子宗炳《明佛论》中说："孔、老、如来，虽三训殊路，而习善共辙也。"唐朝宗密《华严原人论序》中说："孔、老、释迦皆是至圣，随时应物，设教殊途，内外相资，共利群庶，策勤万行……惩恶劝善，同归于治，则三教皆可遵行。"

---

① 参见季羡林：《季羡林谈东西方文化》，当代中国出版社 2015 年版。

② 参见季羡林：《季羡林谈东西方文化》，当代中国出版社 2015 年版。

③ 参见徐华：《老庄道家与早期"中和"理念的重建》，《华中师范大学学报（人文社会科学版）》2006 年第 6 期。

④ 参见汤一介：《论儒、释、道"三教归一"问题》，《中国哲学史》2012 年第 3 期。

总之，在中国文化的大传统中，儒家主张"万物并育而不相害，道并行而不相悖"，道家主张"道法自然""有容乃大"，佛家主张"普渡众生，慈悲为怀"，儒释道三家的经典思想都具有不同程度的包容性、调和性。三者在历史上相互补充、相互吸收，构成了中国文化的基本格局。汤一介认为，儒释道是我国历史上几乎没有发生过"宗教战争"的思想观念基础，对世界"和平共处"，对"人类普遍和谐"有重要贡献。① 中国道路没有好战的基因，是通过自我积累发展起来的，既没有搞霸权、掠夺和殖民，也没有对外转嫁矛盾和危机，靠的是和平互利的发展模式。② 党的二十大报告进一步点亮了中国道路"和"的灵魂，展现了中国共产党以中国之"和"促世界之"合"的强烈意愿。

从西方中国学研究来看，中国儒释道文化一直是西方世界观察中国的一个重要视角。西方学者在研究中国宗教、社会和文化问题时，都很注重中国传统哲学思想和文化观念对中国近现代社会产生的影响。其中儒释道思想中的"和合文化"是西方学者研究中国问题的一个重要角度。马克斯·韦伯曾专门讲到中国儒家文化传统所形成的"和平主义性格"，在他看来，"儒家的'理性'是一种秩序的理性主义"，在"本质上具有和平主义的性格"③。同样，在"中国通"费正清等人那里，中国传统的哲学，尤其是儒家孔孟之道和道家思想亦是他们观察和研究中国历史及专门问题的重要分析要素，④以儒释道的"和"为内涵的中国价值观一直是西方世界了解中国的一条路径，是中西方价值观对话的重要抓手。2022 年 9 月，美国著名经济学家杰弗里·萨克斯在雅典民主论坛上表示：我们默认民主国家是善良的，

① 参见汤一介：《论儒、释、道"三教归一"问题》，《中国哲学史》2012 年第 3 期。
② 参见周文、肖玉飞：《中国共产党 100 年：从"中国之制"到"中国之治"》，《暨南学报（哲学社会科学版）》2021 年第 8 期。
③ ［德］马克斯·韦伯：《中国的宗教：儒教与道教》，康乐、简惠美译，广西师范大学出版社 2010 年版，第 235 页。
④ 参见［美］费正清、［美］赖肖尔：《中国：传统与变革》，陈仲丹、潘兴明、庞朝阳译，江苏人民出版社 2012 年版，第 89—121 页。

但全世界最残暴的国家就是英美。相比之下，中国的实力今非昔比，却始终保持了温和向善的大国风貌。从儒释道思想国际传播的角度来看，儒释道"和合文化"完全能够成为人类文明交流互鉴、和平共处的核心思想，即中国和平发展，造福全球人民。儒释道思想走向世界将是中国真正从文化大国走向文化强国的重要标志。

总之，讲好儒释道思想故事，对于传播和弘扬中国人的文化信仰，阐明共同构建人类命运共同体的中国主张，深化国际社会对人类命运共同体理念的理解，推动"一带一路"倡议的顺利发展，改善中国与世界各国的关系，改变中国在国际舆论斗争中的被动局面，改善人类社会与自然界的关系，应对全球气候变暖，保护人类生态环境，促进人类文明交流互鉴和包容共存，都具有"从历史发展大势把握当今时代问题"的本质重要性。我们必须基于历史观话语的优先叙事，加强儒释道思想国际传播的顶层设计和研究布局，构建具有鲜明中国特色的战略传播体系，让历史说话，让现实说话，让事实说话，切实提升中国儒释道思想的中华文化感召力、中国话语说服力、中国形象亲和力、国际舆论引导力、国际传播影响力。

走进去：建构儒释道对外话语体系

讲好中国故事的首要目的是建构中国特色的话语体系，为当代中华文明全球传播提供一个范畴系统，为提升中国国际话语权和文化软实力提供一个具有可供性的语义域。儒释道思想具有强烈现实性和实践性，需要我们走进其思想深处，实施"走进去"战略，为中国对外话语体系提供叙事样本和战略路径。

一般而言，对外话语体系建设有三条路线：一是代表国家意识形态的政治话语体系；二是表征人民幸福生活的民间话语体系；三是承上启下的精英阶层话语体系。三者相互嵌套，造就了一套系统完整的国家话语体系。儒释道思想自古就包含实用性理论观点，可为建构中国话语体系提供具体参照。自汉代以后，中国历代帝王、朝廷均重视以儒学治天下为根本方针的儒释道共存分工模式,即所谓"以佛修心,以道治身,以儒治世",这是南宋孝宗皇帝的观点,是宋元以来最有典型意义的说法。清朝雍正皇帝也说:"域中有三教,曰儒,曰释,曰道,儒教本乎圣人,为生民立命,乃治世之大经大法,而释氏之明心见性,道家之炼气凝神,亦于吾儒存心养气之旨不悖,且其教皆主于劝人为善,戒人为恶,亦有补于治化。"①南怀瑾则认为,儒家思想如同粮食店,是人生活之必需品;道家思想是药店,是治愈身心疾病的药方;佛家思想是杂货店,有兴趣者有需要者可以进去逛一逛,各取所需。② 关于儒佛之异,学者们普遍认为,儒学是哲学不是宗教,佛学是宗教而不是哲学;儒学积极入世,自强不息,属于世间法,佛学归于出世,属于出世法;儒学是不离开现实人生,而佛学归趣于非人生的寂净;儒家重生,佛教重灭;两家修养功夫也不同。儒佛之同在于,两家都对准"人"和"人生",并强调个体生命向内用功进修。有学者认为,儒佛相同的根本点是都讲心性论。儒佛相似与一致之处在于讲明人的本心,乃是转凡成圣的根据,而本心之体在儒家曰"仁",佛家曰"寂"。③ "儒佛二家之学,推其根极,要归于见性而已。诚能见自本性,则日用间恒有主宰,不随境转,此则儒佛所大同而不能或异也。"④也有学者指出,"天下同归而殊途,一致而百虑",儒释道在"存真去妄"方面是相同的,只是在"所从入之路"方面有所不同。⑤ 方立天认为,心性之学是儒释道思想的一个根本契合点。牟钟鉴认为,儒释道的文化功能在某一点上是趋同的,即皆可劝人为善,化民成俗,有利于社会的稳定与道德的改良。⑥ 中华传统文化围绕儒家之"礼"、佛家之"空"、道家之"无"三大主题,建构了"道、德、和"三层思想文化体系。儒释道共存分工之说,为

---

① 参见刘锦藻:《清朝续文献通考》(卷89),商务印书馆1955年版。
② 参见南怀瑾:《论语别裁(上)》,复旦大学出版社1990年版,第67—108页。
③ 参见蔺熙民:《隋唐时期儒释道的冲突与融合》,博士学位论文,陕西师范大学中国哲学专业,2011年。
④ 熊十力:《十力语要》,上海书店出版社2007年版,第79页。
⑤ 参见楼宇烈:《中国文化中的儒释道》,《中华文化论坛》1994年第3期。
⑥ 参见陈鹏:《"儒释道交融与中国传统文化"学术研讨会综述》,《哲学动态》1997年第11期。

我们建构儒释道思想对外传播话语体系指明了发展方向和战略路径。

根据以上理论指引和当今社会现实需求，我们可以通过讲好儒家思想故事，构建"治国理政"政治话语体系；通过讲好道家思想故事，构建"中医中药"养生话语体系；通过讲好中国佛教故事，构建"慈悲包容"宗教话语体系；通过讲好儒释道故事，构建"人类命运共同体"公共话语体系。在进行国际传播时，我们需要根据儒释道故事主题和功能差异，针对不同目标人群的现实需要，有选择、有重点、有计划地选择儒释道思想，建构以政治话语、生活话语、宗教话语和公共话语为核心诉求的中国对外话语体系。

讲好儒家"治世"故事，构建"治国理政"政治话语体系。千百年来，儒家思想在中国政治话语体系中具有重要意义。"大道之行也，天下为公。"这句话出自儒家经典《礼记·礼运》，阐释了儒家学派的政治理想及其对未来社会的憧憬，这是习近平总书记常引的一则古语。习近平总书记多次用儒家价值观论述如何破解人类面对的发展困境和现代性问题。2014 年 9 月 24 日，习近平总书记在纪念孔子诞辰 2565 周年国际学术研讨会暨国际儒学联合会第五届会员大会开幕会上指出："孔子创立的儒家学说以及在此基础上发展起来的儒家思想，对中华文明产生了深刻影响，是中国传统文化的重要组成部分。"①儒家思想从个人层面的格物、致知、诚心、正意、修身开始，层层扩大到齐家、治国、平天下，成为一个无所不包的整体。它不仅是一种哲学，也是一套完整的关于人和社会秩序的思想系统，通过几千年来政治、经济、社会教育等制度的建立，渗透到中国人生活的方方面面，形成一种"制度化"的生活方式。因此，讲好儒家文化故事，必须聚焦"治世"理念，构建由"政策话语—实践话语—学术话语"整合而成的中国"治国理政"政治话语体系。

首先，要讲好"道之以政，齐之以刑"的中国故事，构建中国"治国理政"

---

① 《习近平在纪念孔子诞辰 2565 周年国际学术研讨会暨国际儒学联合会第五届会员大会开幕会上强调　从延续民族文化血脉中开拓前进　推进各种文明交流交融互学互鉴》，《人民日报》2014 年 9 月 25 日。

政策话语体系。在漫长的历史进程中，中华民族创造了独树一帜的灿烂文化，积累了丰富的治国理政经验。习近平总书记指出："一个国家的治理体系和治理能力是与这个国家的历史传承和文化传统密切相关的。"①要治理好今天的中国，需要对我国历史和传统文化有深入了解，也需要对我国古代治国理政的探索和智慧进行积极总结。党的二十大报告明确指出："坚持和发展马克思主义，必须同中华优秀传统文化相结合。……中华优秀传统文化源远流长、博大精深，是中华文明的智慧结晶，其中蕴含的天下为公、民为邦本、为政以德、革故鼎新、任人唯贤、天人合一、自强不息、厚德载物、讲信修睦、亲仁善邻等，是中国人民在长期生产生活中积累的宇宙观、天下观、社会观、道德观的重要体现，同科学社会主义价值观主张具有高度契合性。"②我们必须坚定历史自信、文化自信，坚持古为今用、推陈出新，据此构建当代中国治国理政的政策话语体系。

其次，要讲好"修身齐家治国平天下"的儒家代表人物故事，构建中国"治国理政"实践话语体系。例如，要讲好孔子、孟子、董仲舒、韩愈、周敦颐、张载、程颢、程颐、朱熹、陆九渊、王守仁、王夫之、顾炎武、黄宗羲等历史儒学代表人物的实践故事，尤其是通过实证研究方法，系统深入研究中国共产党领导人著述中的儒家思想与治国理政实践的相关性，提炼总结和深入阐释"中国治国理政实践话语体系"。

最后，讲好中国儒家思想体系中的核心观点故事，构建中国"治国理政"学术话语体系。我们要把马克思主义思想精髓同中华优秀传统文化精华贯通起来、同人民群众日用而不觉的共同价值观念融通起来，不断赋予科学理论鲜明的中国特色，不断夯实马克思主义中国化时代化的历史基础和群众基础，由此构建中国治国理政的学术话语体系。

---

① 《习近平在中共中央政治局第十八次集体学习时强调　牢记历史经验历史教训历史警示　为国家治理能力现代化提供有益借鉴》，《人民日报》2014 年 10 月 14 日。

② 习近平：《高举中国特色社会主义伟大旗帜　为全面建设社会主义现代化国家而团结奋斗——在中国共产党第二十次全国代表大会上的报告》，《人民日报》2022 年 10 月 26 日。

讲好道家"治身"故事，构建"中医养生"民间话语体系。道家文化源远流长，博大精深。从时序上看，中国历史上的西汉、唐、明都尊崇道家文化：西汉奉黄老之学，唐初奉道教为国教，明初朱棣崇奉道教。在道家思想基础上成立的道教是中国土生土长的宗教，创立于东汉顺帝时期。道家宇宙观、道家人生观、道家哲学、道家神学、道功道术、医学养生、阴阳风水、命相预测、道场法事、道教武术、道教音乐等十二个方面内容，在国际上具有广泛的接受度，是中国传统文化的一座宝库。据联合国教科文组织统计，《道德经》有近1800种版本，外文译本总数近500种，《道德经》的德文译本多达82种。

其中，在以老庄思想和《黄帝内经》等为代表的道家文化中，中医药"贵生""养生"的理论和方法，以一种整体的方式理解疾病、涵养生命，回应医疗、精神和心理需求，滋养人的精气神，这与西方基督教传统中的"身体"观念有很大不同。基督教文化认为，身体是有罪的，需要通过体罚来赎罪和净化。例如，耶稣的身体被钉在十字架上，身体死了，灵魂却复活了。在最极致的情况下，如柏拉图的《蒂迈欧篇》中，身体只能沦为等待灵魂、意识、精神"穿透"的受体。[①] 人类的身体和心灵是生活在两个世界的对立面，不能和谐共处。而中国道家养生学则以身心合一、性命双修为宗旨，以身体为实验室，以自身的精气神为"药"，提出了"阴阳""五行""八卦"等符号系统，建立了一整套"道生一，一生二，二生三，三生万物"的生命演化哲学。这些哲学思想与现代人的生活方式、现代健康管理理念相契合，也日益为西方人所接受。有研究表明，气功和太极拳在放松身体和平静心灵之间提供了一种扩展的本体感觉，在全球推广的过程中重新建立了西方人对身体、思想和情感的整体和谐认知。[②] 毛泽东同志曾说："一个中药，一个中国菜，这将是中国对世界的两大贡献。"[③]习近平总书记指出："当前，中医药振兴发展迎

---

① 参见汪民安：《文化研究关键词》，江苏人民出版社2019年版，第329—331页。

② E. Vilar, "Understanding Chinese Qi Gong in the Context of Western Culture", *Journal of Acupuncture and Tuina Science*, 2018, 16(5), pp.315-318.

③ 陈也辰、王钦双：《毛泽东的1949》，东方出版社2007年版，第35页。

来天时、地利、人和的大好时机,希望广大中医药工作者增强民族自信,勇攀医学高峰,深入发掘中医药宝库中的精华,充分发挥中医药的独特优势,推进中医药现代化,推动中医药走向世界,切实把中医药这一祖先留给我们的宝贵财富继承好、发展好、利用好,在建设健康中国、实现中国梦的伟大征程中谱写新的篇章。"①中医药作为中华文明的重要标志和载体,在促进中华文明和其他国家文明交融中具有独特作用。因此,我们可重点选择道家中医养生话语作为切入点,面向国际社会讲好中国故事,其中,《黄帝内经》系统阐述了人体生命发展规律、寿夭原因和保命全生的基本原则,并成为医家养生遵循的宗旨,奠定了中医养生学的基础。其他道家医学书籍如《难经》《伤寒杂病论》《神农本草经》都有一套系统完整的中医药养生原理和方法,形成了一个取之不尽、用之不竭的宝库,拥有永远也讲不完的中国故事。我们要以中医养生"治未病"的核心理念为指导方针,以"法于阴阳,和于术数"即遵循自然规律为基本原则,面向国际社会重点讲好思想养生、食疗养生、运动养生、中药养生四大类故事,建构"思、食、术、药"中医养生话语体系,努力为世界各国人民提供道家养生公共产品。具体操作策略如下。

第一,用国际学术话语加大力度宣传中医养生法,努力宣传《黄帝内经》提出的"未病先防、既病防变、病后防复"三层"治未病"思想,推动全国乃至世界人民的养生观念从被动治疗走向主动预防。第二,用多语种、多模态、多媒介形态生活话语,大力度推广"食疗养生"的菜谱、视频和图书,以及美食生活视频、养生生活食谱、中医养生美食培训课程等。第三,用太极拳、五禽戏、八段锦等锻炼方法,讲好中医"运动养生"的故事,大力研发推出适合不同年龄人群的"养生太极拳""养生太极操",让养生太极成为"中国式瑜伽"。第四,将《道德经》《黄帝内经》《伤寒杂病论》《神农本草经》等道家经典中的"精气神"思想养生法,翻译成全语种的、通俗的、可读性强的、生动活泼的公共文化产品,通过线上线下整合传播,大力实施中医药文

---

① 习近平:《论科技自立自强》,中央文献出版社 2023 年版,第 111 页。

化"走出去"工程。第五，通过市场化主体而不是国家主体方式，在国内外广泛开设"太极养生馆""中医养生馆"，提供多种中医药养生服务，让中医养生真正造福世界人民，造福人类文明。第六，围绕中医药养生品牌建设，加大力度鼓励和支持中医中药产业链的资源整合、人才培养、产业集聚和品牌输出，在国内外建立中药材种植基地、中医药产品研发基地、中医药生活方式服务基地、太极养生文化辅助用品设计开发基地等，全面提升中医中药产业在国际市场的竞争力和盈利能力，实现中医药文化在国际社会软实力和硬实力的有机互嵌和共同提升。

讲好佛家"修心"故事，构建"慈悲包容"宗教话语体系。习近平总书记在哲学社会科学工作座谈会讲话中，把宗教学视为"对哲学社会科学具有支撑作用的学科"之一，提出要加快完善发展宗教学，①并在党的二十大报告中进一步提出"坚持我国宗教中国化方向，积极引导宗教与社会主义社会相适应"②。宗教作为当今世界最广泛的社会文化现象，反映了人类最隐秘、最微妙的心灵世界和对于神秘的不可知世界的神圣信仰。中国宗教故事在中华文明与世界文明交流互鉴中扮演重要角色，讲好中国宗教故事，对于促进人类和平共处具有独特示范作用，讲好具有世界普遍意义的中国宗教故事，对于提升中国文化软实力和国际话语权具有重大意义。

众所周知，佛教、基督教、伊斯兰教是当今世界的主流宗教信仰，在这些信仰"向大众撒播"的世界化过程中，如何实现外来宗教的本土化是世界宗教界普遍关心的共性问题。2000 多年来，佛教、伊斯兰教、基督教等先后传入中国，中国音乐、绘画、文学等也不断吸纳外来文明的优长。③ 这些外来宗教的中国化，与中国文明吸收这些外来宗教的优长，构成中国宗教故事一块硬币的两个方面。基督教信奉一神论，认为基督是"唯一真神"，不准信

---

① 习近平：《在哲学社会科学工作座谈会上的讲话》，《人民日报》2016 年 5 月 19 日。

② 习近平：《高举中国特色社会主义伟大旗帜　为全面建设社会主义现代化国家而团结奋斗——在中国共产党第二十次全国代表大会上的报告》，《人民日报》2022 年 10 月 26 日。

③ 《一带一路：习近平六千余字精彩演讲三次提及佛教》，2017 年 5 月 16 日，见 ht-tps://fo.ifeng.com/a/20170516/44614340_0.shtml。

徒信奉其他"神",基督教在 16 世纪末进入中国,传播了 100 多年,后来因为罗马教皇禁止中国基督徒祭祀祖先,外国基督徒被皇帝下令驱逐出中国。① 相比之下,中国佛学更具包容性,尤其佛教与中国本土道教、儒家相互适应,最后形成了"禅宗"教派,这是佛教中国化的标志。在此背景下,向世界阐述中国佛教修心故事,构建"慈悲包容"宗教话语体系,具有特别重要的国际意义。

讲好中国佛教故事,重点是讲好佛学故事,而不是佛教故事。佛教和佛学是两个概念,佛教因人而形成,其教法具有局限性、排他性,而佛学是一种永恒的精神追求和价值理念。不同于作为"神学"的西方宗教学,佛学是心学,是关于"心"的思想学说。佛学被誉为"心学宝藏"。佛学认为,人的精神活动直接创造了信仰对象,心即是佛,佛即是心,所以中国佛教主张"以佛修心",明心见性,立地成佛。佛学思想与西方宗教观点完全不同,西方宗教是"神学",认为神创造了人,而佛教是"心学",认为人创造了神。恩格斯在《自然辩证法》中称誉佛教徒处在人类辩证思维的较高发展阶段上。在世界观上,佛学否认有至高无上的"神",认为事物处在无始无终、无边无际的因果网络之中。在人生观上,佛学强调主体的自觉,并把一己的解脱与拯救人类联系起来。它以独特的思想方法和生活方式,使人们得以解放思想,摆脱儒学教条,把人的精神生活推向另一个新的世界。② 从中国禅宗初祖达摩到六祖慧能的佛法故事,这些禅宗故事为世界宗教贡献了中国智慧,为宗教本土化提供了中国经验。虽然关于佛教中国化并没有形成共识,各种论断都有,比如"佛法非宗教而为哲学"(章太炎)、"佛法为宗教而非哲学"(梁漱溟)、"佛法非宗教非哲学"(欧阳渐)、"佛法亦宗教亦哲学"(汤用彤)③,但是佛学

---

① 参见王栋:《基于中国历史经验的宗教学理论 读李四龙新著〈人文宗教引论〉》,《中国宗教》2022 年第 5 期。

② 参见陈星桥:《关于当前佛教界几个思想理论问题的反思(中)》,《法音》2006 年第 3 期。

③ 参见王栋:《基于中国历史经验的宗教学理论 读李四龙新著〈人文宗教引论〉》,《中国宗教》2022 年第 5 期。

所倡导的"普度众生"的慈悲心、"一心向善"的包容心，佛学所构建的"慈悲包容"话语体系可以为人类社会提供超越时代、超越民族的永恒精神食粮。

讲好儒释道三教合一故事，构建"人类命运共同体"公共话语体系。中国文化自古就是一个开放包容的系统，并不以特定的"绝对真理"为遵循，而是"多元并存""会通共生"。虽然隋唐时期曾出现过"道先"还是"佛先"的佛道之争，但最后都在儒家文化的统合下形成了"体上会通，用上合流"的汇流和归一格局。有研究立足于中国历史上的儒释道传统和民间信仰，尝试以"人文宗教"开启对"中国宗教"根本精神和信仰基盘的解读，试图在解读儒释道传统的基础上，开辟实现中华优秀传统文化创造性转化与创新性发展的新领域，思考未来中国社会的宗教与文化关系，对全球化的宗教生活发挥积极的引领作用。[1] 这一研究说明了中国自古就不是一个单一文化国家。

党的十八大以来，习近平总书记提出推动构建人类命运共同体的理念，深刻回答了关于"人类从哪里来，要到哪里去"的哲学命题，他在各种重要场合多次提到"人类命运共同体"，由两岸同胞"血脉相连的命运共同体"、"中华民族共同体"到"亚洲命运共同体"再到"人类命运共同体"，由一带一路"利益共同体"到互联互通"网络命运共同体"[2]再到"全球发展共同体"，等等，显示出由国内提出到周边区域扩展再到国际传播的时空拓展特点。习近平总书记对"人类命运共同体"理念进行了多维度、多视角、多意蕴的阐发，基本上形成了一套完整的中国对外公共话语体系。

"人类命运共同体"作为国际传播的公共话语，超越了西方传统文明模式和国际秩序模式，[3]为人类社会提供了一个具有全球关照和包含世界制

---

① 参见李四龙:《人文宗教引论:中国信仰传统与日常生活》,社会科学文献出版社 2022 年版。

② 邵发军:《习近平"人类命运共同体"思想及其当代价值研究》,《社会主义研究》2017 年第 4 期。

③ 参见徐艳玲、李聪:《"人类命运共同体"价值意蕴的三重维度》,《科学社会主义》2016 年第 3 期。

度的"天下体系"，具有极其丰富的战略内涵和价值意蕴。推动人类命运共同体建设，首先要回答人类命运共同体思想为何来自中国？其文化根源为何？这不仅关乎国际传播的战略定位，更关乎中国话语的说服力和中国文化的感召力。问题根植于当今世界，答案却要走进历史深处去探索，必须要通过世界变局中的历史透视，去把握社会现实的历史规律和文化之源。追溯人类命运共同体思想的儒释道文化渊源并给予长时段的历史回答，不仅能够增进西方国家对中国的了解和理解，有效地消除中西方"世界观"和"中国观"的隔膜，还能够积极回应和消除西方对于中国崛起的警惕、抹黑和误解，更进一步推动世界各国在应对全球气候变暖、超人类的人工智能等一系列严峻挑战中形成共同体意识。

历史是最好的老师。讲好中华儒释道思想故事，从中国传统文化共同体、中华民族共同体意识，到习近平总书记的"人类命运共同体"理念，可以阐释中国不同于西方文化的人类观、世界观；讲好中华儒释道思想故事，能够为世界发展提供可以共享的国际公共话语，能够为人类和平提供协和万邦的中国智慧和中国方案。

走出去：儒释道思想国际传播战略

讲好儒释道思想故事的国际传播战略，要以"弘扬人类命运共同体思想"为战略定位，以"人类文明交流互鉴"为战略目标，以"治世—治身—修心"三种对外话语体系为战略路径，实施"走出去"国际传播战略，即：儒释道思想多语种语料库建设、儒释道思想返本开新学术交流、儒释道思想跨媒介叙事参与、儒释道思想仪式化生活叙事、儒释道思想关键词对外传播。这五大战略既是面向国内民众的国家传播工程，也是面向国际社会的国际传播战略，通过实施由内而外、内外兼修的整合传播战略，才能向国际社会展示真实、立体、全面的中国，塑造可信、可爱、可敬的中国国家形象。

儒释道思想多语种语料库建设。建设儒释道思想多语种语料库，是儒释道思想国际传播的基础工程。中华儒释道思想源远流长，例如，儒家的

《大学》《中庸》《论语》《孟子》等，道家的《老子》《庄子》《道德经》等，佛家的《心经》《金刚经》《楞严经》等，这些儒释道经典作品是中华民族传统文化的源头活水，目前却面临着存续断档的危机。国际社会对儒释道思想的认知度则更低。一项海外调查表明：在美国、德国、俄罗斯以及泰国、越南等国家，中国图书是最难获得的文化产品之一。① 因此，我们必须采用数字化技术、人工智能语言翻译技术，建立中华儒释道汉英平行语料库，为儒释道思想国际传播提供可供性、可达性、可获得性的新基础。语料库是为某一个或多个应用而专门收集的、有一定结构的、有代表性的、可以被计算机程序检索的、具有一定规模的语料集合，②是经科学取样和加工的大规模电子文本库。语料库必须是数字化的、有一定规模的、能被计算机程序处理的语料集合。我们必须立足于中华民族伟大复兴的战略全局，实施中华儒释道思想语料库建设工程，通过梳理、鉴别儒释道思想的历史价值、现实价值和未来价值，制定儒释道思想语料库的总体设计方案、选材原则及规范和标准；通过运用人工智能等技术，抢救和留存儒释道经典，及时接续和创新传承中华优秀传统文化；通过建立儒释道思想中英双语种语料库、多语种语料库、乃至全语种语料库，服务于中华文化圈的学术研究和文化交流，为中华民族伟大复兴奠定基础。

儒释道思想返本开新学术交流。中华民族的伟大复兴也是中华文化的复兴，而重建和复兴中华民族的文化生命，就要让构成中华文明主体的儒释道思想返本开新、创新传承，在国内外学术交流中与时俱进、发扬光大。习近平总书记在全国哲学社会科学工作座谈会上的讲话指出："中华文明延续着我们国家和民族的精神血脉，既需要薪火相传、代代守护，也需要与时俱进、推陈出新。""我们不仅要让世界知道'舌尖上的中国'，还要让世界知道'学术中的中国'、'理论中的中国'、'哲学社会科学中的中国'，让世

---

① 参见关世杰：《中华文化国际影响力研究》，北京大学出版社 2016 年版，第 251 页。
② 参见何婷婷：《语料库研究》，博士学位论文，华中师范大学文学院，2003 年。

界知道'发展中的中国'、'开放中的中国'、'为人类文明作贡献的中国'。"①儒释道思想返本开新学术交流是新时代中国新文科建设的一项基础性工程,也是提升中国学术话语权和文化软实力的重要内容。其具体策略建议有三:第一,聚焦与当代文化相适应、与现代社会相协调的最基本的中华儒释道文化基因;第二,聚焦能够跨越时空、超越国界、富有永恒魅力、具有当代价值的中华儒释道文化精神;第三,聚焦我国和世界发展面临的重大问题,能够体现中国立场、中国智慧、中国价值的中华儒释道思想。总之,要聚焦中华儒释道思想中的优秀先进文化,进行创造性转化、创新性发展,激活其生命力,让中华文明同其他文明一道,为人类提供正确精神指引。

儒释道思想跨媒介叙事参与。儒释道思想的返本开新和学术交流是针对学术社群展开的,从意识形态角度看,其只是局限在学术精英阶层的话语体系中,仅能为社会大众提供一个新时代儒释道文化的公共底色,距离儒释道思想的国际传播还有很大距离,还需要社会精英将其从"学术殿堂"和"精英社群"传播到"世俗社会"的民间话语空间,从精英思想转化为民间思想,从中国的思想转化为国际的思想。两种意识形态之间、两种话语空间之间,并不存在绝对的"鸿沟",而是可能存在一个交叠的、具有阈限性的公共空间,用葛兆光的话来说,"在精英和经典的思想与普通的社会和生活之间,还有一个一般知识、思想、信仰的世界"②需要关注。例如,南怀瑾先生一生的心愿就是普及儒释道文化,延续中国文化命脉,他不走学术路线,而是面向社会大众进行各种演讲和交流,对儒释道三家文化融会贯通,经常以佛家文化解释儒家、道家,或以道家文化解释佛家、儒家,互相引证。他的著述被称为"上下五千年,纵横十万里;经纶三大教,出入百家言"。他的做法对激发人们对中国儒释道文化的兴趣、复兴中华文化发挥了一定作用。本

① 习近平:《在哲学社会科学工作座谈会上的讲话》,《人民日报》2016年5月19日。
② 葛兆光:《思想史的写法:中国思想史导论》,复旦大学出版社2004年版,第14页。

文认为,跨媒介叙事参与策略需围绕"叙事""跨媒介""参与"三个关键词展开。

第一,新儒释道思想的故事化叙事策略,即由"思想"转化为"故事",并实现一定程度的传奇化和市场化,针对核心思想、核心话语、代表人物等进行不同文化语境下的故事创作和译介出版。第二,新儒释道思想的跨媒介表现策略,即将儒释道新思想和新故事,在广播、电视、报刊、杂志、书籍以及网络等新旧媒介上延展使用,并尽可能采取一切泛媒介手段和艺术手段进行传播,如音乐、舞蹈、超文本、电脑游戏、视觉艺术、交互式写作等,为网络空间提供多模态的内容产品。第三,新儒释道思想的社会参与策略,即发动多元社会主体参与儒释道文化的创意传播,把"社会参与"发展为一种指导跨文化群体之间互动的规范性方法,建立国内国际社会环境中至关重要的利益相关者与中国儒释道文化活动的关联,通过网络互动、数字叙事与分享、同人创作等形式,提升各类民众对儒释道文化的关注度、好感度、参与度,促进理解、对话、交流、合作,从而有效提升中国文化影响力。

儒释道思想仪式化生活体验。"乐者,天地之和也;礼者,天地之序也"(《礼记·乐记》)。礼乐文化是中国儒释道思想的核心和灵魂。自三皇五帝、夏、商、周的"制礼作乐"以教化天下,到"乐教"与"诗教""礼教"等并列为儒家"六经"之一,再到"乐之外,无所谓学",儒家将礼治乐教看作促进人格和谐、社会和谐、人与自然和谐的重要途径。① 儒家经典"三礼"(《周礼》《仪礼》《礼记》)系统地保存了古代礼仪制度,是古代王廷、诸侯、贵族和士绅阶层的行为规范。例如,《仪礼》记载了古人自出生到死亡所需遵守的种种礼俗,为追溯探寻传统礼仪提供了宝贵的依据,《礼记》则从社会功能的角度对礼仪背后的精神信仰进行了分析,从周公制礼作乐,到孔子以仁释礼,构建了以"仁"为核心的礼乐儒学思想体系。礼乐思想是《论语》中的精髓,也是孔子教育弟子的重要方法。孔子认为,国家应该实行礼乐之治"兴

---

① 参见娄杰:《弘扬儒学思想精华促进两岸文化发展:"儒学与海峡两岸文化根基"学术研讨会综述》,《北京联合大学学报(人文社会科学版)》2008年第2期。

于诗，立于礼，成于乐"，即"用诗词启发人热爱生活，用礼仪教导人修心立身，用音乐熏陶人安生立命"。纵观中国历史，"礼以节人"是达到"人的规定性"的不二途径，也是儒家道德教化的主要方法。

礼乐，不仅是孔子仁政思想的教育方法，也是中国古人的仪式化生活方法，仪式化生活不仅可以促进社会秩序化，还可促进社会和谐化。儒家礼乐文化以"秩序"为主要特征的文化模式，可以成为有益于人类面对 21 世纪挑战的文化资源。① 社会学家涂尔干认为，仪式就是社会集体用以定期地重新肯定自身的一种特殊手段，仪式的功能在于维持共同体的存在与延续，对社会成员个人从属于社会集体的观念予以强化，使人们保持信仰和信心。② 结构功能主义大师默顿用"显功能"和"潜功能"的概念对仪式进行分析，认为通过提供一个定期的机会，使分散的群体成员集合起来从事某一共同活动，仪式就会实现加强群体团结的这种潜功能。③ 象征人类学的代表人物之一格尔茨认为，仪式作为一种公开的文化表演，构成了一个民族的精神意识。④ 但是，近代以来，中国礼仪文化失去了"以乐修内，以礼修外"的礼乐教化之功能，人们在日常生活乃至传统节日中失去了寻求文化认同的热情，人们生活仪式感的缺乏，造成文化记忆、文化认同和文化信仰的不断弱化。⑤

中华复兴，礼乐先行。应该聚焦于仪式时间、仪式生活、仪式节庆、仪式旅游等方面，通过倡导"中华仪式化生活方式"，重塑中华民族的精神气质，重拾中华民族的集体记忆，重建中华"礼义之邦"之美誉。本文提出如下建议。

---

① 参见陈来：《儒家"礼"的观念与现代世界》，《孔子研究》2001 年第 1 期。
② 参见[法]爱弥尔·涂尔干：《宗教生活的基本形式》，渠东、汲喆译，上海人民出版社 2006 年版，第 406 页。
③ 参见[美]罗伯特·K.默顿：《社会理论和社会结构》，唐少杰、齐心等译，译林出版社 2008 年版，第 148 页。
④ 参见[美]克利福德·格尔茨：《文化的解释》，韩莉译，译林出版社 1999 年版，第 174—178 页。
⑤ 参见陈先红：《中华文化的格局与气度——讲好中国故事的元话语体系建构》，《人民论坛》2021 年第 31 期。

(1)实施仪式时间策略。让时间有文化感,让日常生活有仪式感。时间就其性质可分为物理时间(如春夏秋冬、白天黑夜等自然时间)和文化时间(如哲学时间、艺术时间和生活时间等)。作为世界文明古国,中国很早就形成了独具特色的中国时间体系、时间观念和时间策略,比如中国人的时间分为由24节气构成的太阳时间(阳历)、由农业生产和祭祀活动构成的月亮时间(阴历)和以动植物、昆虫和季节变化为标志的物候时间;又如春生夏长秋收冬藏的动物时间、24番花信风的植物时间、金木水火土的五行时间、"晨钟暮鼓、12时辰"的生活时间,以及择吉而行、庆祝民俗、民族纪念等的节日时间,等等。[①] 全球化背景下对这些中国时间的仪式化回归和复兴,是中华民族伟大复兴的核心内容和中华优秀文化走出去的重要标志。

(2)实施仪式生活策略。疫情防控期间,使用中国传统见面礼仪,如作揖、抱拳、拱手、鞠躬,逐渐形成一种新风尚。在人生重要时刻,如生日、升学、结婚、祭祀、丧葬等,人们可身穿中华传统服装,践行中华传统仪式,以增强中华民族共同体意识。

(3)实施仪式节庆策略。创新中国八大传统节日的纪念仪式,为节日仪式赋予新时代的文化内涵,让仪式节庆成为中国人的信仰和外国人的向往。根据一项海外民俗研究结果,如果不实践这些日常生活中的传统因素,仅以血缘与心理等方面的认同不能证明美国华裔认同中国文化。[②] 因此,应倡导在中国传统节日期间,海内外华人共同穿戴中华节庆礼服,通过重构"中华民族共同体"统一的外在表征符号和节庆仪式,增强审美体验感、文化认同感、国际认知感和国际影响力,同时也可以有效解决中国传统节日氛围不浓、仪式感不足、内需拉动不足等现实问题。此外,还可以制定不同主题的祭奠或庆典仪式,让每一个节日都成为一场公开的文化展演。

(4)实施仪式旅游策略。在中国各大城市旅游景点,开发设计具有表

---

① 参见萧放:《传统节日与非物质文化遗产》,学苑出版社2011年版,第1—21页。

② 参见张举文:《美国华裔散居居民民俗的研究现状与思考》,《文化遗产》2009年第3期。

演性、非遗性、体验性的仪式旅游项目，通过礼乐仪式、表演仪式等，让埋藏在书本里的文化仪式动起来、活起来、火起来，以此吸引更多国外民众来中国旅游和体验。

儒释道文化关键词对外传播。中国儒释道思想以自己特殊的术语、命题、理论或学说，向全人类贡献了超越时空的、具有普遍意义的中华话语体系和知识体系。但是，在跨文化差异、意识形态偏见和国际舆论战背景下，面向国际社会传播中华文化思想，却面临着巨大的认知障碍和文化说服抵抗风险，比如，如何解读"道"、如何翻译"大同"、如何传播"无为"？这些极具中国特色的词语，中国人很容易意会，外国人却很难理解。2013年，德国汉学家Pattberg Thorsten在《怎么翻译中华文明的核心词》一文中，以一个外国人的视角，阐述了"中国专属词汇"对于文化传播的重要性。他认为，"就当下而言，即使是最有教养的西方人都没有听说过'仁、大同、天下、天人合一'。"2014年，国务院启动"中华思想文化术语传播工程"，收录900条反映中国文化特质、人文精神和思维特点的术语，从国家层面做了一套规范性的中华思想文化术语文本，以避免阐释和翻译中的混乱和误解，且多语种出版了"中华思想文化术语"系列图书"1—9辑"，取得了一定的传播效果。接下来，应对这些"正本清源"的中国特色话语体系进行创意传播，以真正提升中国文化国际影响力和文化软实力。这是一个更大的考验，也是一个系统工程，建议分阶段、分主题、分期、分批地挑选100个最能够代表儒释道思想的文化术语，进行学术化、故事化、智能化的整合传播。

（1）儒释道文化关键词学术化传播策略。首先，要遵循学术研究逻辑，从历史文化语用学视角，对儒释道学术术语的差异义、语境义、关联义、等效义进行准确解读，避免翻译谬误，实现准确传播。其次，要遵循跨文化传播的编码、解码逻辑，对儒释道文化关键词进行再次概念化，将其转化为当今世界所说、所用、所认同的话语和议题。这种再次概念化的能力就是一种原创话语能力和议题设置能力，通过将儒释道思想作为内容道具，使其转化为通俗易懂、字符紧凑但有情感张力的关键词。关键词传播是一个国家软硬实力联合作用的结果。再次,对"术语"词条进行教案研发与教学创新,并设计全学年课时的多元化教师培训课程,力图使"仁""礼""兼爱""修齐治平""和而不同""礼尚往来"这些浓缩了中华哲学思想、人文精神、思维方式、价值观念的文化核心词,以更加生动易懂的方式走进课本、校园、课堂。与此同时,基于一国一策、一国一语的国际传播原则,系统编辑出版儒释道文化关键词研究读本、故事读本、绘画读本,设计故事化课堂、戏剧化课堂等融教学方法创新与文化传承创新为一体的系列教育实践项目。

(2)儒释道文化关键词故事化传播策略。如前所述,一个汉字就是一个故事,一个术语就是一部中国文化史。文化关键词的对外传播,要解决的重点问题是叙事方式的转变,即如何将学术术语转化为自带流量、通俗易懂的传播关键词,以减缓文化说服抵抗,如何把原本"抽象深奥"的学术话语转化成鲜活、简明、生动的故事话语,然后用最具艺术感的叙事手法表现出来。如同企业塑造品牌一样,为了证明一句话,可以耗资百万拍摄一部微电影。对儒释道文化关键词的故事化传播,就是要以独立 IP 形式,把"一个文化术语"打造为一部"中文汉字故事连续剧",或者为每一个术语创建一个游戏故事,让学习者变为追剧的人和游戏玩家。文化关键词 IP 应该是一部没有结尾的连续剧,一部永远在线的学习游戏。在这里,术语内容、代表人物、读后感、学习体会等都可拍成一段故事,成为这个剧本里的角色或道具。而且,细节越丰富,情节越生动,这个剧本就会越真实,就越会让对方放下戒备、敞开心扉,被整个故事所吸引而不断追随下去,这种引人入胜的文化体验才是中国文化软实力的来源。

(3)儒释道文化关键词智能化传播策略。随着数据挖掘、机器写作、人工智能翻译、算法推送等技术的广泛应用,智能化技术在国际传播中的作用越来越强,信息采集、数据分析、基础信息生成、多语种翻译、信息推送等工作,都将由写稿机器人、人工智能翻译、算法推送技术来自动完成,人工智能算法正以强大的深度学习技术规制着文化内容生产、传播、反馈的全流程,建构和适配着人们的阅读环境。① 智能传播时代国际传播的效果实现由技术触及、场景识别、关系转换、话语理解、行为关注和价值观接受六个环节所决定,抓住关键环节的关键要素进行突破创新,是提高国际传播能力的关键所在。② 对于儒释道思想国际传播而言,这是一场人和技术的竞争与合作,到底什么话题、什么观点、什么人能够最终冲出重围,进入国际话语场的公共流量池,这取决于算法技术的推荐。当今社会正加速进入深度算法社会,算法正深刻改变着人类社会的文化景观,人类社会的连接方式、人类知识的生产方式、人类文化的交流方式逐渐被重新定义。与算法共存,与算法同行,成为算法社会发展的必然趋势。因此,我们要积极使用智能算法技术对文化关键词进行国际信息采集、话语分析、基础信息生成、多语种翻译,提高儒释道思想在目标国的技术触及广度和深度;要积极使用语义分析技术、情感分析技术、用户画像技术、数字孪生技术、数字分身技术等,提高儒释道思想在目标国的话语理解度、行为关注度和价值观接受度;要积极使用AR/VR技术,提高儒释道思想在目标国的场景使用度、语境识别度,建构儒释道思想文化术语传播的"拟态环境",构建中国IP故事元宇宙。例如,一个"中庸"术语的音形义画面感、儒释道三教汇流的场景感、天人合一的沉浸感、知行合一的体验感等,都可以通过人工智能技术建构出来,让人穿越过去未来,"游行天地之间,视听八达之外",由此调动国际受众对中国文化关键词的学习兴趣和热情。在内容与受众点对点的连接和牵引中体现对中国对外话语体系的考量,让儒释道思想文化术语凭借定制化与自动化的算法优势深刻嵌入人们的日常学习和生活之中。

在智能时代,与万千信息相遇,"观看意味着权力,凝视铭刻了文化"③,算法所重塑的人类文化景观既令人兴奋,又让人担忧:一方面,算法主导的

① 参见王冬冬:《相遇不相知:算法时代的文化景观重构》,《探索与争鸣》2021年第3期。
② 参见胡正荣、王润珏:《智能传播时代国际传播认识与实践的再思考》,《对外传播》2019年第6期。
③ 施畅:《赛博格的眼睛:后人类视界及其视觉政治》,《文艺研究》2019年第8期。

内容定制和内容分发实现了精准化传播；另一方面，算法推荐所产生的"信息茧房"和"回音室"效应，又进一步强化和固化了对中国的刻板印象和社会偏见，以及这些偏见可能带来的文化或社会禁锢，①这种情况正是西方国家对中国实施舆论战的结果，也是我们要讲好中国故事、传播好中国声音必须面对的挑战。我们必须以主流价值导向驾驭算法，以算法伦理驾驭工具理性，以事实导向对冲情绪导向，消除人类偏见和算法偏见，这也是向世界讲好儒释道思想文化故事的终极追求。

参考文献

习近平：《论科技自立自强》，中央文献出版社 2023 年版。

陈也辰、王钦双：《毛泽东的 1949》，东方出版社 2007 年版。

关世杰：《中华文化国际影响力研究》，北京大学出版社 2016 年版。

葛兆光：《思想史的写法：中国思想史导论》，复旦大学出版社 2004 年版。

季羡林：《季羡林谈东西方文化》，当代中国出版社 2015 年版。

刘锦藻：《清朝续文献通考》（卷 89），商务印书馆 1955 年版。

梁启超：《论中国与欧洲国体异同》，载《饮冰室合集（典藏版）·文集之四》，中华书局 2015 年版。

李四龙：《人文宗教引论：中国信仰传统与日常生活》，社会科学文献出版社 2022 年版。

南怀瑾：《论语别裁（上）》，复旦大学出版社 1990 年版。

汪民安：《文化研究关键词》，江苏人民出版社 2019 年版。

萧放：《传统节日与非物质文化遗产》，学苑出版社 2011 年版。

熊十力：《十力语要》，上海书店出版社 2007 年版。

---

① 参见彭兰：《假象、算法囚徒与权利让渡：数据与算法时代的新风险》，《西北师大学报（社会科学版）》2018 年第 5 期。

赵汀阳：《天下体系：世界制度哲学导论》，中国人民大学出版社 2011 年版。

习近平：《高举中国特色社会主义伟大旗帜 为全面建设社会主义现代化国家而团结奋斗——在中国共产党第二十次全国代表大会上的报告》，《人民日报》2022 年 10 月 26 日。

习近平：《在哲学社会科学工作座谈会上的讲话》，《人民日报》2016 年 5 月 19 日。

《习近平在中共中央政治局第十八次集体学习时强调 牢记历史经验历史教训历史警示 为国家治理能力现代化提供有益借鉴》，《人民日报》2014 年 10 月 14 日。

习近平：《在纪念孔子诞辰 2565 周年国际学术研讨会暨国际儒学联合会第五届会员大会开幕会上的讲话》，《人民日报》2014 年 9 月 25 日。

陈来：《儒家"礼"的观念与现代世界》，《孔子研究》2001 年第 1 期。

陈鹏：《"儒释道交融与中国传统文化"学术研讨会综述》，《哲学动态》1997 年第 11 期。

陈先红：《中华文化的格局与气度——讲好中国故事的元话语体系建构》，《人民论坛》2021 年第 31 期。

陈星桥：《关于当前佛教界几个思想理论问题的反思（中）》，《法音》2006 年第 3 期。

何婷婷：《语料库研究》，博士学位论文，华中师范大学文学院，2003 年。

胡正荣、王润珏：《智能传播时代国际传播认识与实践的再思考》，《对外传播》2019 年第 6 期。

娄杰：《弘扬儒学思想精华促进两岸文化发展："儒学与海峡两岸文化根基"学术研讨会综述》，《北京联合大学学报（人文社会科学版）》2008 年第 2 期。

蔺熙民：《隋唐时期儒释道的冲突与融合》，博士学位论文，陕西师范大学中国哲学专业，2011 年。

楼宇烈:《中国文化中的儒释道》,《中华文化论坛》1994 年第 3 期。

彭兰:《假象、算法囚徒与权利让渡:数据与算法时代的新风险》,《西北师大学报(社会科学版)》2018 年第 5 期。

施畅:《赛博格的眼睛:后人类视界及其视觉政治》,《文艺研究》2019 年第 8 期。

邵发军:《习近平"人类命运共同体"思想及其当代价值研究》,《社会主义研究》2017 年第 4 期。

汤一介:《论儒、释、道"三教归一"问题》,《中国哲学史》2012 年第 3 期。

王冬冬:《相遇不相知:算法时代的文化景观重构》,《探索与争鸣》2021 年第 3 期。

王栋:《基于中国历史经验的宗教学理论 读李四龙新著〈人文宗教引论〉》,《中国宗教》2022 年第 5 期。

徐华:《老庄道家与早期"中和"理念的重建》,《华中师范大学学报(人文社会科学版)》2006 年第 6 期。

徐艳玲、李聪:《"人类命运共同体"价值意蕴的三重维度》,《科学社会主义》2016 年第 3 期。

张岱年:《中国哲学中"天人合一"思想的剖析》,《北京大学学报(哲学社会科学版)》1985 年第 1 期。

张举文:《美国华裔散居民民俗的研究现状与思考》,《文化遗产》2009 年第 3 期。

周文、肖玉飞:《中国共产党 100 年:从"中国之制"到"中国之治"》,《暨南学报(哲学社会科学版)》2021 年第 8 期。

《一带一路:习近平六千余字精彩演讲三次提及佛教》,2017 年 5 月 16 日,见 https://fo.ifeng.com/a/20170516/44614340_0.shtml。

[美]爱德华·W.萨义德:《东方学》,王宇根译,生活·读书·新知三联书店 2019 年版。

[法]爱弥尔·涂尔干:《宗教生活的基本形式》,渠东、汲喆译,上海人民出版社 2006 年版。

[美]费正清、[美]赖肖尔:《中国:传统与变革》,陈仲丹、潘兴明、庞朝阳译,江苏人民出版社 2012 年版。

[美]克利福德·格尔茨:《文化的解释》,韩莉译,译林出版社 1999 年版。

[美]罗伯特·K.默顿:《社会理论和社会结构》,唐少杰、齐心等译,译林出版社 2008 年版。

[德]马克斯·韦伯:《中国的宗教:儒教与道教》,康乐、简惠美译,广西师范大学出版社 2010 年版。

E. Vilar, "Understanding Chinese Qi Gong in the Context of Western Culture", *Journal of Acupuncture and Tuina Science*, 2018, 16(5).

Q. H., Vuong, et al., "Cultural Additivity: Behavioural Insights from the Interaction of Confucianism, Buddhism and Taoism in Folktales", *Palgrave Communications*, 2018(4).

全球文明倡议视域下中华文明的对外传播

邢丽菊*

党的二十大报告指出:"加强国际传播能力建设,全面提升国际传播效能,形成同我国综合国力和国际地位相匹配的国际话语权。深化文明交流互鉴,推动中华文化更好走向世界。"[1]面对全球共识缺失的严峻挑战,2023年3月,习近平主席在中国共产党与世界政党高层对话会上首次提出全球文明倡议,倡导各国尊重世界文明多样性、弘扬全人类共同价值、重视文明传承和创新、加强国际人文交流合作。这是继全球发展倡议、全球安全倡议后,新时代中国为国际社会提供的又一重要公共产品。在全球文明倡议背景下,如何有效推动中华优秀传统文化创造性转化和创新性发展,提升中华文明的对外传播效能,进而推动不同文明之间的交流互鉴,成为一项重大而紧迫的时代课题。

当前加强国际传播能力建设的必要性

习近平总书记在主持中共中央政治局第三十次集体学习时强调:"要深刻认识新形势下加强和改进国际传播工作的重要性和必要性,下大气力

---

* 邢丽菊,复旦大学国际问题研究院教授、博导。

[1] 习近平:《高举中国特色社会主义伟大旗帜　为全面建设社会主义现代化国家而团结奋斗——在中国共产党第二十次全国代表大会上的报告》,人民出版社2022年版,第46页。

加强国际传播能力建设，形成同我国综合国力和国际地位相匹配的国际话语权，为我国改革发展稳定营造有利外部舆论环境，为推动构建人类命运共同体作出积极贡献。"①面对世界百年未有之大变局，对外传播对国家发展和民族复兴的重要性愈加凸显，国际传播能力建设迫在眉睫。

中国国际地位需要与之匹配的国际传播能力。当前，中国作为全球第二大经济体，正以前所未有的深度与广度迅速融入国际社会，国际地位日益提高，国际影响力不断增强，成为国际舆论的焦点。然而，中国的国际传播能力、国际话语权与国家的综合实力尚不相匹配。西方媒体长期操纵舆论走向，使用各种手段批评、质疑、诋毁中国外交政策，国际社会对中国的认知存在信息和认知不对称的情况，阻挡中国声音的话语传播、中国主题"他议"和中国形象"他塑"的现象依然普遍。② 与经济领域的硬实力相比，中国的对外文化传播软实力尚未得到国际社会的广泛认同与普遍接受。加强国际传播能力建设是应对西方国家遏制和打压的必然要求。

国际传播助推全球倡议落地生根。面对世界经济不稳定、不确定、难预料因素增多的外部环境，中国始终把自身命运同各国人民的命运紧密联系在一起，创造性地提出了构建人类命运共同体理念，继而为国际社会提供了共建"一带一路"倡议、全球发展倡议、全球安全倡议和全球文明倡议等国际公共产品，展现出作为一个大国的责任与担当。这些倡议一经提出，即在国际社会引发强烈反响，许多国家和国际组织对倡议提出的理念和合作领域表示认同与支持。然而，这一系列倡议在具体落实的过程中仍然需要借助国际传播的力量，否则将容易陷入自说自话的被动境地。通过国际传播，各国可以更好地理解倡议蕴含的愿景、理念和目标，扩大倡议的影响范围。

---

① 《习近平谈治国理政》第四卷，外文出版社 2022 年版，第 316 页。
② 参见孙吉胜：《加强中国对外话语体系建设：挑战与方向》，《外交评论（外交学院学报）》2022 年第 3 期。

国际传播促进文明多样性和国际人文交流合作。全球文明倡议提出后,要向国际社会阐释这一重大主张,迫切需要深入挖掘其所蕴含的时代价值,充分做好对外传播时的话语转换。① 国际传播有助于促进不同文明交流互鉴,实现世界文明的共同发展繁荣。一方面,国际传播能够推动不同文明、文化和民族之间的相互理解与尊重,减少文化冲突和误解,以平等、互鉴、对话、包容的文明观形成尊重世界文明多样性的良好氛围;另一方面,国际传播对于教育、旅游、文化、媒体、体育等人文交流领域也具有不可或缺的作用。国际人文交流合作提供了展现各国文化魅力的渠道和平台,通过对相关政策和品牌活动进行对外传播,将夯实中外关系的社会民意基础,为世界文明的和谐交流提供借鉴指引。

新征程呼唤国际传播形塑国家形象。国家形象是国际竞争的声誉资源,国家形象对一个国家未来发展的国际环境有重要影响。然而,发展中国家在西方新闻媒介中的国家形象往往片面且充满偏见,严重影响了国际间的传播、理解和交流。② 相较于中国的政策和经济,海外民众对中国悠久的历史和文化关注度仍存在上升空间。③ 加强国际传播能力建设、加快构建中国话语和中国叙事体系,将有利于让国际社会了解中华文明的多样性和丰富性。此外,当一个国家在物质文明、精神文明、政治文明等方面取得成就,经过国际传播得到国际社会公众的理解和尊重时,将激发国民的民族自豪感、自信心和国家归属感,从而促进内政和外交的良性互动。④ 无论在国内还是国际视野,国家形象需要依托国际传播得以呈现和推介,并在推进中华民族伟大复兴历史进程中发挥重要作用。

---

① 参见孙敬鑫:《全球文明倡议对外话语体系建设及实践路径》,《当代世界》2023 年第 4 期。

② 参见徐小鸽:《国际新闻传播中的国家形象问题》,《新闻与传播研究》1996 年第 2 期。

③ S.Schumacher and L.Silver, *In Their Own Words：What Americans Think About China*, Pew Research Center, 2021.

④ 参见吴友富:《对外文化传播与中国国家形象塑造》,《国际观察》2009 年第 1 期。

全球文明倡议助推中华文明走向世界

文明是表现人类社会进步状态的历史范畴和实践范畴,是社会生产力的标识。在中国传统文化中,"文明"的典型释义来自《周易》:"刚柔交错,天文也。文明以止,人文也。""文明以止"意味着,若统治者的德行像日月般光明磊落,则百姓就会被其感化,做到"行其所当行,止其所当止"。这种精神的核心在于"止",强调的是一种有约束力的行为规范,与西方近代无限制的文化殖民、文化扩张形成了鲜明对比。中华文明的侧重点在于人文价值。钱穆指出,孔子并非科学家、哲学家或宗教家,其思想的实质在于"道德"二字。这一定程度上折射出中华文明的特点。基于此,不少学者把中国文化传统称作"人文主义",认为这是中华文化的核心精神。中华优秀传统文化的重要元素,共同塑造出中华文明的突出特性。全球文明倡议正是基于中华文明的深厚思想精髓而提出,传承过去、立足当下、连接未来,必将助推中华文明更好走向世界。

全球文明倡议根源于中华优秀传统文化。中华优秀传统文化是我们最深厚的文化软实力,也是中国特色社会主义植根的文化沃土。中华文化自古以来就蕴含着开放包容、和谐共生的基本特质。在中国人看来,任何事物都有可取之处,要以虚心的态度来学习并丰富自己。"夫尺有所短,寸有所长",这就需要"三人行,必有我师焉"的态度。"一阴一阳之谓道",阴阳二者并非对立,实为一种对应、互补和包容的关系。英国汉学家葛瑞汉(A.C. Graham)指出,中国人倾向于把对立双方视为包容互补的关系,而西方人则强调二者的冲突。[①] "和而不同"是中华文化和谐共生理念的集中体现。"和,相应也",中国古人常常将"和"作为处理人与人、人与自然万物关系的范式。"和"之所以如此重要,因为它是生成万物的必要条件。"和实生物,同则不继",不同事物相互调和才能生成繁盛的新事物。中华传统文化中

---

① 参见[英]葛瑞汉:《论道者》,张海晏译,中国社会科学出版社 2003 年版,第 379 页。

的"和"包含和平、包容、开放等多重内容,既肯定事物的多样性,又接纳事物的差异性,并将不同的事物融合到一体之中。差异性是万物生长的前提,多样性的调和是万物生生不息的条件。中华文明自古就以开放包容闻名于世,在同其他文明的交流互鉴中不断焕发新的生命力。张骞通西域开辟了历史上的丝绸之路,打开了中国与外部世界交流的大门。古丝绸之路的沙漠驼铃运输的不仅是丝绸、瓷器和茶叶,也极大推动了沿线各国人民的文化交流。中华文明在凸显民族性的同时,逐渐受到域外伊斯兰文明、波斯文明等的影响,在相互碰撞交汇中实现了自我成长与创新。

全球文明倡议体现了中国式现代化的文明观。中国式现代化主张从历史长河中把握文化推动人类文明进步的重要功能,并将创造人类文明新形态作为现代化的本质要求之一,为人类现代化绘就了宏阔图景。中国式现代化的文明观突出表现为创造了人类文明新形态,其"新"在于超越了阶级对抗和剥削,是物质文明、政治文明、精神文明、社会文明、生态文明"五位一体"协调发展的新形态,体现了文明的和谐性、持续性与全面性发展。中国式现代化道路的确立,根本在于中国共产党始终坚持把马克思主义基本原理同中国具体实际相结合、同中华优秀传统文化相结合,用马克思主义真理的力量激活中华民族历经几千年创造的伟大文明,极大丰富和拓展了中国式现代化文明观的基本内涵。[1] 作为中国式现代化文明观的产物,全球文明倡议坚持平等、互鉴、对话、包容的文明观,倡导弘扬全人类共同价值,主张以宽广胸襟实现不同文明交流对话,吸收借鉴一切优秀文明成果,以文明交流超越文明隔阂、文明互鉴超越文明冲突、文明包容超越文明优越。中国式现代化的文明观打破了"西方中心论"主导的文化霸权话语体系,展现了不同于西方现代化的新图景,拓展了人类文明发展进步的广阔空间,为解决人类面临的共同挑战提供了中国智慧、中国方案。[2]

---

① 参见徐步、邢丽菊:《全球文明倡议:促进人类文明交流互鉴的中国方案》,《学习时报》2023 年 7 月 14 日。

② 参见邢丽菊:《全球文明倡议的理论内涵及时代意蕴》,《现代国际关系》2023 年第 7 期。

全球文明倡议助力中华文明与世界其他文明交流互鉴。每一种文明都延续着一个国家和民族的精神血脉,既需要薪火相传、代代守护,更需要与时俱进、勇于创新。习近平总书记在文化传承发展座谈会上强调:"希望大家担当使命、奋发有为,共同努力创造属于我们这个时代的新文化,建设中华民族现代文明!"①中华文明具有突出的连续性、创新性、统一性、包容性、和平性,这些共同铸就了中华民族的根和魂,为中华民族生生不息、发展壮大提供了强大精神支撑。中华文明不仅对中国发展产生了深刻影响,而且对人类文明进步作出了重大贡献。中华文明蕴含的丰富哲学思想、人文精神、教化思想、道德理念等,可以为我们认识和改造世界提供有益启迪。只有不断发掘和利用人类创造的一切优秀思想文化和丰富知识,我们才能更好认识世界、认识社会、认识自己,才能更好开创人类社会的未来。全球文明倡议倡导尊重世界文明多样性,人类历史本就是多元发展的历史,不同文明的交融碰撞为人类发展带来多种可能,文明多样性是人类的共同遗产;全球文明倡议倡导弘扬全人类共同价值,主张超越国家、民族和文化差异,汇聚不同国家和民族优秀的共通性价值,以开放包容的态度来跨越国际交往中的现实障碍;全球文明倡议倡导重视文明传承和创新,传统文明在发展过程中难免会有时代局限,需要进行甄别性对待、扬弃性继承,在创造性转化和创新性发展中实现传统与现代有机融合;全球文明倡议倡导加强国际人文交流合作,人文交流合作是促进各国人民相知相亲的重要途径,是增强国家间理解和信任的纽带,要通过"走出去"与"引进来"的方式构建全球文明对话网络,形成良性互动。全球文明倡议为中华文明更好走向世界、与其他文明实现交流互鉴提供了重要的方法论指引。

中华文明对外传播面临的机遇和挑战

党的二十大描绘了以中国式现代化全面推进中华民族伟大复兴的宏伟

---

① 习近平:《在文化传承发展座谈会上的讲话》,人民出版社 2023 年版,第 12 页。

蓝图。迈入新征程,全球文明倡议的提出为中华文明在新时代的繁荣发展创造了新机遇。但与此同时,中华文明的对外传播也面临一系列困难与挑战。

从文明视角而言,历史文化的价值发掘刻不容缓。中华民族具有百万年的人类史、一万年的文化史、五千多年的文明史。"中华文明历经数千年而绵延不绝、迭遭忧患而经久不衰,这是人类文明的奇迹,也是我们自信的底气。"①中华优秀传统文化蕴含着丰富的思想智慧,是中华民族共同创造的精神财富,是增强历史自觉、坚定文化自信的根基。全球文明倡议倡导重视文明传承和创新,要求充分挖掘各国历史文化的时代价值,为我们在新的起点上继续推动文化繁荣、建设文化强国、建设中华民族现代文明提供了行动指南。

中华文明在对外传播的过程中,需要深入挖掘和传承历史文化,展示出自身的文化深度和内涵,加强国际社会对中国文化的认知。近年来,虽然传统文化热潮高涨,但面对全球化、城市化、数字化等新趋势,一方面,部分传统文化元素在现代生活方式、全球化文化冲击以及城市化进程的影响下逐渐边缘化,和现代社会的适应协调程度有限,民众对传统文化的参与感、认同感、获得感均有待提高。另一方面,传统文化在传播过程中被误用、滥用、以讹传讹的现象层出不穷,具有代表性的中华优秀传统文化的精神标识以及具有当代价值、世界意义的文化精髓仍需要进一步提炼和阐发。②

从自塑视角而言,中华文明的国际表达亟待创新。党的十八大以来,习近平总书记高度重视中华优秀传统文化,多次在国际公开场合引经据典,向世界介绍和弘扬中华文明,塑造了积极、正面的中国国家形象。全球文明倡议倡导加强国际人文交流合作,中国已与世界主要国家和地区建立了十大中外高级别人文交流机制,与一百四十余个"一带一路"共建国家签署文化和

---

① 习近平:《在文化传承发展座谈会上的讲话》,人民出版社 2023 年版,第 10 页。

② 参见孙雷:《坚持创造性转化、创新性发展 传承弘扬中华优秀传统文化》,《人民日报》2021 年 2 月 18 日。

旅游领域合作文件。熊猫、中国功夫、中医、春节等中华文化符号和形象在海外广泛传播，受到海外民众的追捧和喜爱，增强了中华文明的传播力影响力。

需要注意的是，受到时空、语言、文化背景和意识形态等影响，相较于好莱坞电影、摇滚音乐、迪士尼等西方文化品牌和符号，在国际社会流传的中华文化符号仍有很大的发展空间，应进一步探索如何使其具备长期可持续的影响力。在西方主导的国际话语体系中，中华文明的思想内涵和时代价值难以真正深入影响他国民众，中国自塑的文化元素与西方国家受众连接共振程度不足，也影响了中国声音、中国方案的传播力影响力，"有理说不清，说了传不开"的局面未得到根本性改变。如何对中华优秀传统文化进行创造性转化和创新性发展，使其核心价值观念可被全球所理解和接受，成为当前对外传播面临的重要挑战。

从他塑视角而言，国际舆论场的话语之争愈加激烈。面对时代之问，习近平总书记以人类命运共同体、中国式现代化、人类文明新形态、共建"一带一路"倡议等一系列新思想、新理念给出了中国答案。中国在注重自身发展的同时与他国共享发展成果，增进各国民生福祉，中国国家形象在发展中国家塑造态势良好，成效显著。当代中国与世界研究院 2020 年发布的《中国国家形象全球调查报告》显示，共建"一带一路"倡议是海外认知度最高的中国理念和主张，超七成海外受访者认可其积极意义，广大发展中国家对共建"一带一路"的感情非常深厚。[①]

然而，激烈的大国博弈和地缘冲突对国际舆论场造成了重大影响。美西方国家借助其长期以来的话语垄断和话语霸权的优势，炮制"中国威胁论""中国人权论""中国崩溃论""中国责任论"等论调抹黑中国，大打意识形态牌，以"民主和威权"的二元叙事实施对华舆论战略。话语权竞争不仅涵盖政治、经济、全球治理等领域，甚至也体现在人文交流、国际交往的各个方面，舆论斗争愈加激烈。皮尤研究中心 2023 年 7 月发布的针对二十四个国

---

① 参见《共建"一带一路"：构建人类命运共同体的重大实践》，2023 年 10 月 10 日，见 http://www.scio.gov.cn/gxzt/dtzt/49518/32678/index.html。

家的民调报告显示,部分受访民众对中国仍抱持相对负面的看法。① 在当前国际舆论环境下,塑造可信、可爱、可敬的中国形象仍存在诸多困难和阻力。

从传播视角而言,"西强我弱"的国际舆论格局依然存在。新媒体的发展加速舆论格局变化,与过去相比,发展中国家有更多的渠道和机会向世界展现自身文化的价值和魅力。2016 年 2 月,习近平总书记在党的新闻舆论工作座谈会上强调:"要加强国际传播能力建设,增强国际话语权,集中讲好中国故事,同时优化战略布局,着力打造具有较强国际影响的外宣旗舰媒体。"②同年 12 月,中国国际电视台(CGTN,又称中国环球电视网)成立,以专业化的新闻生产模式在国际社会上频繁发声。目前,以外宣旗舰媒体为引领,中央和地方各类媒体积极参与的外宣工作格局已初步形成。中央媒体建立了一批海外机构,基本覆盖全球热点地区和重要城市。我国的国际传播能力明显增强。

尽管如此,"西强我弱"的国际舆论格局未能得到根本转变。一方面,西方国家在国际媒体、社交媒体和国际文化产业方面拥有显著的话语权和传播资源,中国国际媒体的国际传播叙事思维则相对薄弱、国家话语形态较为单一、共情话语与观念生产的能力仍有待提升,积极、正面、富有善意的中国国家形象塑造还有许多工作要做。③ 另一方面,中国向国际受众传播的渠道局限于官方渠道以及中国国际电视台等国际媒体,民间主体尚未广泛参与到对外传播实践中。智库、高校、企业、非政府组织、社会团体、民众个人等主体还未充分发挥国际传播助推器的作用,全球传播能力存在较大的提升空间。④

---

① L.Silver et al., *China's Approach to Foreign Policy Gets Largely Negative Reviews in 24-Country Survey*,Pew Research Center,2023.

② 《习近平谈治国理政》第二卷,外文出版社 2017 年版,第 333 页。

③ 参见沈悦、金圣钧:《从软实力到"暖实力":中国国际传播理念创新的话语、维度与愿景》,《东岳论丛》2023 年第 2 期。

④ 参见庄雪娇:《论中国智库的国际传播新媒体矩阵:现状与未来》,《智库理论与实践》2021 年第 2 期。

增强中华文明传播力影响力的实践路径

全球文明倡议作为推动文明交流互鉴、促进人类文明进步的中国方案,具有高度的建设性和可操作性,为中华文明的国际传播奠定了坚实基础。结合全球文明倡议四个倡导的具体内容,并从传播效能、传播主体、传播内容、传播形式等四个方面综合考虑,我们需要探索中华文明国际传播多元化的实践路径,以推动中华文明更好走向世界,在同其他文明的交流互鉴中不断焕发新的生命力。

以尊重世界文明多样性为前提条件,全面提升国际传播效能。世界本应包括多姿多彩的文明和多元多样的发展道路。作为不同文明包容共存、交流互鉴的前提条件,塑造尊重世界文明多样性的友好氛围是帮助国际传播效能提升的基础。从顶层设计和体制保障而言,需要加强对国际传播工作的顶层设计与研究部署,加大对战略传播理论和实践的研究与应用,完善国际传播能力建设的制度和政策体系,构建具有中国特色和时代特色的战略传播体系。[①] 面对西方国家的舆论围堵,我们需要在全球数字媒体环境中扮演更为积极的角色,主动进行文明多样性的议题设置,强调从不同的文明中寻求智慧解决人类面临的共同挑战的重要意义。加强国际传播的事实核查和舆论监控,快速应对和回应消极舆论与不实信息,传播真实的中华文明故事,增强对外话语的创造力、感召力、公信力。建立中华文明传播效果评估和反馈机制,不断改进国际传播策略,提高国际传播从业者的专业水平,培训更多兼备中国传统文化和跨文化传播能力的人才,为全面提升中华文明的国际地位和国际影响力塑造有利的舆论环境,切实提高国际传播效能。

以弘扬全人类共同价值为根本遵循,丰富国际传播多元主体。构建从

---

① 参见郑保卫、王青:《当前我国国际传播的现状、问题及对策》,《传媒观察》2021年第8期。

政府机构、官方媒体到民间组织和个人的多元传播主体格局至关重要。政府机构和文化部门应积极参与国际舆论话题的设置和国家层面议题的权威性宣介。通过与国际组织、文化交流机构等建立紧密联系,协助塑造国际社会对中国文化的认知,引领国际舆论关注中国在全球议程中的作用和影响。提供相应法规指导、财政支持以及行业激励,引导文化产业和媒体机构制作高质量文化产品,支持与中华文明相关的国际巡展、文化节、翻译项目等,以展示中华文明的多元性和丰富性。进一步加强有关国际舆论环境的教育和培训,提高我国民众的综合素养和媒介素养,鼓励民众通过多种形式积极参与中华文明的国际传播,使得每个人都能利用现代媒体和传播工具成为"发声筒",消除误解与刻板印象,有效传达中华文明的价值观和文化内涵。各传播主体需秉持和平、发展、公平、正义、民主、自由的全人类共同价值,在全人类共同价值的指引下理解不同文明对价值内涵的认识,以找到不同价值观的共同点和共通点为目标。[1]

以重视文明传承和创新为动力源泉,发掘融贯古今的传播内容。阐释中华文化不仅需要通过考古发掘、文物修复、博物馆建设等手段加强历史文化遗产的保护和挖掘,还需要通过提升、提炼、总结、归纳大量文献,揭示出文化的精神、民族的精神,突出强调中华优秀传统文化的时代价值。[2] 由此,需要深化中华优秀传统文化理论研究,在全球范围内阐释中国丰富多样、源远流长的文明精粹,实施中华文明对外出版工程,提高中华文明的国际可感知性。继续与周边国家开展跨境共享非物质文化遗产联合保护行动。例如,中国联合亚洲国家实施了一系列文化遗产合作项目,成立亚洲文化遗产保护联盟,开展历史古迹保护修复项目,架起亚洲各国民心相通桥梁。[3] 在传承传统的同时,也需要与时俱进发展。进一步融合中华文明

---

① 参见胡钰:《全人类共同价值的文明意蕴与国际传播》,《人民论坛》2023 年第 8 期。

② 参见陈来:《中华优秀文化的传承和发展》,《光明日报》2017 年 3 月 20 日。

③ 参见《为更好传承文明提供必要支撑——亚洲文化遗产保护行动成果综述》,2023 年 4 月 25 日,见 http://www.news.cn/culture/20230425/22608bb0c2e7467ab6ffaa41ee54c046/c.html。

中具有当代价值的思想和理念,通过国际传播展示中国在科技、经济和社会创新等方面的发展成就和实践经验,以及在应对气候变化、减贫、卫生健康、海洋治理等诸多领域发挥的重大作用,彰显中华文明和中国精神的时代精髓。

以加强国际人文交流合作为路径,综合运用多种传播形式。作为中华文明国际传播的关键途径,国际人文交流合作将帮助不同国家和组织之间建立联系,促进信息共享和资源合作,形成国际合作框架,吸引更多海内外民众参与国际交往,形成从官方到民间多层次的中华文明对外传播格局。提高 CGTN 等媒体的传播效能,为国际社会呈现更为全面的中华文明提供平台和渠道。综合运用数字媒体、社交媒体、互联网、电影等多种传播媒体,以实时、多媒体、互动的形式将中华文明推向全球,实现全面覆盖和多样化传播。发掘多种传播形式构建全球文明对话合作网络,促进国际友好关系的发展。例如,以合作研究项目、国际学术研讨会和交流访问促进国际学界对中华文明的深入研究;以音乐、舞蹈、绘画、摄影等跨文化互动形式增进国际社会对中华文明的理解;以合作出版、翻译中华文明相关的书籍和研究成果等形式扩展中华文明的国际影响力。每种传播形式均需充分考虑目标受众的文化背景,根据不同国家和地区受众对中华文明的兴趣和认知量身定制传播策略,以更好满足各个受众群体的需求。

面向未来,文明交流互鉴是推动人类文明进步和世界和平发展的重要动力。作为中华民族独特的精神标识和当代中国优秀传统文化的根基,中华文明蕴含着诸多解决当今人类社会难题的重要启示。提炼和展示中华文明的精髓,既是中国自身发展的内在要求,也是世界不同文明交流互鉴的现实要求。全球文明倡议搭建了全球文明交流对话的平台渠道,必将助力中华文明与世界其他文明互动合作,为中华文明的国际传播奠定坚实基础,更好展现可信、可爱、可敬的中国形象,为推动构建人类命运共同体作出新的更大贡献!

参考文献

《习近平谈治国理政》第二卷,外文出版社 2017 年版。

《习近平谈治国理政》第四卷,外文出版社 2022 年版。

习近平:《在文化传承发展座谈会上的讲话》,人民出版社 2023 年版。

习近平:《高举中国特色社会主义伟大旗帜　为全面建设社会主义现代化国家而团结奋斗——在中国共产党第二十次全国代表大会上的报告》,人民出版社 2022 年版。

陈来:《中华优秀文化的传承和发展》,《光明日报》2017 年 3 月 20 日。

胡钰:《全人类共同价值的文明意蕴与国际传播》,《人民论坛》2023 年第 8 期。

孙吉胜:《加强中国对外话语体系建设:挑战与方向》,《外交评论(外交学院学报)》2022 年第 3 期。

孙敬鑫:《全球文明倡议对外话语体系建设及实践路径》,《当代世界》2023 年第 4 期。

孙雷:《坚持创造性转化、创新性发展　传承弘扬中华优秀传统文化》,《人民日报》2021 年 2 月 18 日。

沈悦、金圣钧:《从软实力到"暖实力":中国国际传播理念创新的话语、维度与愿景》,《东岳论丛》2023 年第 2 期。

吴友富:《对外文化传播与中国国家形象塑造》,《国际观察》2009 年第 1 期。

邢丽菊:《全球文明倡议的理论内涵及时代意蕴》,《现代国际关系》2023 年第 7 期。

徐步、邢丽菊:《全球文明倡议:促进人类文明交流互鉴的中国方案》,《学习时报》2023 年 7 月 14 日。

徐小鸽:《国际新闻传播中的国家形象问题》,《新闻与传播研究》1996 年第 2 期。

郑保卫、王青:《当前我国国际传播的现状、问题及对策》,《传媒观察》

2021 年第 8 期。

庄雪娇:《论中国智库的国际传播新媒体矩阵:现状与未来》,《智库理论与实践》2021 年第 2 期。

《共建"一带一路":构建人类命运共同体的重大实践》,2023 年 10 月 10 日,见 http://www.scio.gov.cn/gxzt/dtzt/49518/32678/index.html。

《为更好传承文明提供必要支撑——亚洲文化遗产保护行动成果综述》,2023 年 4 月 25 日,见 http://www.news.cn/culture/20230425/22608bb0c2e7467ab6ffaa41ee54c046/c.html。

[英]葛瑞汉:《论道者》,张海晏译,中国社会科学出版社 2003 年版。

L.Silver et al., *China's Approach to Foreign Policy Gets Largely Negative Reviews in 24-Country Survey*, Pew Research Center, 2023.

S.Schumacher and L.Silver, *In Their Own Words: What Americans Think About China*, Pew Research Center, 2021.

总 策 划：王 彤
策划编辑：陈 登 徐媛君
责任编辑：徐媛君
特邀编校：马柳婷

图书在版编目（CIP）数据

何以中国：文化自信与文明担当／人民日报社人民
论坛杂志社主编. -- 北京 ：人民出版社，2025. 4.（2025. 10重印）
ISBN 978 - 7 - 01 - 027021 - 0

Ⅰ. K203

中国国家版本馆 CIP 数据核字第 2025ZX7541 号

何以中国：文化自信与文明担当
HEYI ZHONGGUO WENHUA ZIXIN YU WENMING DANDANG

人民日报社人民论坛杂志社 主编

人民出版社 出版发行
（100706 北京市东城区隆福寺街 99 号）

北京建宏印刷有限公司印刷 新华书店经销

2025 年 4 月第 1 版 2025 年 10 月北京第 3 次印刷
开本：710 毫米×1000 毫米 1/16 印张：18.5
字数：263 千字

ISBN 978 - 7 - 01 - 027021 - 0 定价：75.00 元

邮购地址 100706 北京市东城区隆福寺街 99 号
人民东方图书销售中心 电话（010）65250042 65289539